Koch-Priewe (Hrsg.)
Schulprogramme zur Mädchen- und Jungenförderung

Schulprogramme zur Mädchen- und Jungenförderung

Die geschlechterbewusste Schule

Herausgegeben von Barbara Koch-Priewe

Beltz Verlag · Weinheim und Basel

Über die Herausgeberin:

Barbara Koch-Priewe, Dr., Diplompsychologin, ist Professorin für Allgemeine Didaktik und Schulpädagogik an der Universität zu Köln.

Lektorat: Peter E. Kalb

www.beltz.de
Herstellung: Lore Amann
Satz: Mediapartner Satz und Repro GmbH, Hemsbach
Druck: Druckhaus Beltz, Hemsbach
Umschlaggestaltung: Federico Luci, Köln
Umschlagfoto: Mauritius, Mittenwald
Printed in Germany

ISBN 3-407-25258-7

Inhaltsverzeichnis

Barbara Koch-Priewe

Schulentwicklung und gender-orientierte Pädagogik

Das Anliegen des vorliegenden Bandes

Das vorliegende Werk greift einen Aspekt der aktuellen Diskussion um Schulprogrammarbeit heraus: Es geht um die Frage, ob bzw. wie das *Gender-Thema* Eingang in die Formulierungen von *Schulprogrammen* der Einzelschulen findet. Die zentralen Begriffe, die im vorliegenden Band von den AutorInnen verwendet werden, sind daher »*Konzepte für Mädchen- und Jungenarbeit bzw. -förderung*«, das »*Konzept der Reflexiven Koedukation*« oder auch »*Konzepte einer gender-orientierten Pädagogik*«, die mit neueren, sich in Nuancen unterscheidenden Geschlechtertheorien der Pädagogik verbunden sind (vgl. Abschnitt 8 dieser Einleitung).

Wir konnten für dieses Buch Autorinnen und Autoren gewinnen, die – als LehrerInnen – Interesse an einer geschlechtergerechten Schule hatten und im eigenen pädagogischen Alltag initiativ geworden sind. Meist hat sich die jeweilige Schule oder die Gruppe der InnovatorInnen zu Anfang nicht auf ein begrifflich definiertes Konzept innerhalb des Gender-Themas festgelegt. Manchmal sind später schulische Leitbilder entwickelt worden, wobei jedoch auch dabei der Anschluss an theoretische Diskussionen der pädagogischen Geschlechterforschung nicht unbedingt explizit gemacht wird. Daher liegt diesem Buch keine einheitliche, theoretisch präzise Definition von geschlechterbewusster Pädagogik zu Grunde. Im Zentrum stehen subjektive Erfahrungsberichte aus der konkreten Schulprogrammarbeit, die anderen Schulen Mut machen sollen, eigene Maßnahmen zu konzipieren und zu erproben, mit denen Geschlechterdemokratie in und durch Schule gefördert werden kann.

Das Interesse an der Veränderung der schulischen Praxis ist jedoch durchaus mit Fragen an die Theorie der Schulentwicklung, an Ergebnisse der Schulentwicklungsforschung und der pädagogischen Geschlechterforschung verknüpft. Das Gender-Thema tangiert auch das Verhältnis zwischen Pädagogik und politischen Zielen sowie Strategien der Durchsetzung der individuellen und auf gesellschaftliche Gruppen bezogenen Chancengleichheit. Bedacht werden muss, dass all diese Überlegungen in einem politischen Kontext stattfinden: die öffentliche Diskussion um die Bedeutung von Geschlechterdifferenzen und um angemessene Konzepte von Frauenförderung durch den Staat und möglichen Maßnahmen im Wirtschaftsleben. Einigen dieser Fragen widmen sich die nächsten Abschnitte.

1. Die Vorgeschichte: »Schulentwicklung geht von Frauen aus ...«

Der 1996 im Deutschen Studien Verlag erschienene Band mit dem provozierenden Titel »Schulentwicklung geht von Frauen aus« (Fischer u.a.) war Anlass für viele Anfragen von Lehrerinnen, die sich an Innovationsprozessen in ihren eigenen Schulen beteiligen wollten. Die in dem Sammelband vertretenen Thesen,

- dass Frauen – auch aus der Sicht historischer und professionstheoretischer Forschungen – häufig durch tatkräftige Selbstorganisation unterhalb der Ebene offizieller Entscheidungen mit Veränderungen im Schulwesen beginnen (z.B. bei der Zulassung von Mädchen zur Gymnasial- und Hochschulbildung), ihr Wirken erst später offizielle Anerkennung findet und die Veränderungen dann auch in formellen Schul- bzw. Hochschulstrukturen verankert werden,
- dass der Organisationsentwicklungsansatz in seiner Übertragung auf die bundesdeutsche Schulwirklichkeit unter technokratischer Verkürzung leidet und die wesentlichen Bestandteile der ursprünglich damit verfolgten Demokratisierungsbemühungen verfehlt werden,
- dass dadurch die Gefahr besteht, die Geschlechterhierarchie in Schulen zu perpetuieren,
- dass Schulentwicklung ohne Anerkennen der Geschlechterdifferenzen in der Berufsausübung von Lehrerinnen und Lehrern in eine Sackgasse mündet,

hatten breite Resonanz gefunden. Viele Lehrerinnen waren und sind an einer geschlechterbewussten Schulentwicklung interessiert. Dies ist mit der Hoffnung verbunden, dass dadurch die offizielle Beteiligung von Lehrerinnen gesichert werden würde, dass Lehrerinnen dann vermehrt in schulinternen Steuer- oder Planungsgruppen mitarbeiten würden und die Lehrerinnen die gebotene Anerkennung für ihre oft unsichtbare pädagogische Alltagsarbeit erhielten, die ihnen bisher häufig in den Schulen versagt blieb. Es würden sich möglicherweise Schulstrukturen verändern, weil sich z.B. Teamarbeit und eine andere Vorstellung vom Zuschnitt und von den Inhalten der Leitungstätigkeit durchgesetzt hätten. Auch könnten Maßnahmen zur Mädchen- und Jungenförderung an Glaubwürdigkeit gewinnen, wenn die Überwindung geschlechtsstereotypen Verhaltens auch im Kollegium für alle sichtbar würde (Koch-Priewe 1996b). Und: Nicht nur die Mädchenarbeit würde profitieren, wenn die Lehrerinnen z.B. ihren Bedürfnissen im Hinblick auf Ästhetik auch in der Schule konsequent nachgehen würden.

2. Der Kontext: Die allgemeine Schulentwicklungsdiskussion

Oben wurde bereits angedeutet, dass man die augenblicklich geführte Diskussion um die Schulentwicklung – verstanden als die »pädagogische Gestaltung der Einzelschule« durch die Beteiligten (Schulleitung, LehrerInnen, Eltern und SchülerInnen)

– generell kritisch betrachten kann: Die Diskrepanzen zwischen den ursprünglichen Impulsen für »Organisationsentwicklung«, die auf die Demokratisierung der (v.a. Nachkriegs-)Gesellschaft zielten, und den heutigen Prinzipien, mit denen die Modernisierung von Unternehmensstrukturen und von Institutionen im Non-Profit-Bereich (zu denen auch Schulen gehören) vorwärts getrieben werden sollen, ist augenfällig. Das damals akzeptierte Spannungsverhältnis zwischen Demokratisierungsbemühungen einerseits und Effektivitätssteigerung des Arbeitsprozesses andererseits ist – gerade auch im Schulbereich – einseitig zu Gunsten von solchen Innovationen aufgelöst worden, die vor allem Letzterem dienen sollen.

Im nicht-schulbezogenen Kontext wird Organisationsentwicklung (OE) definiert als »... reflexives Verfahren zur Veränderung des Sozialverhaltens von Organisationsmitgliedern bei gleichzeitiger oder vorhergehender Veränderung der Organisationsstrukturen zum Zwecke der Verbesserung der Aufgabenerfüllung auf der Grundlage der angewandten Sozialwissenschaften« (Rolff 1993, S. 152). OE »betrachtet die Bedürfnisse der Organisation und ihrer Mitglieder als gleichberechtigt (...). OE versucht, Konsens herauszufinden und zu vergrößern (...) OE integriert Analyse-, Entscheidungs-, psycho-soziale und inhaltliche Lernprozesse (...). Ziel eines OE-Prozesses ist die Selbstentwicklung der Organisation und der Organisationsmitglieder (...). OE geht vom Menschen als mündigem und zum Lernen fähigen Wesen aus« (Rolff 1995, S. 18).

Organisationsentwicklung zielte daher immer auch auf die Veränderung von hierarchischen Strukturen, auf die Übernahme demokratischer Leitungsstile, auf die Einführung demokratischer Zusammenarbeitsprinzipien in Gruppen und auf die mündige und gleichberechtigte Teilhabe aller am Veränderungsprozess (Lewin 1953) Beteiligten.

Dass manche Kultusministerien empört reagieren, wenn man heute Demokratisierung von Schulen als Thema auch nur erwähnt, kann man an einer Äußerung der NRW-Bildungsministerin Gabriele Behler ablesen: »Während ich die Schulleiter stärken will, diskutieren Teile der SPD nur darüber, ob das die Demokratie an der Schule schwächt« (aus einem Interview, abgedruckt in der Neuen Westfälischen Nr. 185 vom 11./12.8.2001, S. 3). Wie immer ist aber mit der Frage nach der Demokratisierung von Schule auch die Frage nach der Gleichberechtigung von Mann und Frau, hier Repräsentanz der Geschlechter in den schulinternen Gruppen verbunden, die an Schulreformprojekten arbeiten oder die Schulreformvorhaben betreuen, anleiten und begleiten sollen (also den Steuer- oder Projektgruppen).

Da weder das Demokratisierungsthema allgemein noch in seiner Spezifikation bezüglich der Geschlechterrepräsentanz in den entsprechenden Erlassen und Verordnungen der Bundesländer aufgegriffen wird, stellen die Maßnahmen, mit denen viele Politiker und viele Verwaltungen vor allem seit Ende der 90er-Jahre den Organisationsentwicklungsansatz auf die Schule übertragen, im Prinzip eine technokratische Verkürzung dar (Koch-Priewe 1996a, 2000).

3. Die Beteiligung von LehrerInnen an interner Schulreform

Da zu Schulentwicklungsprozessen die Konstituierung von den – oben bereits erwähnten – so genannten Steuergruppen (auch Projekt- oder Planungs- bzw. Evaluationsgruppen) gehört, würde sich die Frage anschließen, ob es überhaupt von Bedeutung ist, dass dort Lehrerinnen ausreichend vertreten sind.

Erstaunlich ist, dass bezüglich der Beteiligung von Lehrerinnen an interner Schulreform gleichzeitig zwei völlig gegensätzliche Hypothesen aufgestellt werden: Es lagen Anfang der 90er-Jahre Forschungsergebnisse vor, die zu belegen versuchten, ein hoher Frauenanteil im Kollegium sei innovationshemmend (vgl. die Kritik von Koch-Priewe 1997, S. 577). Im Gegensatz dazu wurden von der Grundschulexpertin Dagmar Hänsel die Lehrerinnen schon Mitte der 90er-Jahre als »Agentinnen des Wandels« bezeichnet (Hänsel 1994, S. 422). Diese griffige Formel stimmte sogar mit den Befunden der oben genannten Untersuchung überein, denn auch dort wurde nachgewiesen, dass vor allem in den Grundschulen aktiv Schulreform betrieben worden war – und bekanntermaßen ist dort der Anteil des weiblichen Lehrpersonals recht hoch (er liegt etwa bei 80 Prozent). Mit Hilfe einer Analyse von vielfältigen empirischen Studien namhafter Autoren zum Engagement und zur Innovationsbereitschaft von Lehrerinnen und Lehrern konnte die zuerst genannte Annahme entkräftet werden (Koch-Priewe 1998a); das oben zitierte Ergebnis über angeblich innovationshemmende Lehrerinnen reproduziert vermutlich eher die offizielle Vorurteilsebene, die dann die entsprechenden Daten lieferte.

Die Kontroverse ließe sich gänzlich auflösen, wenn man von der Annahme ausginge, dass die innovative Arbeit von Lehrerinnen oft jenseits von offiziellen Gremien oder Organen geplant und auch durchgeführt wird, sodass hier das Phänomen der »unsichtbaren Arbeit« des weiblichen Geschlechts auftritt, das auch bei der Berufsausübung von Lehrerinnen beobachtet worden ist (Flaake 1989). Wenn Forschungsfragestellungen diese Differenz nicht aufnehmen, entgeht ihnen vermutlich ein wichtiger Teil der schulischen Realität.

Eine verallgemeinerbare empirische Studie über die offizielle Beteiligungsquote von Frauen an den internen Schulentwicklungsprozessen lag beim Erscheinen des oben zitierten Bandes »Schulentwicklung geht von Frauen aus« nicht vor. Allerdings hatte eine der damaligen Mitautorinnen in einer Fallstudie einige Zahlen über das Geschlechterverhältnis in Fortbildungs- und Projektgruppen zusammengetragen (Beucke-Galm 1996, S. 231ff.), aus denen vorläufige Hypothesen abgeleitet werden können: Damals wurde vermutet, dass die schulinternen Steuergruppen vor allem mit männlichen Kollegen besetzt sind – jedenfalls so lange, wie dort nicht auch bewusst Maßnahmen zur Teamentwicklung ergriffen werden, z.B. Trainingsprogramme, die der Veränderung des Kommunikations- und Arbeitsstils der an Innovationsprozessen Beteiligten dienen (Koch-Priewe 1995).

Eine neue eigene, noch nicht abgeschlossene empirische Untersuchung an 15 hessischen Schulen (im schulinternen Reformprozess sehr engagierte Gymnasien und Gesamtschulen) zeigt, dass die männlichen Kollegen – wie vermutet – deutlich überrepräsentiert sind.[1] Da auch diese Erhebung nicht den Anspruch auf Repräsentativität erfüllt, wissen wir bisher nicht, ob die offizielle Schulentwicklung (bzw. die Schulprogrammarbeit; s.u.) vor allem ein Werk von Lehrern ist oder ob es schulformspezifische Unterschiede in der Beteiligungsquote von Frauen und Männern gibt, die dann ggf. auch Auswirkungen auf den Inhalt der Schulprogramme hat, oder ob die Beteiligungsquote von Frauen ihrerseits eine Frage des Rahmenkonzepts für die Schulentwicklungsarbeit ist (gehört z.B. Teamentwicklung zum expliziten Selbstverständnis der Schulprogrammgruppe?). Die Vermutung bleibt also bestehen, dass im offiziellen Teil der Schulprogrammarbeit die Aktivitäten von Lehrerinnen, die sich im informellen Bereich nachweisen lassen, nicht immer ausreichend gewürdigt werden; von daher jedoch auf die geringere Beteiligung von Lehrerinnen an schulischen Veränderungsprozessen zu schließen wäre jedoch sicherlich voreilig.

Einige der späteren Beiträge widmen sich der noch offenen Frage nach dem Verhältnis zwischen aktivem Engagement von Lehrerinnen (und Lehrern) in genderorientierter Pädagogik und der Schwierigkeit, die in der Tat existierenden schuleigenen Konzepte für die Mädchen- und Jungenarbeit in den offiziellen Beschlüssen über das jeweilige Schulprogramm zu verankern (s. auch die Beiträge von Birgit Klein-Uerlings und Regina Malz-Teske/Katharina Liebsch in diesem Band).

4. Was bedeutet »Gender mainstreaming« für die Schulen?

Die politische Diskussion um Chancengleichheit von Frauen und Männern hat sich von der wissenschaftlichen Gender-Diskussion abgekoppelt. Während im Bereich der Forschung vor allem an Fragen der »Dekonstruktion« (s. unten den Abschnitt »Gender-Theorien«) der bipolar gedachten Zweigeschlechtlichkeit gearbeitet wird, haben die Politikerinnen 1995 auf der Weltfrauenkonferenz in Peking beschlossen, das Geschlechterthema in alle politischen Ebenen und Bereiche einzubringen. »Gender mainstreaming« wird definiert durch die Forderung, dass alle politischen Prozesse unter dem Gesichtspunkt reorganisiert, verbessert, entwickelt und bewertet werden, ob darin die Perspektive einer Geschlechtergleichheit enthalten ist (Frauen Europas Info 71). Sowohl die europäischen Länder als auch die bundesdeutschen Länder haben inzwischen Detailprogramme aufgestellt, mit denen diese Leitlinie

1 An neun Schulen dominieren in den Steuergruppen zahlenmäßig die männlichen Kollegen. An drei Schulen überwiegt die Zahl der Kolleginnen und an weiteren drei Schulen ist die Steuergruppe in Bezug auf die Geschlechtszugehörigkeit der LehrerInnen ausbalanciert zusammengesetzt. Die Schieflage erklärt sich dadurch, dass an den fünf Gymnasien insgesamt mehr als doppelt so viele männliche wie weibliche Lehrer in den Steuergruppen vertreten sind. Der durchschnittliche Frauenanteil an Gymnasien beträgt in der Bundesrepublik 45,6 Prozent (vgl. Burkhardt 1999, S. 5) und dies entspricht – vorbehaltlich einer genaueren Überprüfung – auch der Relation unter den dort Beschäftigten. Das Verhältnis der Geschlechter in den Steuergruppen der zehn Gesamtschulen ist fast ausgeglichen (auch dort mit einer nicht signifikanten Tendenz zum Überwiegen männlicher Kollegen).

umgesetzt werden kann (z.B. Niedersächsisches Ministerium für Frauen, Arbeit und Soziales 2000). Ziel ist u.a. die Gleichstellung der Geschlechter in allen Lebensbereichen, die Erhöhung des Frauenanteils in politischen Vertretungsorganen, männlich dominierten Berufen und in Führungsfunktionen sowie eine bessere Lebensqualität für beide Geschlechter. Die meisten Schulen hat das weltweite »top down«-Konzept bisher noch nicht erreicht; dies ist allerdings nur noch eine Frage der Zeit; denn auch die Gewerkschaften veranstalten inzwischen entsprechende Tagungen zum Thema »Gender mainstreaming – neue Wege in der Frauenförderung« (vgl. z.B. Seiltgen 2001). Die GEW fordert, beide Geschlechter sollen zu Fortbildungen im Bereich »Gender mainstreaming« verpflichtet werden und alle schulischen Gremien einschließlich der Personalräte und der Dienstaufsicht sollen nach Prinzipien des »Gender mainstreaming« arbeiten.[1] Allerdings bleibt die Frage offen, ob es mit diesem Konzept gelingt, das komplizierte Verhältnis zwischen der Innovationsarbeit in offiziellen Strukturen und dem Anteil der Arbeit im informellen Sektor angemessen zu erfassen: Wollen Frauen überhaupt in den bestehenden institutionellen Strukturen arbeiten oder müssten nicht ggf. auch die Strukturen der Interessenvertretung verändert werden? Zementiert also das »Gender mainstreaming« ein bestimmtes (männliches?) Politikverständnis?

Ungeachtet dieser Einwände gegen diese Leitlinien, die bald auch den Alltag der schulischen Arbeit bestimmen werden, kann schon jetzt nach der Berücksichtigung des Gender-Themas in der Schulentwicklungsforschung und in der Schulqualitätsdiskussion gefragt werden.

5. Die Gender-Frage in der Schulentwicklungsforschung

Der wissenschaftliche Diskurs der Schulentwicklungsforschung hat das Geschlechterthema selten aufgegriffen (vgl. Rolff u.a. 1998; Eikenbusch 1998; Dalin 1999). Noch ist es eher die Regel, dass das Geschlecht der an Innovationsprozessen Beteiligten (also v.a. den Lehrerinnen und Lehrern) in diesem Diskurs keine Rolle zu spielen scheint[2] und die Gender-Frage auch im Hinblick auf relevante Inhalte der Schulreformprozesse, nämlich den Bereich der »Mädchen- und Jungenförderung«, nicht oder höchst selten diskutiert wird (vgl. die Beispiele für Schulprogramme in Buhren/Rolff 1996; Risse 1998). Häufiger wird die Geschlechterfrage jedoch im Rahmen der Führungsstildiskussion behandelt (vorbildlich bei Haller/Wolf 1995) bzw. in Studien über Schulleitungshandeln (Miller 2001).

1 Eine kritische Auseinandersetzung mit dem Konzept des Gender Mainstreaming findet sich in einem Themenheft »Alles Gute kommt von oben? Gender Mainstreaming in der Diskussion«. In: Forum Wissenschaft 18/2001, Heft 2, S. 6–61.

2 Ausnahmen im Kontext der Schulentwicklungsforschung bilden u.a. das Handbuch zur Schulentwicklung (Altrichter u.a. 1998), das einen entsprechenden Aufsatz von Schratz-Hadwich (1998) enthält, sowie ein Themenheft des »journals für schulentwicklung« (vgl. die Einführung in das Heft durch Fischer u.a. 1998; vgl. auch Koch-Priewe 1998b).

Die stetig im Rahmen der Schulentwicklungsdiskussion wiederholte – und selten unter Verweis auf empirische Ergebnisse belegte – Behauptung[1], dass schulische Innovation ohne Teamarbeit von LehrerInnen nicht erfolgreich sein wird, hat vermutlich eine geschlechtsspezifische Komponente, die jedoch selten erwähnt wird: Lehrerinnen kooperieren – wie empirische Untersuchungen zeigen – schon jetzt intensiver (Koch-Priewe 1998a).[2]

Seit Mitte der 90er-Jahre mündete die bis dahin breiter geführte Diskussion der Schulentwicklungsforschung, die bis dahin in manchen Punkten durchaus an die sozialwissenschaftlich geprägte Geschichte der Organisationsentwicklungsansätze anschloss (Schmuck u.a. 1977), in die von vielen bundesdeutschen Kultusministerien erlassene Aufforderung, Schulprogramme zu erstellen (z.B. MSW NRW 1997), die sich an alle Einzelschulen richtete. Diese Kanalisierung erschien sinnvoll, stellte die Schulen jedoch vor eine Reihe von Problemen. Es fehlte v.a. an externen Unterstützungssystemen, sodass die Abgabetermine für die fertigen Produkte mehrfach verschoben werden mussten.

Mit der Konzentration von Schulentwicklung auf die Schulprogrammarbeit wurde das Organisationsentwicklungskonzept um einige wesentliche Gesichtspunkte (Veränderung in den Organisationsstrukturen und des Sozialverhaltens der Mitglieder) bereinigt; es geht heute fast ausschließlich nur noch um die Verbesserung der Aufgabenerfüllung, die z.B. in NRW den Schulen auch als Bereiche der Innovation vorgeschrieben sind. Noch hat das »Gender mainstreaming« diese Ebene nicht erreicht.

6. Die Gender-Frage in der Qualitätsdiskussion

In den letzten Jahren wandelten sich die Hauptthemen der Schulentwicklungsforschungsdiskussion und mündeten – u.a. im Kontext der Internationalen Schulleistungsvergleichsstudien – in eine Auseinandersetzung um die Feststellung der Qualität von Schule (Fend 1998) sowie möglichen Standards der Evaluation von Schulen. Auch in den bisherigen Publikationen zu diesem Thema findet man selten Fragen, mit deren Hilfe überprüft werden könnte, ob bzw. inwiefern Schulen dazu beigetragen haben, eine geschlechterstereotypisierende Pädagogik zu überwinden. In den von den Schulen selbst entworfenen Schulprogrammen fehlt (nach einer Durchsicht einer Auswahl von Exemplaren aus NRW) das Evaluationsthema meist vollständig.

1 Ausnahme: vgl. Bauer 2000.

2 Bei einem der Experten für Schulentwicklungsforschung (Hargreaves 1992), der u.a. individualisierte und »balkanisierte« Lehrer-Kulturen beobachtet hat, wird diese Differenz mit zwei unterschiedlichen Mustern gefasst: Lehrerinnen praktizieren nach dieser Theorie von Schulentwicklung eher eine »Collaborative Culture«, während Lehrern eine »Contrived Collegiality« (eine eher künstliche Kollegialität; a.a.O., S. 235) zugeschrieben wird. Diese Unterscheidung ist im Kontext der bundesrepublikanischen Schulentwicklungsforschung bisher nicht aufgegriffen worden.

Der Bezug zur Qualitätsdiskussion wird – jedenfalls in NRW – vielfach durch die Aufforderung zum Schreiben von so genannten Vergleichsarbeiten (identische Aufgabenstellungen für Parallelklassen einer Schule) hergestellt. Für viele PädagogInnen, aber auch viele Schulen, ist damit die Frage nach der Schulqualität erschöpfend behandelt. Zu fragen wäre jedoch, ob bzw. wie es den Schulen gelingt, z.B. im Alltag eine geschlechtergerechte Praxis zu implementieren. Die Wirkungen wären an den Schülerinnen und Schülern, an den Lehrerinnen und Lehrern sowie an den Vätern und Müttern abzulesen (Vorschläge dazu finden sich bei Koch-Priewe 1997). Eine gender-orientierte Bestimmung von Schulqualität hätte u.a. die Aufgabe,

- die geschlechtstypische Fächerwahl bei Leistungskursen und im Wahlpflichtbereich aufzubrechen,
- das Berufswahlspektrum der Mädchen zu erhöhen,
- mehr Mädchen für Berufe mit größeren Aufstiegsoptionen zu gewinnen,
- auch Jungen für geschlechtsuntypische Berufe zu motivieren,
- neue Muster für eine partnerschaftliche Lebens- und Berufsplanung bei beiden Geschlechtern zu erzielen,
- das Absinken des Selbstvertrauens der Mädchen in der Pubertät zu verhindern oder einzuschränken,
- bei den Jungen den »Überlegenheitsimperativ« zu verhindern oder einzuschränken,
- Eltern für die Auflösung geschlechterstereotypisierender Einflussnahmen bezüglich ihrer Kinder zu gewinnen,
- Eltern jenseits von Geschlechtsrollenklischees in die schulische Arbeit einzubeziehen,
- LehrerInnen jenseits von Geschlechtsrollenklischees in die schulische Arbeit einzubeziehen,
- in die Beurteilungskriterien für schulische Aufstiegspositionen diejenigen Kompetenzen aufzunehmen, die dem neuen Professionsprofil von LehrerInnen angemessen sind (Fach- *und* Beziehungsorientierung).

Die in diesem Band vorliegenden Berichte aus den Schulen greifen viele der hier genannten möglichen Kriterien für die Qualitätsmessung von einzelnen Schulen auf und zeigen, wie eine zielgerechte Umsetzung in pädagogische Maßnahmen geplant wird. Bedauerlich ist jedoch, dass an vielen Schulen – ob nun ein Schulprogramm beschlossen wurde oder noch nicht existiert – die Evaluation oder die Überprüfung von Mindeststandards noch nicht Planungsbestandteil ist, obwohl in der Regel die Erlasse entsprechende Bilanzierungen vorsehen.

7. *Ein Exkurs: Die Gender-Frage im Bestseller über das Einparken – oder: Das Wiederaufleben des Biologismus in der Alltagsöffentlichkeit*

Während das »Gender mainstreaming«-Konzept beharrlich die Gleichheit von Mann und Frau anstrebt, wird der öffentliche Diskurs vom Wiederaufleben biologistischen Denkens bestimmt: Das Werk vom Ehepaar Allan und Barbara Pease über die angeblich niedrige Einparkkompentenz von Frauen und das angeblich ungenügende Zuhören von Männern hielt sich im Jahr 2001 monatelang auf den Sachbuch-Bestsellerlisten.

Weil diejenigen, die sich bisher vehement für eine Durchsetzung der Geschlechterdemokratie eingesetzt haben, durch die biologistischen Thesen des Autorenpaares verunsichert werden könnten, erscheint eine exkursartige Auseinandersetzung mit diesem Argumentationsmuster an dieser Stelle sinnvoll zu sein. Insgesamt hat man es hier mit dem Ringen um die hegemoniale Kultur unserer Gesellschaft bezüglich des Geschlechterthemas zu tun.

Die Argumentation des Autorenpaares beruht auf einem postulierten Mythos vom Mann als Beutejäger und der Frau als Nesthüterin (A. u. B. Pease 2000, S. 38ff.). Dieses angebliche geschlechtsdifferente Verhalten der Urhorde Mensch habe sich in den Genen und weiteren physiologischen Komponenten wie Hormonen geschlechtsspezifisch unterschiedlich niedergeschlagen. Der Hauptunterschied beträfe das räumliche Vorstellungsvermögen, das angeblich bei den männlichen Beutejägern ausgeprägter hätte sein müssen, während das Nesthüten und -verteidigen der Frauen sprachliche Kompetenzen notwendig gemacht hätte.

Die Thesen des Buches sind unter wissenschaftlichen Gesichtspunkten nicht zu halten. Sie entsprechen auch nicht Ansprüchen an seriös gemachte populärwissenschaftliche Werke, denn hier werden munter

- beliebige private Alltagsbeobachtungen als allgemein gültige Regeln verkauft (dass angeblich der Durchschnittsmann im Restaurant immer mit dem Rücken zur Wand sitze, a.a.O., S. 83),
- Untersuchungen an Tieren (z.B. Eulen, a.a.O., S. 66) auf Menschen übertragen,
- äußerst fragwürdige Untersuchungsergebnisse kritiklos zitiert (z.B. auf S. 278 die vermeintliche Entdeckung des Schwulen-Gens oder simplifizierende Behauptungen über Gehirnhälften-Unterschiede; S. 101ff.),
- Quellen nicht korrekt angegeben,
- Argumentationen mit anonymen Bemerkungen eingeleitet wie »Man fand heraus, dass …«.

Nach den Auffassungen des Autorenpaares ist der Zusammenhang zwischen Raumwahrnehmung und dem hormonellen Spiegel (Testosteron) linear (a.a.O., S. 113). Dies wird aber durch die (nicht korrekt) zitierten wissenschaftlichen Untersuchungen keineswegs gestützt, denn man kann nicht von einem hohen Androgenspiegel auf besonders gute Leistungen in räumlichen Tests schließen: Dies gilt nämlich nur für Frauen. Bei Männern ist es gerade umgekehrt: Viele derartige Hormone im Blut lassen ihre Kompetenzen in der räumlichen Intelligenz schrumpfen (Kimura 1992, S. 110). Wenn Männer also viel Testosteron im Blut haben und demnach sehr »männliche« Eigenschaften besitzen, schneiden sie gerade in den angeblich für Männer beim Beutemachen so wichtigen Bereichen schlecht ab; da stören die vielen männlichen Hormone eigentlich nur. Hier zeigt sich, dass das Autorenehepaar mit den Forschungsergebnissen und Datenquellen sehr selektiv umgeht.

Auch die Tatsache, dass unsere Hormone in einen Regelkreis eingebunden sind, in dem z.B. »einerseits Testosteron leistungssteigernd ist, andererseits Leistungen ihrerseits die Testosteronproduktion steigern« (a.a.O., S. 256), wird zwar am Rande erwähnt, ohne jedoch die angemessenen Konsequenzen zu ziehen, nach der rein biologistische Positionen nicht mehr haltbar wären. Wenn ein Mann »weibliche« oder eine Frau »männliche« Eigenschaften hat, werden zusätzlich einige biologistische Hilfsthesen aktiviert:

- *Erste Hilfsthese:*
  Wenn der Mutter in der sechsten bis achten Schwangerschaftswoche ein männliches Hormon zugefügt wurde und das Kind ein Mädchen war, entpuppte es sich später als sehr männliche Lesbe. Oder fehlte das Testosteron – weil die Mutter in diesen Wochen Stress hatte –, entstanden sehr weibliche Männer oder auch homosexuelle Söhne und sehr weibliche Töchter.
- *Zweite Hilfsthese:*
  Um zu erklären, warum sehr »männliche« Männer homosexuell und sehr »weibliche« Frauen lesbisch sein können, wurde kurzerhand ein biologisches »Paarungszentrum« konstruiert, das eben nicht identisch mit einem zweiten angenommenen Zentrum sei, dem biologischen »Verhaltenszentrum« (a.a.O., S. 289). Wiederum durch unterschiedlich intensive Hormonzufuhr auf beide Zentren (im gleichen Menschen) könne eben das Verhaltenszentrum z.B. »männlich« gepolt sein und ein davon abweichendes Paarungsverhalten entstehen – weil z.B. das Paarungszentrum nicht genügend männliche Hormone erhalten hat und dann der »männliche« Mann nur Männer mag und Frauen als Sexualobjekt ablehnt.

An der bipolar gedachten Zweigeschlechtlichkeit mit allen (inzwischen so antiquierten) Klischees (Mann: aggressiv, sexuell interessiert, emotional animalisch, sportlich, stark, unabhängig; Frau: zart, sanft, abhängig, sportlich nicht aktiv, gute Feinmotorik und gutes Gedächtnis; a.a.O., S. 285) wird um jeden Preis festgehalten. Auch die Historizität der bipolar gedachten Eigenschaften von Männern und Frauen ist den AutorInnen offenbar nicht bekannt. Und die hier doch nahe liegende Vorstellung von Geschlecht als einem Kontinuum wird nicht aufgegriffen; eine Abweichung von binär kodierten Annahmen scheint nicht möglich zu sein; Gender-Patchwork, Gender-Play und Cross-Gender-Aktivitäten können nur als Folge hormoneller oder genetischer Fehlsteuerungen verstanden werden.

Die Thesen sind deswegen so bedenklich, weil das Ehepaar Paese das fortsetzt, was in Teilen der Männerbewegung von so genannten »Mythopoeten« (wie Robert Bly) vertreten wird und zur Folge hat, dass »sexualisierte Gewalt bagatellisiert und entschuldigt« wird (Wölfl 2001, S. 66). Indem der Mann zu einem Naturwesen stilisiert wird, müssen seine Übergriffe, sein patriarchales Machtstreben, der Überlegenheitszwang, als biologische Selbstverständlichkeit hingenommen werden.

Selbst wenn die biologische Verhaltensforschung entsprechende Ergebnisse über Geschlechterunterschiede im Tierreich vorlegt, muss hier das forschungsleitende Interesse berücksichtigt werden: Ist dem patriarchalen Blick möglicherweise lange entgangen, dass das Tierreich gar nicht so funktioniert, wie es um der Analogie willen so schön gewesen wäre?[1]

Es ist für eine gender-orientierte Pädagogik wichtig, die biologistischen Auffassungen von Geschlechterdifferenzen als (interessengeleitete) »Konstruktionen« zu entlarven. Dies ist das Thema der (im nächsten Abschnitt erläuterten) Gender-Forschung. Sie versucht zu zeigen, wie Geschlechterdifferenzen von den Beteiligten in der sozialen Interaktion »konstruiert« werden (sich also durch das »doing gender« erst herausbilden). Diese Argumentationsmuster könnten sich als hilfreich erweisen, wenn es darum geht, die Mechanismen der »Naturalisierung« von Geschlechterdifferenzen zu entlarven. Da viele PädagogInnen sich mit der Theorie des Konstruktivismus noch wenig auseinander gesetzt haben, schließt sich ein zweiter Exkurs an.

8. Die pädagogische Geschlechterforschung: Welche Bedeutung hat der Konstruktivismus für die schulpraktische Arbeit?

Die Geschlechterdiskussion lebte durch die Kritik an der in den 60 Jahren des letzten Jahrhunderts unreflektiert eingeführten Koedukation wieder auf, die nach den damaligen Verlautbarungen v.a. die Chancengleichheit der Mädchen erhöhen sollte (Brehmer 1982; Metz-Göckel 1987). Da in der Regel die bisherigen curricularen Konzepte von Jungenschulen einfach fortgeschrieben wurden (für einen derartigen Unterricht wählt man inzwischen den Begriff Ko-Instruktion), wird die Koedukation

1 »Die Gewalttätigkeit des Einzelnen wird hier als etwas gesehen, was roh ist, aber natürlich, da auf (männlicher) Muskelkraft gründend. Die Nähe zum Tierreich wird hergestellt, das als eben gewalttätig definiert wird. Dahinter steht auch der Glaube, dass körperliche Überlegenheit stets angewandt wird, um andere im Zaum zu halten oder Dominanz zu beweisen. Doch selbst im Tierreich ist das keineswegs immer so im Sinne eines Naturgesetzes. Dies hat die jüngere Forschung von Sozialstrukturen in Primatengruppen nachgewiesen. Die größere Muskelkraft wird keineswegs immer zur Unterdrückung von Mitgliedern der eigenen Gruppe angewandt, sondern oft nur zur Abwehr von äußerer Bedrohung. In der Primatengruppe haben dagegen in der Regel die erfahrensten Weibchen das Sagen und sie bestimmen auch, wer sich fortpflanzen darf und wer nicht. Ausschluss und Vereinzelung dissozialer Gruppenmitglieder kann dagegen häufig beobachtet werden. Dissozialität und Dominanz führen keineswegs zum Fortpflanzungserfolg« (Wölfl 2001, S. 78).

heute als eine Ursache für die weitere Benachteiligung von Mädchen verstanden, die sich trotz des offenbar größeren Schulerfolgs von weiblichen Lernenden auf subtile Weise in ihrer Persönlichkeit niederschlägt und v.a. im Bereich des in der Pubertät sinkenden Selbstvertrauens und in der späteren Berufswahl festzumachen ist (Horstkemper 1987; Metz-Göckel/Nyssen 1990). Denn – wie viele empirische Untersuchungen vor allem in den 70er- und 80er-Jahren zeigten – häufig genug wurden die schulischen Curricula den Mädchen nicht gerecht, und sie wurden in der schulischen Interaktion übergangen oder als heimliche Helferinnen der Lehrpersonen instrumentalisiert (Frasch/Wagner 1982; Enders-Dragässer/Fuchs 1989). Im Bereich der Schule entwickelte sich daraus das Konzept der »Reflexiven Koedukation« (Faulstich-Wieland 1991), das eine Veränderung im curricularen Bereich, in der Unterrichtsorganisation und in der sozialen Interaktion zwischen LehrerInnen und SchülerInnen vorsah.

In den Anfängen der Geschlechtertheorie-Diskussion ging die Mehrheit der daran Beteiligten davon aus, Geschlecht sei eine Strukturkategorie. In den Diskursen standen vor allem Ungleichheits- oder Diskriminierungsthemen im Vordergrund. Im Nachhinein ordnete man diese Phase – geschlechtertheoretisch betrachtet – als Arbeiten mit dem »Defizitansatz« ein. Auf Grund des ihm vorgeworfenen latenten Androzentrismus (Orientierung am Mann als »Normalfall«) verabschiedete sich die Gender-Forschung bald von diesem Paradigma.

Es schloss sich der differenztheoretische Diskurs an, der Geschlecht ebenfalls unter strukturtheoretischen Annahmen betrachtete. Er eröffnete zusätzlich die Perspektive, die weibliche Lebenswelt als anders, aber als gleichwertig zu betrachten, und erschloss der Forschung somit ein interessantes, vorher gänzlich unbearbeitetes Feld (z.B. die Untersuchung der Persönlichkeitsentwicklung, v.a. im Bereich der Moral, der Sprache und des Denkens von Mädchen; vgl. Gilligan 1984; Tannen 1991; Belenky 1991). Kritik zog dieser Ansatz auf sich, weil mit ihm – trotz seiner sozialisationstheoretischen Begründung – eine Naturalisierung von Geschlechterdifferenzen verbunden war.

Die zusätzlich vorhandenen Androgynitätskonzepte, die eine zunehmende Angleichung von Männlichkeit und Weiblichkeit sowohl unterstellen als auch befürworten, haben in der pädagogischen Diskussion weniger Widerhall gefunden, ihnen wurde auch unterstellt, dass dahinter auch ein latenter Androzentrismus verborgen sei (Orientierung an Männlichkeit).

Ein wichtiger Paradigmenwechsel der pädagogischen Geschlechterforschung begann mit der oben bereits erwähnten Orientierung an Theorien des Konstruktivismus. Damit richtete sich der Blickwinkel auf die Tatsache, dass die selbstverständlich erscheinende Zweigeschlechtlichkeit der Welt als Produkt sozialer Konstruktion aufgefasst werden muss; dass wir also Geschlecht in der sozialen Interaktion herstellen (das »doing gender«; vgl. Bilden 1991). Die noch Anfang der 90er-Jahre in der deutschsprachigen Geschlechterforschung begrüßte Unterscheidung zwischen »Sex« als dem biologischen und »Gender« als dem sozialen Geschlecht entlarven neuere konstruktivistische Ansätze als latenten oder bloß verlagerten Biologismus, denn auch die Vorstellungen von Biologie oder »der Natur« können als Konstruktionen aufgefasst werden.[1]

Innerhalb des wissenschaftstheoretischen Diskurses können somit heute etwas vergröbernd zwei Positionen unterschieden werden, die z.T. als unvereinbar verstanden werden: Auf der einen Seite stehen (meist ältere) theoretische Ansätze, die Geschlecht als Strukturkategorie auffassen und damit von der Zweigeschlechtlichkeit der Welt aus gehen. Sie haben vorrangig den strukturellen Abbau von Geschlechterhierarchien im Blick. Die bisherigen Ausführungen in der vorliegenden Einleitung haben sich diesem strukturtheoretischen Paradigma angeschlossen; auch die Vorschläge zum »Gender mainstreaming« können hier eingeordnet werden.

Die andere Position wird von der gerade erläuterten (radikal-)konstruktivistischen Theorie eingenommen, die unterstellt, dass wir Geschlechterdifferenzen konstruieren; manche dieser Positionen – nicht alle – stellen darüber hinaus grundsätzlich die Zweigeschlechtlichkeit in Frage, da man auch »Zwischengeschlechter« gefunden habe.

Der Konflikt zwischen diesen beiden grundsätzlichen Positionen hat durchaus eine praktische Bedeutung: Aus der strukturtheoretischen Sicht folgt eine politische Perspektive, die auf Aufhebung der hierarchischen Geschlechterordnung zielt; dies ist weitgehend die Position des »alten« Feminismus. Aus konstruktivistischer Sicht folgt eher die Aufgabe, unsere geschlechtsstereotypen Konstruktionen zu dekonstruieren und für ein Durchkreuzen der geschlechterbezogenen Erwartungen einzutreten bzw. dies zu praktizieren. Indem z.B. die Forschung oder auch PädagogInnen nach Geschlechterunterschieden suchen, tragen auch diese Fragestellungen zur Verfestigung der – dann auch hierarchisch bedeutungsvollen – Geschlechterdifferenzen bei. Sinnvoller wären nach diesen theoretischen Ansätzen Forschungen zu der Frage, wie Mädchen und Jungen dazu kommen, Geschlecht binär zu konstruieren und auf welche Weise dies ggf. verhindert oder aufgebrochen werden kann.

Bitzan/Daigler (2001) vermuten, dass diese (de-)konstruktivistischen Ansätze bei jüngeren Frauen deswegen auf Begeisterung stoßen, weil »hierin Freiheit der Rollenwahl und des Spiels mit individuellen Impulsen ins Blickfeld rückt, die die Zählebigkeit der Rede von den Geschlechterdifferenzen und den sozialen Verhältnissen in ihrer Schwere und Abgegrenztheit hinter sich lassen kann. Es entspricht der (soziologisch bestätigten) Erfahrung der jüngeren Generation, soziale Wahlfreiheiten und Optionenvielfalt genießen zu können, und ist auf der philosophischen Ebene ein Pendant zur Individualisierung« (a.a.O., S. 211).

Kritisiert wird an diesen konstruktivistischen Ansätzen, dass »das Individuum (…) in der Betrachtungsweise aus sozialstrukturellen Kontexten herausgenommen«

1 Den Anschluss an die inzwischen auf hohem wissenschaftstheoretischen Niveau geführte Diskussion zur »De-Konstruktionsdebatte in der erziehungswissenschaftlichen Geschlechterforschung« kann man im Werk von Lemmermöhle u.a. (2000) finden; an ersten empirischen Studien zu Geschlechterkonstruktionen in der Schule arbeiten Faulstich-Wieland u.a. (2000) und Kampshoff (2000).

wird (a.a.O., S. 211) und dass die Körperlichkeit nur noch auf der Ebene eines Sprachspiels (z.B. bei Butler) diskutiert wird. Aus der Perspektive derjenigen, die in Mädchenarbeit involviert sind, kontern Bitzan/Daigler: »Demgegenüber steht die Erfahrung (...), dass der Körper immer noch eines der zentralen Auseinandersetzungsmedien jugendlicher Mädchen ist und dass ganz entscheidende Sexualisierungsprozesse eben genau über den Körper erfolgen« (a.a.O., S. 211). Mit Entschiedenheit formulieren sie: »Egal, ob hergestellt oder als subjektiver Kern vorhanden – über den Körper wird Geschlechterhierarchie produziert und am Körper kommt niemand vorbei« (a.a.O., S. 212).

Diese Kontroverse über die angemessenen Theorien über Geschlechterdifferenzen hat explizit nicht Eingang in die Beiträge des vorliegenden Buches gefunden. Vermutlich wird die zuletzt genannte Auffassung, dass der Körper für die Geschlechtsidentität eine Rolle spiele, von vielen AutorInnen des vorliegenden Buches geteilt, denn in den Begründungen für die Selbstverteidigungskurse für Mädchen (die insgesamt sehr häufig angeboten werden) wird auf entsprechende Argumente rekurriert.

Ursprünglich sind vermutlich viele Konzepte für Mädchen- und Jungenförderung aus der Perspektive des strukturtheoretischen Ansatzes formuliert worden, wobei v.a. im Sinne geschlechtskompensatorischer Erziehung eine Überwindung geschlechterstereotypen Verhaltens auf Seiten der SchülerInnen intendiert ist. Gleichzeitig haben sich viele der beteiligten PädagogInnen durch ihren Unterricht und die außerschulischen Maßnahmen vermutlich auch darum bemüht, die binäre Konstruktion von Geschlecht aufzuweichen und individuellen Entwicklungen freien Raum zu geben; d.h., ihr Konzept hätte auch (de-)konstruktivistische Komponenten.

Es müsste in weiteren Untersuchungen geklärt werden, ob die Mädchen- und Jungenarbeit eher zur Verfestigung der Geschlechterdifferenzen beiträgt, mithin ein heimliches Curriculum in sich birgt, oder woran sich festmachen lässt, dass dies verhindert wird. Dies sind mögliche Rückfragen an die hier vorgestellten Förderkonzepte, die AutorInnen und die LeserInnen und auch die pädagogische Gender-Forschung. Die Sensibilität für diese Fragestellungen ist sicher auch der kritischen Perspektive des (De-)Konstruktivismus zu verdanken.

9. Koedukation oder Monoedukation oder »Reflexive Koedukation«? – Neue Forschungsergebnisse

In den letzten Jahren hat sich eine pädagogische Geschlechterforschung etabliert. Untersucht wurden u.a. die Wirkungen einer phasenweise oder länger andauernden Geschlechtertrennung, die ja vielen LehrerInnen höchst sinnvoll zu sein scheint. Nach den vorliegenden, abgeschlossenen Studien, die die Wirkungen der Geschlechtertrennung untersucht haben, scheint jedoch die schlichte Segregierung der Geschlechter keine der erwünschten Wirkungen hinsichtlich einer größeren Geschlechtergerechtigkeit zu erzielen:

Horstkemper (1999) berichtet über eine in Rheinland-Pfalz durchgeführte Untersuchung zur Wirkung der Monoedukation auf Jugendliche. Die im Rahmen einer Längsschnittstudie (1993–1997) parallel durchgeführte Befragung von GymnasiastInnen von zwei koedukativen, einem Mädchen- und einem Jungengymnasium (N = 200) zeigte, dass in Einstellungsuntersuchungen Mädchen der koedukativen Gymnasien am entschiedensten für die Gleichheit der Geschlechter eintraten (a.a.O., S. 254), während die Mädchen aus den monoedukativen Schulen offenbar weniger emanzipative Vorstellungen äußerten. Für die gerechte Teilung der Aufgaben in Familie und Beruf zwischen beiden Ehepartnern (einschließlich der Teilzeitarbeit für beide) machten sich signifikant häufiger die Mädchen aus den koedukativen Schulen stark, während dies Jungen unabhängig vom Schultyp (mono- oder koedukativ) und Mädchen von monoedukativen Schulen offenbar nicht wünschten.

Dieses Ergebnis durchkreuzt die Annahme, Mädchen würden in reinen Mädchenschulen generell mehr Selbstvertrauen bezüglich der zukünftigen eigenen Berufstätigkeit und einer partnerschaftlichen Lebensplanung erwerben. Für Jungen scheint der Schultyp keine Rolle zu spielen, denn Schüler aus beiden Schulformen (mono- und koedukativ) lehnten es ab, »etwa bei der Eheschließung ihren Namen abzugeben oder ihren Wohnsitz nach den Karriereplänen der Partnerin zu wählen. Und sie stellen es sich auch nur in Grenzen befriedigend vor, Kraft und Zeit in Familienarbeit und Kinderbetreuung zu stecken, die eigene Berufstätigkeit möchten sie dadurch nicht tangiert wissen« (a.a.O., S. 255). Diese traurige Erkenntnis erhärtete sich in den später mit den Befragten durchgeführten Gruppendiskussionen, »weil in dem Jungengymnasium das Thema Vereinbarkeit von Familie und Beruf überhaupt nicht zum Thema wurde, auch nicht auf Nachfragen« der InterviewerInnen (a.a.O., S. 263).

Auch Rost/Pruisken (2000) haben an insgesamt 24 Klassen untersucht, ob sich bei den SchülerInnen hinsichtlich des Selbstkonzepts, der Geschlechtsrollenorientierung, den Freizeitinteressen und der Motivation Differenzen zwischen monoedukativ (15 Klassen) bzw. koedukativ (neun Klassen) geführtem Unterricht zeigen. Eine Schule (mit sieben Klassen) war eine reine Mädchenschule; die übrigen Schulen waren prinzipiell koedukativ, besaßen aber einige reine Mädchenklassen. In dieser Untersuchung konnten keinerlei Unterschiede entdeckt werden, aus denen – im Hinblick auf die o.g. Variablen – Vorteile eines monoedukativen Unterrichts für Mädchen abgeleitet werden konnten. Allerdings fand die Untersuchung zu einem Zeitpunkt statt, der für die Geschlechtsrollendifferenzierung vermutlich noch nicht sehr bedeutsam ist, nämlich in den Klassen 5 und 6. Die entscheidenden Veränderungen hinsichtlich des Selbstvertrauens treten bekanntermaßen erst in späteren Schuljahren auf.

Andere Untersuchungen zur Reflexiven Koedukation wie die von Nyssen (1996), in denen nicht nur geschlechtgetrennter Unterricht, sondern auch eine curriculare Veränderung vorgenommen wurde, zeigen jedoch zum Beispiel, dass Phasen des monoedukativen Unterrichts im Hinblick auf das fachliche Selbstvertrauen der Mädchen vor allem im Bereich Mathematik durchaus positive Wirkungen erzielten.

Dieses begrüßenswerte Ergebnis konnte nur zum Teil in einer neueren Untersuchung bestätigt werden, in denen der Unterricht auch im Sinne des Konzepts der Reflexiven Koedukation verändert worden war (Kraul/Horstkemper 1999).

Bedauerlicherweise muss jedoch durch zwei neuere qualitative Untersuchungen angezweifelt werden, ob allein das Engagement der beteiligten LehrerInnen für eine geschlechterbewusste Pädagogik ausreicht, weil sich offenbar »hinter dem Rücken« der PädagogInnen Strukturen durchsetzen, die eine Zementierung des hierarchischen Geschlechterverhältnisses zu fördern scheinen (vgl. Beetz 1998; Röhner/Thies 2000). Beispielhaft soll die Zusammenfassung der Interviews mit LehrerInnen einer Freien Schule zitiert werden. Diese Schlussfolgerungen werden auch durch die neue Studie von Röhner/Thies gestützt: »Die Ergebnisse der Interviews können insofern als Ausdruck einer Struktur gedeutet werden, die, sofern sie nicht bearbeitet würde, dazu angetan schiene, Geschlechterverhältnisse wider besseres Wissen und Wollen zu perpetuieren (...) Während die Jungen von beiden Geschlechtern wohlwollend begleitet werden, müssen die Mädchen mit der Reserve der Pädagogen und den (latenten) Aggressionen der Pädagoginnen rechnen« (Beetz 1998, S. 256). Auch einige Berichte in den späteren Kapiteln des vorliegenden Buches deuten an, dass Lehrpersonen gerade im Hinblick auf Mädchen häufig ambivalente Gefühle entwickeln können.

Dies wirft einige Fragen auf, die dieses Buch noch nicht beantworten kann, die jedoch für weitere Evaluationen verwendet werden könnten: Welche nachweisbaren Erfolge hat die Geschlechtertrennung? Wie aus der Studie von Nyssen als Hypothese abzuleiten ist, müsste geprüft werden, ob persönliches Engagement ausreicht oder ob die Orientierung am Konzept der »Reflexiven Koedukation« vor allem durch curriculare Veränderungen erreicht wird, aus denen andere Unterrichtsinhalte und andere Unterrichtsmethoden folgen. Welche Bedeutung hat die Subjektivität der Lehrpersonen und welches sind die strukturellen Momente, die einer an Geschlechterdemokratie interessierten Pädagogik hinderlich sind? Könnte eine Supervision der an Innovationen beteiligten Lehrpersonen, wie sie z.B. in der Hamburger Gesamtschule Bergedorf eingeführt worden ist, hilfreich sein (*Malz-Teske/Liebsch* in diesem Band)? Vermutlich ist auch die Konzentration auf die Mädchen allein kontraproduktiv; was geschieht, wenn in die pädagogischen Veränderungen auch die Jungen einbezogen werden? Dazu liegen aktuelle Konzepte vor (vgl. das von Biermann und Tillmann moderierte Themenheft der Pädagogik 1999; Kaiser 1997), deren Wirkung auf Jungen und Mädchen jedoch noch kaum erforscht worden ist.[1]

1 Gelungene Beispiele für die pädagogische Alltagsarbeit an der erfolgreichen Dekonstruktion von Geschlechterdifferenzen liegen noch nicht vor (hier sei noch einmal auf erste Forschungsergebnisse von Faulstich-Wieland u.a. 2000 und Kampshoff 2000 verwiesen).

10. Die Gender-Frage in der Schulprogramm-Diskussion

Die Schulprogramm-Diskussion muss im Kontext mit paradigmatischen Studien der Schulentwicklungsforschung betrachtet werden: Zum Beispiel hatte man in der so genannten Rutter-Studie (Rutter u.a. 1980) herausgefunden, dass sich Schulen in für den Schulerfolg der SchülerInnen offenbar relevanten Dimensionen unterscheiden; nämlich hinsichtlich der von den LehrerInnen praktizierten Unterrichtsstile, ihrer Wertorientierungen und Verhaltensnormen, ihrer Erwartungen und Standards; ihres Modellverhaltens; durch ihre Art, Rückmeldungen zu geben; durch die Beständigkeit schulischer Normen; durch die allgemeinen Arbeitsbedingungen für die LehrerInnen und ihre Einstellungen; auch darin, wie wichtig gemeinsame Aktivitäten von Schülern und Lehrern und die Mitverantwortung der Schüler genommen werden. Die individuellen Haltungen bzw. Praxen der LehrerInnen waren jedoch weniger ausschlaggebend als die Tatsache, dass die LehrerInnen der einzelnen Schule einen hohen inneren Konsens über die Ziele der Schule besaßen. Um welche Ziele es sich dabei im Detail handelte, war eher sekundär. Diese Haltung eines Lehrerkollegiums wird mit dem Begriff »Schulethos« gefasst.

Überraschend für die SchulforscherInnen war die Erkenntnis, dass für den Schulerfolg der SchülerInnen das jeweilige Schulethos entscheidender war als z.B. die soziale Herkunft der Schüler und die materielle Ausstattung der Schule. Dies hieß: Auch in einem problematischen Stadtviertel und einer unterausgestatteten Schule ist gute Pädagogik möglich – wenn sich die LehrerInnen in zentralen Fragen einig sind. Dies ist ein Hintergrund für die Tatsache, dass sich heute die Schulpolitik (und -administration) weniger in der Frage der generellen Schulstruktur engagiert (z.B. den Alternativen zwischen Gesamtschulen oder Gymnasien), sondern LehrerInnen dazu auffordert, im Kollegium einen Konsens über Ziele von Bildung und Erziehung herbeizuführen. Als Instrument der Konsensbildung dient die Erstellung von Schulprogrammen.

Schulen hatten schon immer ein *Schulprofil;* es ist das schon immer vorhandene faktische Angebot der Schule und umfasst historisch gewachsene, tradierte inhaltliche Schwerpunkte der Schule. Meist handelt es sich um eine additive Reihung von Einzelmaßnahmen mit zufälligen Schwerpunkten; sie sind meist personengebunden und ohne eine explizit erarbeitete pädagogische Grundorientierung; sie existieren ohne Vereinbarung über die Verbindlichkeit dieses Angebots. Das *Schulprogramm* hingegen analysiert Stärken und Schwächen des bestehenden Schulprofils und formuliert explizite, gemeinsame Entwicklungsziele der Schule. Dort werden Maßnahmen im Sinne eines Programmplans bestimmt. Als Resultat führt das Schulprogramm nach seiner Umsetzung zu einem *expliziten Schulprofil* der Einzelschule.

Schulprogramme »sind nicht nur Handlungskonzepte auf dem Weg zum individuellen Schulprofil, sondern sie vermitteln die erzieherischen und curricularen Zielsetzungen und Maßnahmen einer Schule an der Schnittstelle zwischen verschlankten Rahmenvorgaben einerseits und dem konkreten Unterricht andererseits« (Fleischer-Bickmann/Maritzen 1996, S. 14). Zurzeit sind v.a. die nördlichen Bundesländer wie

Nordrhein-Westfalen, Niedersachsen und Hessen sowie die Stadtstaaten Bremen und Hamburg zur Schulprogrammarbeit verpflichtet.

Die Arbeit am Schulprogramm soll ein der Identität einer Schule dienender Selbstfindungsprozess sein; während dessen wird ein Prozess der Verständigung über pädagogische Grundorientierungen angestrebt; als schriftlich kodifiziertes Produkt soll es Ausdruck der bewussten Verständigung aller Beteiligten über Grundfragen von Schule und Unterricht sein, und es soll verbindliche Absichten enthalten, in welcher Weise die pädagogischen Grundorientierungen realisiert werden sollen. Somit stellt es ein zielorientiertes Handlungskonzept für die Verwirklichung einer »guten Schule« dar. Schulprogramme sollen ein Mittel für die Schule sein, ihr pädagogisches Profil zu entwickeln und setzen deshalb ein umfangreiches Mitbestimmungs- und Beteiligungsverfahren voraus, das jedoch in der Praxis nicht immer gewährleistet ist.

Schulprogramme entstehen – entgegen diesen Empfehlungen – auf ganz unterschiedlichen Wegen. Nicht immer finden alle Aktivitäten der Schule Eingang in den Konsensbildungsprozess bzw. die zu erstellenden Texte. Da es zwar z.B. in NRW Erlasse zur Mädchen- und Jungenförderung gibt, dieses Thema aber in den Aufforderungen zur Schulprogrammarbeit explizit[1] nicht genannt ist, unterbleibt – wie wir herausgefunden haben – in diesem Bundesland, aber auch in anderen Ländern ein Aufgreifen der Frage einer gender-orientierten Pädagogik im Schulprogramm häufig.

Zum vorliegenden Buch und den Einzelbeiträgen

Warum genau dieses Buch?

Auch wenn Schulen sich dem Gender-Thema im Schulprogramm widmen wollten, wurde von LehrerInnen bemängelt, dass es keine entsprechenden »Handreichungen« mit Empfehlungen dafür gab, wie man mit der pädagogischen Arbeit im Bereich Mädchen- und Jungenförderung in der Schulprogrammarbeit umgehen könnte. In Fortbildungsveranstaltungen hörten wir daher in den letzten Jahren immer wieder die Bitte, den Schulen doch Hilfestellungen bei der Schulprogrammarbeit zu geben, wenn sie den Aspekt der Mädchen- und Jungenarbeit aufnehmen wollten.

Daraus erwuchs die Idee, an Stelle einer Handreichung Beispiele für Schulprogramme zusammenzustellen, in denen die Mädchen- und Jungenarbeit explizit erwähnt wird, damit die Schulen, die noch mit der Fertigstellung oder Überarbeitung von Schulprogrammen beschäftigt sind, durch die (auch kritische) Orientierung an Modellen eine Hilfestellung erhalten könnten.

1 In NRW ist z.B. durch Erlass festgelegt, zu welchen *acht Bereichen* im jeweiligen Schulprogramm Maßnahmen getroffen werden müssen (erzieherischer Konsens, schuleigene Lehrpläne, moderne Didaktik und Methodik, Beratung der SchülerInnen und außerschulische Kooperation, Gestaltung und Öffnung von Schule, internationale Kontakte, Umsetzungspläne und Evaluation).

Um Schulen zu finden, die sich in dieser Frage engagiert hatten, konnten wir einerseits informelle Kanäle nutzen; andererseits standen uns in NRW Angaben darüber zur Verfügung, welche Schulen Mittel für Angebote von Selbstverteidigungskursen für Mädchen erhalten hatten. Da die Bewilligung an die Einbindung der Kurse in ein schulisches Gesamtkonzept bzw. ein Schulprogramm gebunden war, erhielten wir erste Anhaltspunkte für Schulen, mit denen wir Kontakt aufnehmen konnten, weil sie ein (z.T. vorläufiges) Schulprogramm *und* Mädchenarbeit vorweisen konnten. Nach unseren Recherchen stellte sich dann heraus, dass die meisten Angaben über die Schulen veraltet oder unzutreffend waren; es erwies sich als schwierig, auf diesem Weg Schulen zu finden, die im Hinblick auf gelungene Mädchen- und Jungenarbeit als vorbildlich hätten gelten können.[1]

Bei unserer Suche nach passenden Schulen stießen wir häufig auf das Problem, dass wir entweder verbindlich verabschiedete Schulprogramme fanden, in denen das Geschlechterthema dann aber fehlte, oder reformfreudige KollegInnen kennen lernten, die beachtliche Erfahrungen mit Jungen- und Mädchenarbeit vorweisen konnten, in deren Schule jedoch entweder gar kein Schulprogramm vorhanden war oder die Maßnahmen zur Erhöhung der Geschlechterdemokratie in keinem Punkt des Programms Erwähnung fanden. Auf diese Weise entstand das vorliegende Sample, das sicherlich nicht alle und vielleicht auch nicht die engagiertesten und weit entwickelsten Beispiele für eine erfolgreiche Durchsetzung der gender-orientierten Pädagogik enthält. Die Beiträge dieses Buches versuchen zu rekonstruieren, wie sich die schuleigenen Entwicklungsprozesse vollzogen haben, die dann zu einem je unterschiedlichen Schulprogramm für die Mädchen- und Jungenarbeit geführt haben.

Die Beiträge im Einzelnen

Viele der auf die Bundesrepublik ausstrahlenden Impulse für die Mädchen- und Jungenarbeit sind ohne Zweifel von der Laborschule an der Universität Bielefeld ausgegangen, über deren Aktivitäten *Christine Biermann* im ersten Beitrag des vorliegenden Bandes berichtet. Diese Modellschule (eine staatliche Versuchsschule) hat auf Grund ihres seit 1974 bestehenden Auftrags zur Schulreform und zur wissenschaftlichen Erforschung der eigenen Praxis schon früh die Möglichkeit wahrgenommen, Konzepte für die Mädchen- und Jungenarbeit zu erproben und deren Umsetzung wissenschaftlich begleiten zu lassen. Die Kooperation mit der Universität Bielefeld war und ist recht eng, sodass hier eine wechselseitige Befruchtung von Forschung und unterrichtspraktischer Innovation stattfinden konnte.

Wie man an den Beispielen einer Grundschule in Düsseldorf und einer Realschule in Leverkusen sieht, erhält Mädchen- und Jungenförderung oft durch äußere Anlässe eine Dynamik und Energie, die die Schulen zwingt, sich intensiver als bisher

1 An dieser mühsamen Suche haben sich dankenswerterweise Dr. päd. Imke Niebaum und Dipl.-Päd. Julia Strünck beteiligt.

mit dem Thema zu beschäftigen und es ins Schulprogramm zu integrieren. Manchmal sind diese Anlässe recht drastischer Natur: In Düsseldorf musste ein Kollegium den massiven sexuellen Missbrauch von SchülerInnen durch einen Vater verarbeiten (vgl. den Bericht von *Annette Anner/Gisela Wolf-Bauwens*), und in Leverkusen beförderte die Unruhe der Schülerinnen, die einen Sexualmord in der unmittelbaren Region zu verkraften hatten, die Arbeit im Bereich der Mädchen- und Jungenförderung (vgl. den Bericht von *Birgit Klostermann*).

Auch das Beispiel der Realschule in Düsseldorf illustriert, wie wichtig im Rahmen der schuleigenen Entwicklungsprozesse hin zu einer geschlechterbewussten Schule die Körperarbeit und die Selbstbehauptungskurse für Mädchen sind. Inzwischen werden an dieser Schule die Maßnahmen durch Konzepte zur Lebensplanung und Berufswahlorientierung ergänzt, deren Adressaten sowohl Mädchen als auch Jungen sind (vgl. den Bericht von *Ute Hoppen*).

Die Gesamtschulen sind offenbar das Schulmodell, an dem am häufigsten gelungene Beispiele für die Integration der Mädchen- und Jungenarbeit in das Schulprogramm zu finden sind: Hier sind die beiden Hamburger Gesamtschulen, die Max-Brauer-Gesamtschule und die Gesamtschule Bergedorf, zu erwähnen. In der Max-Brauer-Schule *(Regine Bondick/Wolf Lüders)* liegt der Schwerpunkt vor allem auf der Berufsorientierung und einer interessanten Elternarbeit; Jungen können einen Haushaltspass erwerben, und für Mädchen gibt es einen »Töchtertag«. In Bergedorf *(Regina Malz-Teske/Katharina Liebsch)* werden Mädchentage praktiziert, es gibt ein Konzept der Jungenförderung und eine phasenweise Geschlechtertrennung im Sport- sowie Sexualkundeunterricht. Dieser Beitrag reflektiert zusätzlich die Bedeutung einer Frauengruppe an der Schule und die langjährigen Erfahrungen mit Frauenfortbildungen an der eigenen Schule.

In der Lise-Meitner-Gesamtschule Köln-Porz liegt ein erprobtes Konzept für die Mädchen- und Jungenförderung im Bereich der Berufswahlvorbereitung vor: *Karin Michel* berichtet zusätzlich über spezielle Angebote dieser Schule im Bereich der Informatik und einer Computer-AG sowie den Methoden zur Einbeziehung der Eltern. Hier sind auch explizite Versuche mit der Evaluation der schuleigenen Angebote dokumentiert.

Zwei Lehrer (*Christian Gembus*, Gesamtschule Stieghorst in Bielefeld, und *Hans-Peter Neumann*, Gesamtschule Sprockhövel) berichten ebenfalls über recht komplexe Aktivitäten an ihren Schulen: Der besondere Akzent im Stieghorster Schulprogramm liegt auf der Verankerung der Mädchen- und Jungenarbeit in vielen einzelnen Fächern, wie z.B. Deutsch, Gesellschaftslehre, im Sprachenunterricht, in den Naturwissenschaften, Mathematik und Informatik sowie im Sport- und Sexualkundeunterricht. Die Sprockhöveler Schule hat ein Gesamtprogramm vorgelegt, das nicht nur Unterricht, AGs und Offene Angebote umfasst, sondern auch Projekte und Konzepte für Beratung und Erziehung einschließt.

Wir haben nur wenige Gymnasien mit einem expliziten Programm der Mädchen- und Jungenarbeit gefunden. Wir nehmen an, dass dies kein Zufall ist. Aber das berühmte Mädchengymnasium Essen-Bohrbeck, an dem in den 80er-Jahren einige der paradigmatischen Untersuchungen zur Koedukation durchgeführt worden sind, berichtet im vorliegenden Band über das eigene, nur auf Mädchen zielende Schulprogramm. In diesem Beitrag, formuliert von *Elisabeth Gemein*, findet man auch Beispiele dafür, wie die eigene pädagogische Arbeit evaluiert wird. Das Wiener Gymnasium Rahlgasse war früher ebenfalls ein Mädchengymnasium, das nach Einführung der Koedukation dennoch für eine Zeit lang eine Mädchenklasse einrichtete; wir drucken hier ein aktuelles Interview ab, das *Roswitha Tschenett* mit der Schulleiterin *Heidi Schrodt* und der Lehrerin *Ilse Schrittesser* geführt hat, in dem diese Erfahrungen gemeinsam reflektiert werden.

Wie wir bereits erwähnt haben, ist die Mädchen- und Jungenarbeit insgesamt noch nicht sehr oft Bestandteil von Schulprogrammen. Gelingt es den – meist – Lehrerinnen nur schlecht, dass ihr schulisches Engagement angemessen und offiziell durch allgemeine Beschlüsse gewürdigt wird? *Birgit Klein-Uerlings* vom Gymnasium Rodenkirchen hat deswegen einmal Überlegungen zur Frage systematisiert, warum es so schwierig ist, das Gender-Thema in der Schulprogrammarbeit zu verankern. Es schließen sich Empfehlungen an, die vermutlich für all diejenigen hilfreich sind, die im eigenen Kollegium für das Thema werben wollen. Die grundsätzliche, oben bereits angedeutete Frage bleibt aber bestehen, ob es der Verbesserung dieser Arbeit dient, wenn die gender-orientierte Pädagogik im Schulprogramm verankert ist oder ob es andere politischen Prinzipien der Durchsetzung entsprechender pädagogischer Konzepte gibt, die dem Thema angemessener sind?

Die meisten Beiträge enthalten Erfahrungsberichte von LehrerInnen, an denen die jeweiligen subjektiven Theorien über Mädchen- und Jungenförderung erkennbar sind; sie haben gewissermaßen dokumentarischen Charakter. Wir haben – wie oben erwähnt – unter den AutorInnen weder eine theoretische Diskussion über Gender-Theorien und angemessene pädagogische Konzepte angezettelt noch eine Schulung zur Schulentwicklung bzw. -programmarbeit durchgeführt und auch den sprachlichen Stil der AutorInnen nicht grundlegend verändert. Daher sind auch die Teile, in denen über erste Versuche mit Evaluationen berichtet wird, nicht primär vom Sprachduktus der Schulentwicklungsforschung beeinflusst. Es hat also keine wissenschaftliche Begleitung der Schulentwicklungsprozesse stattgefunden.

Da in Niedersachsen die Schulprogrammarbeit erst jetzt einsetzt, während sie in Hessen und Nordrhein-Westfalen schon seit Ende der 90er-Jahre verpflichtend gemacht wurde, drucken wir am Schluss des Bandes als Ergänzung der Erfahrungsberichte eine Art Handreichung zur Implementierung der Mädchen- und Jungenförderung im Schulprogramm ab, die im Auftrag des dortigen Kultusministeriums von Kolleginnen erstellt worden ist *(Angela Drescher u.a.)* und auf die Praxis einiger Schulen Bezug nimmt, die auch ohne entsprechenden Erlass bereits in der gender-orientierten Pädagogik aktiv geworden sind.

Fazit

Addierte man die Einzelmaßnahmen der hier zu Wort gekommenen Schulen, würde ein beachtlicher Katalog an erprobten und in Schulprogrammen verankerten Konzepten für die Mädchen- und Jungenarbeit entstehen. An einigen der auf diese Weise gefundenen Schulen hat sich ein profilbildender Prozess abgespielt, der nach dem Motto »Vom Selbstverteidigungskurs zur geschlechterbewussten Schule« verlief:

Wir stellen diesen idealtypischen Schulentwicklungsprozess dar, den es in der Form nicht gegeben hat, wohl aber in der Summe vieler Einzelschulen: Am Anfang wurden von einigen Lehrerinnen Expertinnen für Selbstverteidigungsangebote für Mädchen eingeladen. Dann qualifizierten sich diese Lehrerinnen selbst als Trainerinnen für Selbstbehauptungs- und Selbstverteidigungskurse. Diese Maßnahmen wurden teilweise dadurch ergänzt, dass das Schulleben und die Schulkultur einbezogen wurden, z.B. durch die Organisierung eines Mädchentreffs und anderer Freizeitaktivitäten. In einigen Fällen wurden die Trainings zur Selbstverteidigung auch im Unterricht thematisiert. Dann weiterte sich der Blick zum einen auf ein sequenzielles Konzept der Selbstsicherheitserziehung, das mehrere Jahrgänge oder eine ganze Schulstufe umfasste, und zum anderen wurde es ergänzt um Themen wie Berufsorientierung, Praktikum, Bewerbungstraining, Sexualkunde, Naturwissenschaften und neue Technologien, Religions- und Politikunterricht u.a. Manche Schulen experimentierten dann im regulären Unterricht mit monoedukativen Phasen. Zur Unterstützung des Erwerbs und der Wertschätzung sozialer Kompetenzen wurde an manchen Schulen für Jungen ein Sozialpraktikum eingeführt. Manchmal weitete sich die Vorstellung aus: Ein schuleigenes Curriculum zur Erhöhung der sozialen Kompetenzen von Jungen und Mädchen wurde entwickelt. Zusätzlich wurden beide Geschlechter mit Fragen der Lebensplanung, Vereinbarkeit von Beruf und Familie sowie der geschlechtsspezifischen Arbeitsteilung bei sorgenden und pflegenden Aufgaben konfrontiert. Manchmal wurden diese Aktivitäten in das Schulprogramm aufgenommen und ein Leitbild einer geschlechtergerechten Schule formuliert.

An dieser Auflistung zeigt sich, dass aus der anfänglichen Parteinahme für die Mädchen sukzessive ein Konzept »reflexiver Koedukation« oder eine »gender-orientierte Pädagogik« entstehen kann, das über den geschlechtskompensatorischen Ansatz hinausgeht und in ein neues Verständnis von Erziehung und Allgemeinbildung für beide Geschlechter mündet.

Daher die Frage: Worauf könnten sich die nächsten Schritte konzentrieren? Insgesamt wäre es v.a. sinnvoll, sich der Evaluation der konkreten eigenen Arbeit stärker zu widmen: Woran ist abzulesen, dass die schulischen Maßnahmen erfolgreich waren? Ein Schwerpunkt in der Weiterarbeit könnte auch auf der Bearbeitung von noch offenen Fragen liegen:

- Was bedeutet es für die Inhalte der Schulprogramme, wenn bei der Erarbeitung Lehrerinnen stärker berücksichtigt werden?

- Wem und inwiefern nutzt die – phasenweise – Geschlechtertrennung in welchen Fächern oder Projekten wirklich? Woran sind Erfolge abzulesen?
- Wie können strukturelle Benachteiligungen der Mädchen vermieden werden, die sich offenbar trotz der Bemühungen um eine veränderte soziale Interaktion »hinter dem Rücken der Beteiligten« herstellen?
- Woran lässt sich erkennen, ob der bipolare Blick der PädagogInnen auf die Geschlechter auch dazu beiträgt, die Geschlechterstereotypien wieder zu verfestigen?
- Was würde »Gender mainstreaming« für die Arbeit an Schulprogrammen bedeuten?
- Wie würden Mindestanforderungen für Standards einer geschlechtergerechten Schule aussehen?

Literatur

Altrichter, H./Schley, W./Schratz, M. (Hrsg.): Handbuch zur Schulentwicklung. Innsbruck/Wien 1998.

Bauer, K.-O.: Pädagoge – Profession oder Nebenbeschäftigung? In: Jaumann-Graumann, O./Köhnlein, W. (Hrsg.): Lehrerprofessionalität – Lehrerprofessionalisierung. Jahrbuch Grundschulforschung, Bd. 3. Bad Heilbrunn 2000, S. 25–44.

Beetz, S.: Koedukationsdiskurs zwischen Programmatik und Erfahrungswissen. In: Zeitschrift für Pädagogik 44/1998, Heft 3, S. 253–262.

Belenky, M.F. u.a.: Das andere Denken. Persönlichkeit, Moral und Intellekt der Frau. Frankfurt a.M./New York 1991.

Beucke-Galm, M.: Entwicklungsarbeit: ja – Führungsarbeit: nein? Eine Fallstudie über Frauen in Schulentwicklungsprozessen. In: Fischer, D./Jacobi, J./Koch-Priewe, B. (Hrsg.): Schulentwicklung geht von Frauen aus. Weinheim 1996, S. 231–246.

Biermann, C./Tillmann, K.-J.: Jungen und Männer an der Schule. Moderation eines Themenheftes. In: Pädagogik 51/1999, Heft 5, S. 6–35.

Bilden, H.: Geschlechtsspezifische Sozialisation. In: Hurrelmann, K./Ulich, D. (Hrsg.): Neues Handbuch der Sozialisationsforschung. Weinheim/Basel 1991.

Bitzan, M./Daigler, C.: Eigensinn und Einmischung. Einführung in Grundlagen und Perspektiven parteilicher Mädchenarbeit. Weinheim/München 2001.

Brehmer, I. (Hrsg.): Sexismus in der Schule. Weinheim 1982.

Buhren, C.G./Rolff, H.-G. (Hrsg.): Fallstudien zur Schulentwicklung. Zum Verhältnis von innerer Schulentwicklung und externer Beratung. Weinheim/München 1996.

Burkhardt, A.: Frauen und Mädchen in Bildung und Wissenschaft. GEW-Datenreport ’99. Frankfurt a.M. 1999.

Eikenbusch, G.: Praxishandbuch Schulentwicklung. Berlin 1998.

Enders-Dragässer, U./Fuchs, C.: Interaktionen der Geschlechter. Sexismusstrukturen in der Schule. Weinheim/München 1989.

Faulstich-Wieland, H.: Koedukation – Enttäuschte Hoffnungen? Darmstadt 1991.

Faulstich-Wieland, H./Dast-von der Haar, N./Güting, D.: Soziale Konstruktion von Geschlecht in der Sekundarstufe I – Werkstattbericht aus einem Forschungsprojekt. In: Lemmermöhle, D./Fischer, D./Klika, D./Schlüter, A. (Hrsg.): Lesarten des Geschlechts. Zur De-Konstruktionsdebatte in der erziehungswissenschaftlichen Geschlechterforschung. Opladen 2000, S. 173–188.

Fischer, D./Jacobi, J./Koch-Priewe, B. (Hrsg.): Schulentwicklung geht von Frauen aus. Weinheim 1996.

Fischer, D./Schratz, M./Seidel, G.: Schulentwicklung weiblich-männlich. In: s.e – journal für schulentwicklung 1/1998, Heft 3, S. 4–10.

Flaake, K.: Berufliche Orientierung von Lehrerinnen und Lehrern. Eine empirische Untersuchung. Frankfurt a.M./New York 1989.

Fleischer-Bickmann, W./Maritzen, N.: Schulprogramm. Anspruch und Wirklichkeit eines Instruments der Schulentwicklung. In: Pädagogik 48/1996, Heft 1, S. 12–17.

Frasch, H./Wagner, A.C.: Auf Jungen achtet man einfach mehr ... In: Brehmer, I. (Hrsg.): Sexismus in der Schule. Weinheim 1982, S. 260–278.

Frauen Europas Info 71: Europäisches Parlament: Sitzungsdokumente. Bericht über die Mitteilung der Kommission – Einbindung der Chancengleichheit in sämtliche politische Konzepte und Maßnahmen der Gemeinschaft – »mainstreaming«. Stellungnahme des institutionellen und des sozialen Ausschusses 1997 des EP 1997.

Forum Wissenschaft (Themenheft): Alles Gute kommt von oben? Gender Mainstreaming in der Diskussion. In: Forum Wissenschaft 18/2001, Heft 2, S. 6–61.

Gilligan, C.: Die andere Stimme. Lebenskonflikte und Moral der Frau. München 1984.

Hänsel, D.: Die Karriere der Lehrerin. In: Neue Sammlung 34/1994, 3, S. 417–439.

Haller, I./Wolf, H.: Führung in Gesellschaft und Schule zwischen Tradition und Emanzipation. Auf dem Wege zu dialogischer Kompetenz. Soest ^{2}1995.

Horstkemper, M.: Schule, Geschlecht und Selbstvertrauen. Eine Längsschnittstudie über Mädchensozialisation in der Schule. Weinheim 1987.

Horstkemper, M.: Zwischen Gleichheitspostulat und Rollenanpassung: Sozialisationseffekte westdeutscher Schulen. Aus: Horstkemper, M./Kraul, M. (Hrsg.): Koedukation. Erbe und Chancen. Weinheim 1999, S. 250–270.

Kaiser, A. (Hrsg.): Koedukation und Jungen. Soziale Jungenförderung in der Schule. Weinheim 1997.

Kampshoff, M.: Doing gender und doing pupil – erste Annäherungen an einen komplexen Zusammenhang. Oder: Welche Erträge bieten sozialkonstruktivistische Ansätze für die feministische Schulforschung? In: Lemmermöhle, D./Fischer, D./Klika, D./Schlüter, A. (Hrsg.): Lesarten des Geschlechts. Zur De-Konstruktionsdebatte in der erziehungswissenschaftlichen Geschlechterforschung. Opladen 2000, S. 189–204.

Kimura, D.: Weibliches und männliches Gehirn. In: Spektrum der Wissenschaft 1992, Heft 11, S. 104–113.

Koch-Priewe, B.: Schulentwicklung aus der Sicht von Lehrerinnen. Über die männliche Kultur hinausgehen. In: Pädagogik 47/1995, S. 28–31.

Koch-Priewe, B.: Frauenförderung durch Organisationsentwicklung an Schulen. In: Kaiser, A. (Hrsg.): FrauenStärken – ändern Schule. 10. Bundeskongress Frauen & Schule. Bielefeld 1996a, S. 280–286.

Koch-Priewe, B.: Schulentwicklung durch Frauen – Thesen und Visionen. In: Fischer, D./Jacobi, J./Koch-Priewe, B. (Hrsg.): Schulentwicklung geht von Frauen aus. Weinheim 1996b.

Koch-Priewe, B.: Qualität von Schule: Geschlecht als Strukturkategorie. In: Zeitschrift für Pädagogik 43/1997, S. 567–582.

Koch-Priewe, B.: Schulentwicklung geht von Frauen aus. In: Lutzau, M. von (Hrsg.): Frauen und Schule. Bericht über den 11. Kongress vom 11–13.09.1997 in Kassel. Weinheim/Basel 1998a, S. 238–243.

Koch-Priewe, B.: Ansätze einer geschlechterbewussten Schulentwicklung. In: s.e – Journal für Schulentwicklung 1/1998b, Heft 3, S. 270–291.

Koch-Priewe, B.: Schulpädagogisch-didaktische Schulentwicklung. Professionalisierung von LehrerInnen durch interne Evaluation als erziehungswissenschaftliche Theorie-Praxis-Reflexion. Hohengehren 2000.

Kraul, M./Horstkemper, M.: Reflexive Koedukation in der Schule. Evaluation eines Modellversuchs zur Veränderung von Unterricht und Schulkultur. Mainz 1999.

Lemmermöhle, D./Fischer, D./Klika, D./Schlüter, A. (Hrsg.): Lesarten des Geschlechts. Zur De-Konstruktionsdebatte in der erziehungswissenschaftlichen Geschlechterforschung. Opladen 2000.

Lewin, K.: Die Lösung sozialer Konflikte. Ausgewählte Abhandlungen über Gruppendynamik. Bad Nauheim 1953.

Ministerium für Schule und Weiterbildung des Landes NRW (Hrsg.): Schulentwicklung »... und sie bewegt sich doch!« Entwicklungskonzept »Stärkung der Schule«. Düsseldorf 1997.

Metz-Göckel, S.: Licht und Schatten der Koedukation. Eine alte Debatte neu gewendet. In: Zeitschrift für Pädagogik 33/1987, S. 455–474.

Metz-Göckel, S./Nyssen, E.: Frauen leben Widersprüche. Zwischenbilanz der Frauenforschung. Weinheim/Basel 1990.

Niedersächsisches Ministerium für Frauen, Arbeit und Soziales: Gender Mainstreaming. Informationen und Impulse. Hannover 2000.

Nyssen, E.: Mädchenförderung in der Schule. Ergebnisse und Erfahrungen aus einem Modellversuch. Weinheim/München 1996.

Pease, A. u. B.: Warum Männer nicht zuhören und Frauen schlecht einparken. Ganz natürliche Erklärungen für eigentlich unerklärliche Schwächen. München 2000.

Rolff, H.-G./Buhren, C.G./Lindau-Bank, D./Müller, S.: Manual Schulentwicklung. Handlungskonzept zur pädagogischen Schulentwicklungsberatung. Weinheim/Basel 1998.

Rost, D.H./Pruisken, C.: Vereint schwach? Getrennt stark? Mädchen und Koedukation. In: Zeitschrift für Pädagogische Psychologie 14/2000, Heft 4, S. 177–193.

Rutter, M./Maughan, B./Mortimer, P./Ouston, J.: Fünfzehntausend Stunden. Schulen und ihre Wirkung auf die Kinder. Mit einer Einführung von Hartmut von Hentig. Weinheim/Basel 1980.

Schratz-Hadwich, B.: Feministische Schulentwicklung – Wunsch oder Albtraum? In: Altrichter, H./Schley, W./Schratz, M. (Hrsg.): Handbuch zur Schulentwicklung. Innsbruck/Wien 1998, S. 446–478.

Seiltgen, H.: GEW-Fachtagung »Gender in – Frauenförderung out«? GEW goes Gender. »Gendermainstreaming« – neue Wege in der Frauenförderung. In: Neue deutsche schule 53/2001, Heft 9, S. 20–22.

Thies, W./Röhner, C.: Erziehungsziel Geschlechterdemokratie. Interaktionsstudie über Reformansätze im Unterricht. Weinheim/München 2000, S. 63–179.

Wölfl, E.: Gewaltbereite Jungen – was kann Erziehung leisten? Anregungen für eine gender-orientierte Pädagogik. München/Basel 2001.

Christine Biermann

Stein auf Stein und dennoch nie ein fertiges Haus

Das Thema »Geschlecht« an der Laborschule Bielefeld in der Retrospektive

- Dies ist ein Bericht über eine besondere Schule mit »besonderen« Bedingungen.
- Er ist aus der Sicht einer einzelnen (ehemaligen) Lehrerin[1] geschrieben.
- Die Beschreibungen erheben keinen Anspruch auf Vollständigkeit oder Richtigkeit – wenn es so etwas überhaupt gibt.

Die Laborschule ist eine Versuchsschule des Landes Nordrhein-Westfalen. Sie nahm 1974 nach vierjähriger Planungsphase ihren Schulbetrieb auf. In ihr lernen Schülerinnen und Schüler vom 0. (Vorschuljahr) bis zum 10. Schuljahr zunächst in altersgemischten, später altershomogenen Stammgruppen, die aus 15 (Eingangsstufe) bis 22 SchülerInnen bestehen. Sie ist eine »radikale« Gesamtschule, weil sie auf jegliche äußere Leistungsdifferenzierung verzichtet. Sie entwickelt ihre Lehr- und Lernpläne selbst. Die ihr zugeordnete Wissenschaftliche Einrichtung besteht aus wissenschaftlichen MitarbeiterInnen (auf Zeit) sowie aus LehrerInnen, die sich an in der Regel zweijährig wechselnden Forschungs- und Entwicklungsprojekten beteiligen. LehrerInnen sind also zugleich auch ForscherInnen, sie sind dafür von ihrem Unterrichtsdeputat mit einigen Stunden freigestellt. Geleitet wird diese Einrichtung von einer auf Zeit gewählten Professorin der Fakultät für Pädagogik.

So viel zu den Bedingungen, die es der Laborschule ermöglichen, sehr flexibel auf aktuelle Themen zu reagieren, sie in Forschungs- und Entwicklungsprojekten gemeinsam mit anderen KollegInnen zu erarbeiten, im Unterricht auszuprobieren, zu evaluieren, weiterzuentwickeln und anschließend aufzuschreiben. Auf Grund dieser besonderen Bedingungen liegen viele Dokumente, z.B. Veröffentlichungen, Konzeptionspapiere, Vorträge etc. zu verschiedenen Themen vor.

Ich möchte im Folgenden aus meiner Sicht darstellen, wie das Thema »Geschlecht« an der Laborschule von den Gründungsjahren bis heute bearbeitet und diskutiert worden ist. Dies kann auf Grund der Fülle an vorliegenden Materialien und Geschehnissen nur ausschnitthaft passieren. Dazu werde ich die 27 Jahre »Laufzeit« der Schule in vier Phasen einteilen:

- **Die 70er-Jahre:** Planungen und Anfänge im Selbstverständnis von gelebter Koedukation; erste kritische Blicke auf einzelne Fächer.

1 Ich habe von 1979–1996 in allen Jahrgangsstufen als Lehrerin der Laborschule gearbeitet. Von 1996–2000 war ich in der Ausbildung von Lehramtsstudierenden für die Sekundarstufe I und II tätig. Seit 2000 bin ich Wissenschaftliche Mitarbeiterin der Wissenschaftlichen Einrichtung der Laborschule Bielefeld.

- **Die 80er-Jahre:** Die Außenwelt diskutiert und kritisiert die Koedukation und einige LaborschullehrerInnen diskutieren mit; innen und außen bewegt sich etwas.
- **Die 90er-Jahre:** Einbeziehung des gesamten Kollegiums in die Diskussion; Forschungs- und Entwicklungsprojekte werden eingerichtet; das Thema »Mädchen und Jungen« wird zum Arbeitsschwerpunkt erklärt; Institutionalisierung einzelner Projekte.
- **Seit 2000:** Bestandsaufnahme – und wie weiter?

Einen Schwerpunkt werde ich auf die 90er-Jahre legen, die Zeit, in der ich selbst an zwei Projekten beteiligt war. Aber auch die anderen Jahrzehnte werde ich streifen, um Kontinuitäten, Brüche, Zusammenhänge und die Einbettung in die Diskurse, die »außerhalb« der Laborschule geführt worden sind, deutlich zu machen.

Wollte man diese Recherche gründlich machen, müsste man das Thema in den jeweiligen Zeitabschnitten jeweils auf verschiedenen Ebenen[1] diskutieren:

- Wie ist das »Bewusstsein der in Schule Handelnden«?
- Wie verhält es sich mit der »Interaktionskultur«?
- Wie sehen die »curricularen Vorhaben« aus?
- Wie ist es um die »institutionellen Rahmenbedingungen« bestellt?

Auch hier werde ich einen Schwerpunkt setzen, diesmal auf der Inhaltsebene. Die drei anderen Ebenen werde ich nur ausschnitthaft beleuchten.

1. Die 70er-Jahre

Chancengleichheit hieß eines der wichtigsten Stichwörter der Bildungsdiskussion[2] der 70er-Jahre. Vom Bild des »katholischen Arbeitermädchens vom Lande«, dem mehr Bildungschancen eingeräumt werden sollten, blieb in der Laborschuldiskussion aber im Wesentlichen der Schichtaspekt übrig. So wird in einem Buch, in dem eine Lehrergruppe in der Laborschule 1977 ihre erste Zwischenbilanz der Aufbaujahre zieht, zwar die »Mittelschichtorientierung der Laborschulkinder« stark angegrif-

1 Die Arbeitsgruppe »Reflexive Koedukation« im Landesinstitut für Schule und Weiterbildung in Soest, in der ich Mitglied war, hat 1997 »Vorschläge zur Entwicklung von Leitlinien zur Verwirklichung reflexiver Koedukation« gemacht (S. 132 ff.). Sie sieht die genannten vier Ebenen als wichtige Elemente von Schulentwicklung im geschlechterbewussten Sinne an.

2 »Erziehungswissenschaftliche Fragestellungen spielten bereits auf der 1. Sommeruniversität (1975, d. A.) für Frauen eine Rolle ... Aus der Darstellung und Diskussion von Ergebnissen zur »Sozialisation von Mädchen und Familie und Schulwesen« gründete sich schließlich eine Initiativgruppe ›Sexismus in der Schule‹« (Faulstich-Wieland 1995, S. 20). Meines Erachtens blieben diese Initiativen und Diskussionen aber vom allgemeinen bildungspolitischen Diskurs weitgehend unbeachtet.

fen, aber ein Blick auf die Kategorie »Geschlecht« ist nirgends zu finden (Lehrergruppe Laborschule 1977). Lediglich zwei Fächerkonzeptionen – in den Erfahrungsbereichen (EB) »Körpererziehung, Sport und Spiel« und »Social Studies« – weisen Diskussionen über Geschlechterfragen auf.

So beschreibt Jürgen Funke im Sportkonzept, dass ein wichtiges Prinzip dieses Erfahrungsbereiches die Koedukation sei, nimmt aber zumindest beim Wahlunterricht schon in den Blick, dass es hier evtl. durch SchülerInnenwille zu homogenen Gruppen kommen könnte. Wie damit verfahren werden sollte, führt er nicht aus (Funke 1974). Er setzt sich mit seinen Überlegungen für einen durchgängig koedukativen Unterricht von der allgemeinen Regelschulpraxis ab, in der ja zu diesem Zeitpunkt, zumindest für die Sekundarstufen der Gymnasien und Realschulen, gemeinsamer Unterricht von Mädchen und Jungen eher eine Ausnahme war: »Im Sportunterricht muss es deshalb gerade darauf ankommen, gemeinsame Spiele zu arrangieren und Prüfsteine bereitzulegen, um fragwürdigen Aussagen zur Wesenseigentümlichkeit der Geschlechter die Erfahrung einer anderen Wirklichkeit entgegenzusetzen« (ebd., S. 165). Ein paar Jahre später liefert ein Sportkollege einen Erfahrungsbericht aus dieser Zeit: »Mädchen und Jungen spielen gemeinsam Fußball« (Heine 1979). Auch er hält an dem Vorsatz eines koedukativ geführten Sportunterrichtes an der Laborschule fest, setzt aber gezielt geschlechtshomogene Phasen für die Aufarbeitung der »Defizite« der Mädchen ein. »Das eigentliche Ziel ist erreicht, wenn sich die gesamte Stammgruppe/Klasse in gemischte Mannschaften aufteilt« (ebd., S. 42). In den Ansätzen der SportlerInnen ging es m.E. darum, geschlechterstereotypes Verhalten sowohl auf der Lernenden- wie auch Lehrendenebene durch curriculare und organisatorische Entscheidungen in Frage zu stellen. Ob dies in Gesprächen mit den SchülerInnen auch schon reflektiert wurde – ich habe es nirgendwo finden können.

Klaus Heidenreich macht 1977 den Versuch, im Fächerkonzept zu den »Social Studies« (später Erfahrungsbereich SOWI, Sozialwissenschaften) »Prognosen für das soziale Verhalten von Schülern in Lernsituationen zu machen und diese im Zusammenhang von Lebensgeschichte und sozialer Herkunft hinsichtlich möglicher Interpretationsmuster zu reflektieren« (Heidenreich 1974, S. 97). Er führt aus, dass sich vermutlich bei Rollen-, Plan- und Simulationsspielen viele Jungen weigern werden, einen »geschlechtspezifischen Rollentausch« (ebd., S. 99) vorzunehmen, weil damit »Statusverlust und Identifikationszwang mit tabuisierten Persönlichkeitsanteilen« (ebd., S. 100) verbunden sind. Er schlägt vor, auf unterschiedliche Weise zu reagieren: »Zum Beispiel werden Interventionen hinsichtlich spezifischen Verhaltens zu Geschlechterrollen bei einer Curriculumeinheit zu diesem Thema anders gewählt werden müssen, als wenn solches Verhalten en passant bei einem ganz anderen Thema zum Vorschein kommt« (ebd., S. 98). Detaillierte Ausführungen, z.B. zu Curricula, die dieses Thema aufgreifen, sind in den Konzeptionsüberlegungen nicht zu finden, werden aber von einer Kollegin, Ursula Lambrou, in der unveröffentlichten Unterrichtseinheit »Mädchen – Jungen/Rollentausch: Lernen durch eigene Erfahrung« beschrieben. »Denn sich selbst und das andere Geschlecht bewusst zu erfahren und darüber zu reflektieren ist kein einzelnes Thema, sondern ein Prozess, der immer wieder in Gang gebracht werden muss, damit Selbstverständliches verstanden, in Frage gestellt wird und zur eigenverantwortlichen Handlungskompetenz führt« (1977, S. 1).

Eine Unterrichtseinheit, die von Anbeginn bis heute im Jahrgang 5 durchgeführt wird, ist »Liebe, Freundschaft, Sexualität«. Materialien aus den Anfängen liegen nicht (mehr) vor. Aus Erzählungen von KollegInnen der »ersten Stunde« scheint es bei diesem Thema aber von Anfang an flexible Gruppeneinteilungen – mal geschlechtsgemischt, mal homogen je nach SchülerInnenwunsch – gegeben zu haben. Und diese Unterrichtseinheit war nie nur einem Fach zugeordnet, sondern im Erfahrungsbereich SOWI angesiedelt und von vornherein interdisziplinär angelegt. Diesen Ansatz greifen knapp 20 Jahre später zwei Kolleginnen auf, erweitern ihn um einige Ideen und veröffentlichen ihn erstmals (s. 90er-Jahre).

Die GeschichtsdidaktikerInnen der Bundesrepublik gehörten neben den SportdidaktikerInnen zu den Ersten, die sich des Themas Geschlecht annahmen. »Die Zeitschrift ›Geschichtsdidaktik‹ griff das Thema 1978 auf und stellte es in den Mittelpunkt mehrerer Hefte, wobei diese ersten Schritte noch zaghaft eher Überlegungen nach sich zogen, wie Frauengeschichte im Unterricht sichtbar gemacht werden könnte« (Thurn 1993, S. 151). Susanne Thurn, damals Lehrerin an der Laborschule und lange die Schulleiterin, veröffentlichte in derselben Zeitschrift 1979 den Aufsatz »Frauen 1848/49« – ein Unterrichtsmodell, das sowohl in einer Gesamtschule wie in der Laborschule erprobt worden war. Sie ordnete den Ansatz selbst aber später der »additiv vorgehenden Frauengeschichtsschreibung« (Thurn 1993, S. 174) zu, von der sie sich dann distanzierte, weil sie zwar »Lücken der bisherigen Männergeschichtsschreibung« schließe, aber »damit nur ein bestehendes patriarchalisch bestimmtes Geschichtsbild verfestigt« werde (ebd.). Dennoch war auch hier der Anfang gemacht und in die Laborschule hineingetragen worden, ein Fach mit einem geschlechterbewussten Blick zu durchleuchten und zu neuen, für die unterrichtliche Praxis relevanten Ansätzen zu kommen.

Ob und was in anderen Erfahrungsbereichen zum Thema »Geschlecht« diskutiert wurde bzw. curricular gearbeitet wurde, ist leider nicht dokumentiert. Eine Diskussion im gesamten Kollegium zu dieser Thematik fand zu diesem Zeitpunkt jedenfalls nicht statt.

2. Die 80er-Jahre

Anfang der 80er-Jahre hatte die in den 70er-Jahren entfachte Frauenbewegung auch das Bildungswesen erreicht: 1982 wurde der erste »Frauen & Schule-Kongress« veranstaltet. Angloamerikanische Schulstudien fanden im deutschsprachigen Raum Interesse. Erste deutsche Interaktionsstudien wurden durchgeführt. Mädchenprojekte, bisher meist im außerschulischen Feld angesiedelt, wurden in einzelnen Schulen – meist im AG-Bereich von engagierten Frauen – installiert. Das Geschlecht war Thema – wenngleich wiederum eher in internen Zirkeln, auf Frauenkongressen, in »kleineren« Veröffentlichungen; in den Standardwerken fand die Kategorie »Geschlecht« nach wie vor keine angemessene Berücksichtigung (Faulstich-Wieland 1995). In der Laborschule lassen sich in diesem Jahrzehnt folgende Diskussions- und Arbeitsstränge ausmachen:

- Zum einen verfolgten die SportKollegInnen weiterhin dieses Thema. Als Beispiel soll der Aufsatz von Helmut Schmerbitz »Wir gehen in die Sauna« (1980) angeführt werden. Beim Saunabesuch wird den SchülerInnen zwar freigestellt, in welchen Gruppenzusammensetzungen sie in den Schwitzraum gehen wollen. »Der Schwitzraum ist der Raum, in dem sie ohne Hemmungen ihr Badezeug ablegen können und müssen. Daher wird von den Jungen und Mädchen an dieser Stelle immer mit besonderer Spannung erwartet, ob sich bereits beim ersten Gang gemischte Gruppen finden können. … Der Lehrer sollte sich zurückhalten und sich auf die Rolle des Zuschauers und Protokollanten beschränken« (Schmerbitz 1980, S. 39). Die Zielvorstellung ist aber auch hier die gemeinsame Aktion der Geschlechter. Bis zum Ende der 80er-Jahre halten die SportKollegInnen weitgehend an diesem »emanzipatorischen Ansatz (fest), der sich u.a. auf die im Grundgesetz verankerte Gleichheit von Männern und Frauen beruft« (Scheffel 1996, S. 55). Lediglich Heidi Scheffel – und sie ist damit die erste Kollegin in der Laborschule – verfolgt mit ihrem nachmittäglichen Angebot »Fußballkurs – nur für Mädchen« eindeutig einen parteilich-feministischen Ansatz.
- Die geschichtsdidaktische Arbeit am Thema »Geschlecht« wurde fortgesetzt. Unterrichtsbeispiele wurden – u.a. mit StudentInnen – erprobt, diskutiert und aufgeschrieben (Thurn 1988). Der rein additive Ansatz wird weitgehend aufgegeben. Susanne Thurn schreibt in der Retrospektive dazu: »Erst meine Schülerinnen haben mich auf den Weg gebracht, Geschlecht als historische und soziale Kategorie zu entdecken und in alle zu verhandelnden Themen einzuführen« (1993, S. 201).
- Im Erfahrungsbereich Sprache wählten einzelne KollegInnen erstmals gezielt Lektüren von Autorinnen aus.
- Heidi Scheffel und Gisela Wäschle veröffentlichten 1989 im Friedrich Jahresheft VII »Feminin – Maskulin« eine Unterrichtseinheit zum Thema »Körper – Raum für Mädchen und Jungen«, die sie gemeinsam durchgeführt hatten. Sie arbeiten darin im koedukativen Kontext mit den SchülerInnen ihre Körpersprache auf. Hier wird – ähnlich wie bei Ursula Lambrou – gemeinsam mit den SchülerInnen über das Verhalten der Geschlechter, das »Geschlechtergewordensein« reflektiert.
  Ein Jahrgangsteam achtete schon bei seiner »Gründung« Mitte der 80er-Jahre auf eine paritätische Mann-Frau-Besetzung, ein Prinzip, das in Gesamtschulen schon seit den 70er-Jahren für die Klassenführung ernst genommen, wenn auch nicht durchgehend reflektiert wird. Dasselbe Team einigte sich auf einen veränderten Sprachgebrauch und verkaufte die männliche Form nicht länger als neutrale, bei der die Mädchen immer »mitgemeint« sind. In diesem Jahrgang entstanden auch die ersten Ideen für die Einbeziehung von geschlechterbewuss-

ter Biografiearbeit – hier noch im Kontext des Themas »Industrialisierung« im Geschichtsunterricht. Später wird dies zu einem Baustein der Berufs- und Lebensplanung werden (Heuser/Wachendorff 1992).

- Ich besuchte 1983 meinen ersten »Frauen & Schule-Kongress«. Durch ihn wurde ich auf Aspekte aufmerksam, die ich zwar schon wahrgenommen hatte, z.B. die Dominanz einiger Jungen meiner damaligen Grundschulklassen, auf die ich aber bisher nicht bewusst und pädagogisch gezielt reagiert hatte. 1984 teilte ich meine Überlegungen und Erfahrungen in meiner ersten Arbeitsgruppe zu diesem Thema in der Akademie Hofgeismar (1985a) mit, 1985 wurden sie in dem Aufsatz »Koedukation bewusst gemacht« in der Zeitschrift »Grundschule« veröffentlicht. Im Fazit meines Aufsatzes hebe ich noch einmal die Bedeutung der Reflexion mit den SchülerInnen bezüglich »auffälliger« Situationen im Geschlechterkontext hervor. Aber auch die Erwachsenenebene scheint mir schon damals sehr wichtig: »Reflexion führt zum Bewusstsein über das eigene Handeln. Das gilt allerdings nicht allein für die Kinder, sondern auch für die Lehrer. Deshalb sind Hospitationen durch andere Kolleginnen und Kollegen unerlässlich … Ich möchte meinen Schülerinnen und Schülern nicht durch eigenes unreflektiertes und stereotypes Verhalten Rollenmuster vermitteln, sondern als Frau Vorbild für die Kinder sein können, die sich an mir orientieren« (Biermann 1985b, S. 37).

Wenngleich eine allgemeine Diskussion bis Ende der 80er-Jahre im Laborschulkollegium nicht geführt wurde, waren es bis zu diesem Zeitpunkt aber inzwischen etliche Kolleginnen und einzelne Kollegen, die sich persönlich auf den Weg gemacht hatten und Diskussionen hauptsächlich zunächst in Kreisen außerhalb der Laborschule führten, sich Ende der 80er-Jahre als »Gleichgesinnte« in ihrer eigenen Schule erkannten und auch in der Laborschule etwas bewegen wollten.

1989 bahnten sich einschneidende Veränderungen in der Laborschule an. Mit der Emeritierung von Hartmut von Hentig, ihrem Gründer und Leiter, wurde eine Neustrukturierung der Laborschule angeordnet. Eine neue Organisationsform des wissenschaftlichen Arbeitens – eine Trennung zwischen Versuchsschule und wissenschaftlicher Einrichtung – wurde eingeführt. Dies nahm eine fünfköpfige LehrerInnengruppe (vier Frauen/ein Mann) zum Anlass, über ein größer angelegtes Projekt zur »Mädchen- und Jungensozialisation an der Laborschule« zu beraten und dieses schließlich auch zu beantragen. Zeitlich parallel dazu entschlossen sich zwei Sportkollegen, eine Interaktionsanalyse unter besonderer Berücksichtigung der Kategorie »Geschlecht« im Sportunterricht der Jahrgänge 5 bis 10 durchzuführen. Und es wurde vom gesamten Kollegium beschlossen, alle Pädagogischen Konferenzen des Jahres 1990 (am Ende wurden es fünf Veranstaltungen) zum Thema »Blick auf die Geschlechter« durchzuführen.

3. Die 90er-Jahre

KollegInnen, die in Konferenzen etwas vorschlagen und dafür eintreten, werden meistens auch anschließend damit beauftragt, diese Anregungen auszuführen. So konzipierte die inzwischen vierköpfige LehrerInnengruppe – Annelie Wachendorff, Christoph Heuser, Marlene Schütte und Christine Biermann – eine Veranstaltungsreihe für das Kollegium. Die Pädagogischen Konferenzen sollten einerseits der Information, andererseits der Diskussion dienen. Unsere Überlegungen dazu, ReferentInnen von »außen« zu holen, erwiesen sich als richtig. Auch wir wären sicherlich in der Lage gewesen, über Projekte zu berichten, eigene Erfahrungen und Überlegungen beizusteuern, aber mit der Auswahl der ReferentInnen konnten wir die Themen bestimmen, standen aber nicht im »Kreuzfeuer«, sondern konnten mitdiskutieren. Bewusst griffen wir auf Theoretikerinnen der Universität Bielefeld zurück, um eine weitere Zusammenarbeit möglich zu machen. Aber auch PraktikerInnen sollten von ihren Erfahrungen berichten:

- Januar 1990: Geschlechtsspezifische Kurswahl und Leistungsverhalten in ko- und monoedukativen Schulsystemen.
  Referentin: Hildegard Külchen, Uni Bielefeld.
- August 1990: Geschlechtsspezifische Wahrnehmungen der LehrerInnen von Schülerinnen und Schülern.
  Referentin: HD Dr. Ilse Brehmer.
- September 1990: Ansätze der unterrichtlichen Mädchenförderung an der Gesamtschule Hagen-Haspe.
  Referentinnen: Angelika Hoffmann, Beatrix Toups, Lehrerinnen.
- November 1990: Wie kann Schule die Lebensplanungen von Mädchen thematisieren? Schule als geschlechtsspezifischer Lebensraum.
  Referentin: Dr. Doris Lemmermöhle-Thüsing, Universität Bielefeld.
- Dezember 1990: Antisexistische Jungenarbeit.
  Referent: Franz Gerd Ottemeier-Glücks, Heimvolkshochschule »Alte Molkerei Frille«.

Die Pädagogischen Konferenzen, die freiwillig besucht werden konnten, fanden unterschiedliche Resonanz – die Teilnahme schwankte zwischen ca. 20 bis 50 (von 60) KollegInnen. Es kam zu interessanten, teilweise hitzigen Diskussionen. Als Beispiel sei der Vortrag von Ilse Brehmer über die »Geschlechtsspezifischen Wahrnehmungen von LehrerInnen von Schülerinnen und Schülern« genannt. Der Tenor einiger weniger KollegInnen war: »Wir sind da viel weiter. Wir schauen nicht auf das Geschlecht, sondern auf das Individuum. Wir müssen uns mit solchen Themen deshalb nicht befassen. Wir brauchen keine Konzepte, sondern reagieren situativ.« Die Einstimmung und breite Information über das Thema war trotzdem gelungen – und es konnte auf sie zurückgegriffen werden. Auch behielt die Schule zu fast allen ReferentInnen für die nächsten Jahre Kontakt.

Die Laborschule besaß damals kein Schulprogramm, aber es gab ab 1990 einen expliziten Forschungs- und Entwicklungsplan nach einem neuen Muster: Projekte von LehrerInnen wurden jeweils für zwei Jahre beantragt und durchliefen ein regelrechtes Prüfungsverfahren – durch das Kollegium, durch die Eltern, durch außen stehende WissenschaftlerInnen und MinisteriumsvertreterInnen. Erst daraufhin erhielten die LehrerInnen und Lehrer aus einem Stundenpool ihre »Entlastungsstunden«. Die schon genannten zwei Projekte – ein interdisziplinäres und ein sportbezogenes – wurden mit großer Zustimmung genehmigt. Sie fanden sich im Arbeitsschwerpunkt »Mädchen-Jungen-Erziehung« wieder, arbeiteten zu diesem Zeitpunkt jedoch völlig getrennt voneinander, zumal sie von gegensätzlichen Hypothesen ausgingen: Die Sportler glaubten noch an ihr durchgehendes Koedukationsprinzip der vergangenen 16 Jahre, wollten es aber genauer untersuchen. Das andere Forschungsteam ging davon aus, dass in der Laborschule dieselben Erscheinungsformen des unreflektierten Umgangs mit der Kategorie Geschlecht zu finden seien wie in Regelschulen und startete sofort mit Unterrichtsprojekten. Da es nur wenige inhaltliche Überschneidungen zwischen den Projekten gab, ließen sich die KollegInnen weitgehend »in Ruhe«. Produktiv war es – in der Retrospektive – dennoch nicht.

Im Folgenden werde ich zunächst einen Überblick über alle Forschungs- und Entwicklungsprojekte geben, die zum Thema »Geschlecht« an der Laborschule durchgeführt worden sind und im gewissen Sinne die Schulprogrammarbeit repräsentieren. An drei Beispielen möchte ich anschließend genauer darstellen, um welche konkreten Inhalte und Ergebnisse es sich handelt, welche Rolle diese Projekte im Schulalltag gespielt haben bzw. noch spielen, d.h., wie sie vom Kollegium diskutiert und «verarbeitet« wurden und in welchen Theoriebezügen sie anzusiedeln sind.

- **Mädchen- und Jungensozialisation an der Laborschule (1990–1993)**
  Ziel dieses Projektes war es, Phänomene geschlechtsspezifischer Sozialisation und Benachteiligung in der Laborschule zu untersuchen und zu dokumentieren. Es wurden Unterrichtsmaterialien zu fächerübergreifenden Einheiten u.a. für ein Reproduktionscurriculum erstellt. Auch die Jungen- und Mädchenkonferenzen wurden in diesem Projekt entwickelt (Biermann u.a. 1992).
- **Erweiterung sozialer Kompetenz von Jungen und Mädchen (1991–1994)**
  In diesem Projekt wurden mittels Videoaufzeichnungen, Interviews und Fragebögen geschlechtsspezifische Interaktionen, Vorlieben und Einstellungen von 12- bis 14-jährigen Schülerinnen und Schülern der Laborschule, einer Gesamtschule und eines Gymnasiums gesichtet, eruiert und interpretiert (Ministerium für die Gleichstellung von Frau und Mann in NRW 1996).
- **Mädchen und Jungen im Sportunterricht (1990–1995)**
  In einer Interaktionsanalyse wurden zunächst strukturierte Beobachtungen im Sportunterricht der Jahrgänge 5 bis 10 durchgeführt, die anschließend noch einmal der Bewertung von Mädchen und Jungen – im Rahmen von Interviews – unterzogen wurden. In einem 2. Teil des Projektes erstellten die KollegInnen einen Curriculumentwurf (Schmerbitz u.a. 1993).

- **»Liebe, Freundschaft, Sexualität« – Dokumentation eines fächerübergreifenden Projektes unter geschlechterbewussten Aspekten (1993–1994)**
  Ein altes Projekt – mit der »Geschlechterbrille« durchleuchtet, neu konzipiert, erprobt und dokumentiert (Biermann/Schütte 1996).
- **Meinen Beruf finden – Mein Leben gestalten (1993–1995)**
  Dieses Projekt baute auf dem laborschuleigenen Praktikumskonzept auf. Es thematisiert Zukunftsplanung nicht nur als individuellen Berufsfindungsprozess, sondern bezieht Lebensplanung und die Bedeutung und Verteilung der Reproduktionsaufgaben mit ein, begleitet von der Reflexion der gesellschaftlichen Bedingungen ihrer individuellen Möglichkeiten (Heuser/Wachendorff 1997).
- **Körperorientierte Selbsterfahrung für Mädchen an der Laborschule (1993–1996)**
  Hierbei handelte es sich um ein Projekt, das sich speziell an 13- bis 17-jährige Mädchen richtete und in Form eines einjährigen Wahlkurses angeboten und evaluiert wurde. Ziel war es, die Identitätsentwicklung von Mädchen durch gezielte Wahrnehmungs-, Bewegungs-, Darstellungs- und Körpererfahrungsübungen zu unterstützen (Lintzen/Middendorff-Greife 1998).
- **Prozesse politischer Sozialisation bei 9- bis 12-jährigen Jungen und Mädchen (1993–1997)**
  Das Forschungsvorhaben sollte einen Beitrag zur Aufklärung der geschlechtstypischen Ausprägung von Prozessen politischer Sozialisation leisten. Durch Beobachtungen und schriftliche Aufzeichnungen wurden Interaktionen von Kindern beiderlei Geschlechts in ihren Gruppen erfasst und interpretiert (Breidenstein/Kelle 1996).
- **Jungenarbeit im Sportunterricht unter Einbeziehung anderer Erfahrungsbereiche (1997–1999)**
  In diesem Projekt wurde sowohl integrativ – im koedukativen Gruppenverband – als auch in homogenen Pflicht- und Wahlgruppen gearbeitet. Die Schwerpunkte des Projektes lagen dabei auf der Verbesserung des Kommunikationsverhaltens, des Integrations- und Kooperationsverhaltens in Sportspielen und in der Veränderung des Körper- und Sportverständnisses der Jungen (Schmerbitz/Seidensticker 2000a).

Das Projekt »**Mädchen- und Jungensozialisation an der Laborschule**« startete 1990 mit dem Interesse, »nicht nur Mädchen fähiger zu machen, in einer von männlichen Maßstäben geprägten Welt zu bestehen, sondern mit ihnen weibliche Maßstäbe zu entdecken und auch die Jungen damit zu konfrontieren bzw. sie ihnen zu vermitteln. Wir wollen den Schülerinnen und Schülern nicht nur Situationen verdeutlichen, die durch Vorteile, Chancen, Rechte, letztlich die Herrschaft des einen (männlichen) Geschlechts gegenüber dem anderen definiert sind, sondern mit ihnen Verhaltensmöglichkeiten entdecken, die ohne Herrschaftsstrukturen auskommen und Jungen und Mädchen neue Möglichkeiten bieten. Deshalb versuchen wir nicht nur, Mädchenförderung zu übernehmen, sondern suchen nach neuen Entwicklungsmöglichkeiten für Jungen – wie sie die antisexistische Jungenarbeit anstrebt: Wege, die es ihnen ermöglichen, ihre kommunikative und soziale Kompetenz zu erweitern und so über bisherige Rollenmuster hinauszuwachsen« (Biermann/Wachendorff 1992, S. 280). Das Zitat lässt erkennen, dass wir noch recht deutlich mit eher undifferenzierten Geschlechterzuschreibungen – *die* Mädchen, *die* Jungen – arbeiteten, wenngleich wir sie auch überwinden wollten. Wir formulierten aber schon Anfang der 90er-Jahre – zu Zeiten, an denen vornehmlich an anderen Schulen erste Mädchenprojekte starteten – den Anspruch, neben einer parteilichen Mädchenarbeit auch etwas für die Jungen zu tun. Wir hatten dabei also gleichsam ein Konzept der Differenzen der Geschlechter im Kopf und setzten dies z.B. in den Jungen- und Mädchenkonferenzen (s. unten) um, bewegten uns mit unseren Vorstellungen zu einem Reproduktionscurriculum, das neben einem Haushaltspass auch ein Kita-Praktikum enthielt (s. unten), auch im Gleichheitsdiskurs: Alle sollen alles können und deshalb dafür üben. Die Zukunftschancen sowohl auf der Ebene der Erwerbs- als auch der Familienarbeit sollen für beide Geschlechter gleich sein. Im Laufe des Projektes entdeckten wir, insbesondere durch die Arbeit mit den geschlechtshomogenen Gruppen, die großen Unterschiede innerhalb der Geschlechter. Manchmal hatten wir das Gefühl, dass sie größer waren als zwischen einigen Jungen und Mädchen (Breidenstein/Kelle 1996). »Die Erfahrung in homogenen Gruppen ermöglicht erst die Wahrnehmung der vielen Differenzen innerhalb der eigenen Geschlechtsgruppe und zwingt zu viel genauerer Auseinandersetzung mit Konflikten: Es ist nicht mehr möglich, alles auf den großen Unterschied zu schieben und sich womöglich gleichzeitig mit der Floskel: ›Aber es sind ja nicht alle Mädchen/Jungen gleich‹ wieder zu entziehen«, schrieben Annelie Wachendorff und ich 1994 nach einer Tagung der Schulprojekte zu ihrem 20-jährigen Bestehen (Biermann/Wachendorff 1994, S. 43). Dies hat uns sensibler für den Umgang mit schon von uns »vorgedachten« Zuschreibungen gemacht und uns darin bestärkt, vor allen Dingen die SchülerInnen zu Wort kommen zu lassen und mit vielen verschiedenen Lernarrangements – Groß- und Kleingruppen, Projekten, Methodenvielfalt – an der Verbesserung des Unterrichts für **alle** zu arbeiten.

Mädchen- und Jungenkonferenzen

Mädchen wie Jungen haben häufig unterschiedliche Meinungen, Wahrnehmungen, Interessen, Wünsche und Gefühle. Mädchen und Jungen trauen sich in der gemischten Gruppe häufig nicht, Probleme anzusprechen oder überhaupt etwas zu sagen. Geschlechtsgetrennte Gesprächskreise gehörten zu einem zentralen Anliegen der Mädchen und Jungen, um »intensiver und bewusster mit sich selbst und mit ihrem Verhältnis zueinander umzugehen und untereinander und miteinander zu reden und zu handeln« (Wachendorff u.a. 1992, S. 49). So entstanden während einer Klassenfahrt geschlechtshomogene Gesprächskreise, denen die Mädchen und Jungen den Namen Konferenzen gaben. Anfangs eingebettet in das Projekt »Mädchen- und Jungensozialisation an der Laborschule« werden die Konferenzen inzwischen von der Eingangsstufe bis ins 10. Schuljahr durchgeführt. In einem ungestörten Raum, manchmal bei Saft und Keksen, einmal im Monat oder auch bei Bedarf zwischendurch, werden zunächst aktuelle Fragen besprochen, Situationen geschildert, Streitigkeiten erzählt – eingebracht von den Mädchen und Jungen wie von den Erwachsenen. Natürlich können nicht immer alle Konflikte gelöst werden. Die Mädchen- und Jungenkonferenzen bieten aber immer wieder die Möglichkeit, geschlechtsbezogene Fragestellungen und Situationen zu reflektieren, Unterrichtseinheiten unter die kritisch-koedukative Lupe zu nehmen, Veränderungsmöglichkeiten, z.B. den Wunsch nach Mädchenpausensport, zu diskutieren und die Durchsetzung zu planen, in aller Ruhe »unter sich« zu sein (Wachendorff u.a. 1992).

Kita-Praktikum

Mit dem Begriff der Hausarbeit werden in der Regel nur die materiellen, praktischen und planerischen Tätigkeiten im Haushalt verbunden. Die Familienarbeit, die insbesondere die emotional-sozialen Beziehungen wie Kindererziehung, Altenpflege, Pflege von Kranken beinhaltet, wird im schulischen Bereich kaum thematisiert bzw. sehr geschlechtsspezifisch in Form eines Praktikums im Altersheim, in der Arztpraxis mehr unter dem Gesichtspunkt eines Berufsfeldes für Frauen angegangen.

Der Wunsch nach einem Kita-Praktikum für alle kam aus den Reihen der Jungen, wurde zunächst für drei Tage angetestet und führt inzwischen alle 7. Jahrgänge für eine Woche in Kitas und Kindergärten Bielefelds.

In Rollenspielen und Gesprächsgruppen setzen sich die Jungen und Mädchen in der Vorbereitung intensiv mit möglichen Konflikten, mit Grenzen, mit sozialen Rollen und Erziehungsfragen auseinander.

Oft ist es die eigene Kita, die sich die Mädchen und Jungen auswählen. Besuche der LehrerInnen, um Kontakt zu den ErzieherInnen und zu den Mädchen und Jungen zu halten, sind selbstverständlich, ebenso wie Nachbesprechungen und die Erstellung eines ausführlichen Berichtes.

Ein Grund, weshalb dieses Praktikum bei den Jungen und Mädchen so beliebt ist: Hier dürfen sie einerseits selbst wieder Kind sein, im Sandkasten spielen, toben und mit Puppen spielen und werden andererseits für Aufräum- und Küchendienste eingesetzt, müssen Nasen putzen, Schuhe zubinden, füttern, vorlesen und werden für vieles mehr gebraucht.

Beide Geschlechter – eben auch die Jungen – beziehen nach diesem Praktikum deutlich die Kinderbetreuung in ihre Lebensplanung mit ein (Biermann/Heuser 1994). Schon während des Projektes haben wir viel Wert auf die Kooperation mit anderen Personen gelegt:

- JahrgangskollegInnen – Bestimmte Projekte, z.B. eine Haushaltswoche, haben wir gemeinsam entwickelt, durchgeführt und aufgeschrieben (Biermann u.a. 1996).
- Eltern – Informationen und Diskussionen auf Elternabenden waren wichtig und sehr bereichernd (Biermann u.a. 1993).
- Externe WissenschaftlerInnen und PraktikerInnen – Nach einem Jahr Laufzeit »verwob« sich unser Projekt mit dem vom »Ministerium für die Gleichstellung von Frau und Mann des Landes NRW« finanzierten Drittmittelprojekt »Erweiterung sozialer Kompetenz von Mädchen und Jungen«. In diesem von Ilse Brehmer geleiteten Projekt arbeiteten wir gemeinsam mit Gesamtschul- und GymnasiallehrerInnen Fachprojekte in Mathematik, Sprache und Sport aus (Ministerium 1996). Außerdem hielten wir weiterhin Kontakt zu Schulen wie Hagen-Haspe und anderen ExpertInnen, z.B. Doris Lemmermöhle.
- Gesamtkollegium – Wir führten unsere Nachfolgejahrgänge in den Haushaltspass, das Kita-Praktikum und die Jungen- und Mädchenkonferenzen ein und boten nach Abschluss des Projektes zwei schulinterne Kolloquien zu diesen Themen für alle Interessierten an. Für beide ganztägige – sehr gut besuchte –Fortbildungen wurden die KollegInnen vom Unterricht freigestellt. Es existieren neben den Veröffentlichungen viele Materialien und Vorlagen in Ordnern, die durch die Schule »kreisen« und von vielen genutzt werden. Immer wieder aber kommen auch KollegInnen auf die ehemaligen ProjektmitarbeiterInnen zu und lassen sich über die Projekte informieren. Eine Einführung aller »Neuen« in die Laborschulpädagogik, die wöchentlich über ein ganzes Schuljahr läuft, sorgt dafür, dass die genannten Elemente auch bei ihnen bekannt werden.

Das zweite Projekt-Beispiel »**Mädchen und Jungen im Sportunterricht**« hatte eine andere Ausgangslage: 16 Jahre durchgehend koedukativer Unterricht, von dem die FachkollegInnen angenommen hatten, dass er auch gut und erfolgreich – im Sinne aller Mädchen und Jungen – war. Die Kollegen, die das Projekt beantragten, wollten sich dem allgemeinen Tenor des die Mädchen letztlich benachteiligenden »Heimlichen Lehrplans der Geschlechter« nicht ohne Überprüfung anschließen. Zwar waren sie schon durch Publikationen von einigen Sportwissenschaftlerinnen wie Claudia Kugelmann und Gertrud Pfister auf Probleme aufmerksam gemacht worden, dennoch wollten sie durch eine eigene Interaktionsuntersuchung den Alltag des Sportunterrichts an der Laborschule erkunden. Die Untersuchungen und auch die mit den SchülerInnen durchgeführten Interviews brachten viele kritische Punkte des oft nur koinstruktiven Unterrichts zu Tage. Verschiedene Unterrichtsversuche mit teils verordneten geschlechtsgetrennten Gruppen, teils homogenen und heterogenen Angebotsgruppen, ließen die KollegInnen aber letztlich zu dem Schluss kommen, in keinem Jahrgang eine verordnete Geschlechtertrennung vorzunehmen – wie sie zurzeit als Tendenz im Regelschulsystem vorhanden ist, sondern am koedukativen Unterricht festzuhalten.

- »Sport und Sportunterricht sind nicht nur motorisches Handeln, sondern ein Feld des sozialen Umgangs miteinander.
- Sport und Sportunterricht bieten Möglichkeiten der Erprobung neuer Verhaltensqualitäten in gemeinsamer sozialer Interaktion.
- Sport und Sportunterricht sollen ein breites Interessenspektrum entwickeln und einseitige Orientierungen verhindern.
- Sport und Sportunterricht ermöglichen vielfältige individuelle Körpererfahrungen« (Schmerbitz u.a. 1993, S. 97f.).

Einige Jahre später bekräftigten sie nach einer weiteren Evaluation diesen Koedukationsgedanken, fügten ihm aber weitere wichtige Aspekte für einen emanzipatorisch verstandenen Sportunterricht hinzu: die Förderung des Gesundheitsbewusstseins, die Steigerung der Lern- und Leistungsbereitschaft und die Präsentation von Leistung durch Einzelne und Gruppen, die Verbesserung der sinnlichen Wahrnehmungsfähigkeit, die Akzentuierung von Erlebnis-, Wagnisaspekten, aber auch von Verantwortung gegenüber sich selbst und anderen. Sie sehen es zudem als die Aufgabe aller Sportlehrenden an, »reflexiv koedukativ zu unterrichten. Es ist zu prüfen, inwieweit der jeweilig geschlechtsspezifisch ausgeprägte Zugang von Mädchen und Jungen zum Sport dabei in den Blick genommen wird und welche Handlungskonzepte für Reflexive Koedukation entwickelt werden sollen« (Schmerbitz/Seidensticker 2000b).

Mit diesen Prinzipien und Aspekten wird auch im Sportunterricht der Laborschule – die neuen Richtlinien und Lehrpläne für den Sportunterricht aller Schulformen berufen sich im Übrigen auf ähnliche Leitlinien – eine verbesserte Unterrichts- und Interaktionskultur in den Vordergrund gestellt und es wird ein weiterer Schritt in Richtung »Vielfalt der Inhalte« getan. Ein verstärkt pädagogisches Verständnis des Sportunterrichts rückt in den Mittelpunkt: Selbstständigkeit und Verständigung, individuelle Lernfortschritte und Bewertungen, Verantwortungsbewusstsein, Konfliktfähigkeit, Kooperationsbereitschaft und Integration. Diese Herangehensweise wird mit dem Blick auf die einzelne Schülerin und den einzelnen Schüler den Ansprüchen auf einen geschlechterbewussten Unterricht gerechter.

Die SportkollegInnen dieses Projektes haben ebenso wie die oben beschriebene Projektgruppe das Gespräch nach innen – in ihre Fachgruppe hinein – und nach außen – mit ExpertInnen, dem NRW-Landesinstitut in Soest u.a. – gesucht. Die Ergebnisse ihrer Untersuchungen und ihre Überlegungen für einen veränderten Sportunterricht sind in ihrer Fachgruppe vorgestellt und diskutiert worden, sodass heute davon ausgegangen werden kann, dass annähernd alle Sportunterrichtenden der Laborschule das Prinzip einer geschlechterbewussten Herangehensweise verfolgen. Damit könnte der Prozess in diesem Erfahrungsbereich ein Vorbild für weitere Fächer sein.

Als drittes Beispiel soll das Projekt »**Körperorientierte Selbsterfahrung für Mädchen an der Laborschule**« kurz dargestellt werden. Schon während des ersten Mädchen- und Jungenprojektes wurde für 10- bis 13-jährige Mädchen gemeinsam mit der Bielefelder Polizei ein Mädchenselbstbehauptungskurs konzipiert. Er verstand sich in der Tradition der schon seit einigen Jahren praktizierten außerschulischen, parteilich-feministischen Mädchenarbeit. An diesen Kurs knüpften die Kolleginnen Brigitte Lintzen und Hedwig Middendorf-Greife mit ihrem Forschungs- und Entwicklungsprojekt an. Sie führten mehrfach einen jährlichen Angebotskurs für die Mädchen der Jahrgänge 8 bis 10 durch, evaluierten ihn mit Stundenprotokollen, Fragebögen für alle Teilnehmerinnen und ausgewählten Interviews und dokumentierten ihn schließlich (1998). Auch sie führten als »theoretische Grundlage« die parteilich-feministische Mädchenarbeit an, die »mit dem Ernst- und Wichtignehmen von Mädchenbelangen das gesellschaftliche Bild der Jungenorientierung auflösen (will), um so auf lange Sicht Strukturen zu verändern« (ebd., S. 20). In ihrem Kurs setzten sie vor allen Dingen auf einen Körper- und bewegungsorientierten Ansatz, der tanzpädagogische und -therapeutische Übungen, theaterpädagogische Aspekte und auch erlebnisorientierte Aktivitäten einschloss. Der Kurs wurde und wird von den Mädchen sehr gut angenommen und läuft seit der Projektzeit regelmäßig im so genannten Wahlkursband. Nicht immer wird auch ein Kurs für die Jahrgänge 5 bis 7 angeboten, was vor allen Dingen darauf zurückzuführen ist, dass sich manchmal nicht genügend Lehrerinnen finden lassen. Ansonsten sind diese beiden Kurse mit großer Selbstverständlichkeit in das Kursangebot eingegangen und waren sicherlich ein Anlass, auch für die Jungen einen eigenen Kurs anzubieten. Dieser wurde zunächst als körperbezogener Wahlkurs (Jahrgang 8 bis 10) im Rahmen des Projektes »**Jungenarbeit im Sportunterricht unter Einbeziehung anderer Erfahrungsbereiche**« von den Sportkollegen Helmut Schmerbitz und Wolfgang Seidensticker erprobt und dokumentiert (2000a). Inzwischen sind auch für die Jahrgänge 5 bis 7 mehrfach Wahlgrundkurse durchgeführt worden und sowohl von Seiten des Kollegiums als auch von Elternseite ist inzwischen Akzeptanz, Wohlwollen und Interesse zu verzeichnen. Und bei den wichtigsten Personen – den Schülern – gibt es eine rege Nachfrage.

Erstmals 1997 wurden die verschiedenen Projekte in Veröffentlichungen zusammen dargestellt, erste Bilanzen gezogen und Überlegungen für eine Gesamtkonzeption angestellt (Biermann u.a. 1997; Biermann 1998). Die Forderung aus dieser Zeit lautete: »Damit alle Schülerinnen und Schüler in den Genuss von Mädchen- und Jungenkonferenzen, von geschlechtsspezifischen Kursen, einer ganzheitlichen Sexualerziehung, eines kritisch-koedukativen Sportunterrichtes kommen, damit Schüler wie Schülerinnen durch Haushaltspass, Kita-Praktikum und Reflexion der eigenen Lebensplanung in die Lage versetzt werden, ihr Leben in die Hand zu nehmen und zu bewältigen, müssen Verbindlichkeiten geschaffen werden« (Biermann u.a. 1997, S. 183). Dieses Fazit war richtig und falsch zugleich. Schon 1994 hatte nämlich zumindest der Erfahrungsbereich SOWI in der Revision seines Curriculums das geschlechterbewusste Prinzip und einige Vorhaben – Haushaltspass, Kita-Praktikum, eine erweiterte Lebens- und Berufsplanung – verankert. Es herrschte aber insgesamt am Ende der 90er-Jahre weitgehende Unkenntnis darüber, wo es im Kollegium zur regelmäßigen Umsetzung der erarbeiteten Projekte bzw. der Berücksichtigung der Kategorie Geschlecht vor allem im alltäglichen Unterrichtsgeschehen gekommen war.

Andere Prinzipien – ein sensibler Umgang mit Sprache, Geschlechterparität bei Funktionsstellen – hatten sich dagegen sichtbar durchgesetzt.

4. Seit 2000

Die ersten zwei Jahre des neuen Jahrtausends standen für das Thema »Geschlecht« in der Laborschule im Zeichen einer verstärkten Konzentration der Evaluation und Arbeit nach innen. Dabei ist es bisher zu unterschiedlichsten Aktivitäten und Regelungen gekommen:

- Alle Stufenkonferenzen (I = Jg. 0 bis 2; II = Jg. 3 und 4; III = Jg. 5 bis 7; IV = Jg. 8 bis 10) haben eine Bestandsaufnahme und einen Erfahrungsaustausch zum Thema vorgenommen. Ergebnis: In allen Stufen gibt es ein Interesse an der Thematik. In der Stufe I setzt man sehr auf den situativen Ansatz. Ein Interesse besteht bei den Kolleginnen, über Anlässe und gezielte geschlechterbewusste Reaktionen weiter nachzudenken. Ab Stufe II beginnt die programmatische Arbeit: Mädchen- und Jungenkonferenzen werden regelmäßig durchgeführt. Der Haushaltspass ist teilweise im 4., teilweise im 5. Jg. verortet. Diese Stufe denkt über eine Vorverlegung der Sexualerziehungseinheit nach, weil sich nach Einschätzung der KollegInnen die Mädchen und Jungen immer früher mit diesen Themen beschäftigen bzw. die Mädchen heute oft schon mit neun/zehn Jahren ihre erste Menstruation bekommen. Die Stufen III und IV setzen ebenfalls häufig Mädchen- und Jungenkonferenzen ein. In diesen Stufen wurde das Interesse formuliert, über die bestehenden Ansätze und Einheiten in Bezug auf die aktuelle SchülerInnenschaft, die nach außen ein deutlich ausgeprägtes »klassisches Geschlechterstyling« betreiben, zu diskutieren. Auch die Notwendigkeit, dass der geschlechterbewusste Blick ein Thema für alle Erfahrungsbereichskonferenzen – über den Sportbereich hinaus – sein muss, ist erkannt worden, muss aber noch umgesetzt werden. Ich sehe also einerseits eine hohe Sensibilität bei vielen KollegInnen, auch Interesse an weiteren Veränderungen, andererseits aber nach wie vor die Trennung, die sie zu ihrem Alltagsgeschäft – dem Unterricht – vornehmen. Dabei läge gerade in der Integration der Thematik ins Alltägliche eine große Chance – aber so weit sind noch nicht alle.

- Es ist mit der Einrichtung neuer Funktionsstellen, die im Rahmen von Beförderungen möglich waren, ausdrücklich noch einmal das Thema »Geschlechterbewusste Pädagogik an der Laborschule« bestätigt worden. Zwei Stellen sind diesem Themenkomplex jetzt zugeordnet – die eine eher auf eine Koordination und Entwicklung in Richtung Gesamtkonzeption ausgerichtet, die andere mehr im Bereich Beratung und Prävention sexuellen Missbrauchs und sexueller Gewalt und von Mädchenarbeit. Dennoch bleibt es auch in der Gesamtinstitution Laborschule zu oft noch bei klassischen Besetzungen: In der Primarstufe arbeiten zurzeit 20 weibliche und zwei männliche Lehrkräfte, der Sprachbereich wird überproportional von weiblichen, der Computerbereich von männlichen Lehrenden besetzt.
- Die Eltern haben sich im Elternrat durch verschiedene KollegInnen über den Stand der Dinge informieren lassen und beziehen in einem Papier über den »Minimalkonsens an der Laborschule« die Geschlechterbewusste Pädagogik als einen »Kernprogrammpunkt« deutlich mit ein. Sie teilen ihr Interesse an weiterer Information und Diskussion mit, um die, in ihren Augen, noch sehr lückenhafte Unterrichtung nach diesen Prinzipien zu verbessern.
- Der Erfahrungsbereich Sport stellt in einer fünfteiligen Veranstaltungsreihe allen interessierten SchülerInnen, Eltern und KollegInnen wichtige Teile seines Konzeptes vor. Zwei Themen beschäftigen sich ausdrücklich mit dem Thema »Geschlecht«: 1) Ziele, Aufgaben und Inhalte von körperbezogener Jungenarbeit und 2) Vom gemeinsamen Unterricht zur Reflexiven Koedukation und die Bedeutung körperbezogener Mädchenarbeit.
- Neben dem Ende 1999 fertig gestellten Film »Einblicke in eine Reformwerkstatt«, der als Teilfilm 3 die Geschlechterbewusste Pädagogik als Gesamtkonzept der Laborschule ausweist, wird erstmals 2002 ein Artikel dazu erscheinen (Biermann/Schütte 2002).

5. Vorläufige Bilanz

Es hat in der Laborschule keinen »geradlinigen« Schulprogrammprozess – Bestandsaufnahme, Ideen, Umsetzung, Evaluation – gegeben, sondern viele kleine Schritte, oft auf parallelen Wegen. Ausgangslage aller Initiativen war das Interesse von Kleingruppen, die gut miteinander arbeiten konnten und die eine bestimmte Idee in die Schule hineintragen wollten – angeregt immer wieder von Außenideen. Die einzelnen Projekte haben aber letztlich sehr unterschiedliche Bausteine beigesteuert, die sich ergänzen und sich nicht in ihren Intentionen widersprechen, genauso wenig wie die »Geschlechtertheorien«, die dahinter stecken.

- Die Arbeit mit homogenen Gruppen, die ursprünglich der Differenztheorie entsprang, kann bei transparenter Konzeption und hoher Partizipation der Schüler und Schülerinnen gerade dazu beitragen, das »Geschlechterwerden – gendering« in unserer immer noch zweigeschlechtlichen Gesellschaft aufzudecken, und damit Veränderungen ermöglichen.
- Bei der Zukunftsorientierung die Doppelung von Berufs- und Lebensplanung zu betonen, mit z.B. der Vorbereitung durch ein Haus- und Familienarbeitscurriculum, kann vielleicht auf längere Sicht für mehr Gleichberechtigung der Geschlechter sorgen, ohne die ungerechten Ausgangslagen, die in unserer Gesellschaft nach wie vor bestehen, aus dem Auge zu verlieren. Die Problematisierung von Praktikumerfahrungen und -interviews kann Schülerinnen und Schülern deutlich machen, dass »die Gleichstellung von Mann und Frau ... gesellschaftlicher und nicht individueller Lösungen« (Lorber 1998, S. 39) bedarf.

Eine vornehmliche Aufgabe wird weiterhin die Schulung eines geschlechterbewussten Blicks bei den Lehrenden aller Fächer auf Interaktionen, Inhalte, Methoden, Materialien usw. und eine regelmäßige Überprüfung ihres Handelns sein. Eine selbstverständliche, integrierte Herangehensweise wird die Erwachsenen noch sensibler machen für versteckte, oft unbeabsichtigte Zuschreibungen und Hierarchisierungen und letztlich zu einem besseren Unterricht führen. Und die Diskussion um Umsetzungsmöglichkeiten im Unterricht, im alltäglichen Umgang aller miteinander, im Bereich der institutionellen Rahmenbedingungen muss immer wieder aufs Neue geführt werden, weil die Bedingungen, insbesondere das Lebensumfeld der Schülerinnen und Schüler, sich ständig verändern. Ein Prozess dieser Art kann nie abgeschlossen werden. Auch das »geschlechterbewusste Haus des Lernens« ist niemals zu Ende gebaut.

Literaturverzeichnis

Biermann, Christine: Möglichkeiten und Grenzen koedukativer Erziehung. In: Protokoll der Tagung »Grundschule – Frauenschule«. Evangelische Akademie Hofgeismar 1985a, S. 169–172.

Biermann, Christine: Koedukation bewusst gemacht. In: Grundschule 2, 18. Jg., 1985b, S. 34–37.

Biermann, Christine/Wachendorff, Annelie: »Ganz ohne Jungen geht die Chose nicht ...« Bericht über die Arbeitsgruppe »Mädchen- und Jungensozialisation an der Laborschule Bielefeld«. In: Luca, Renate/Kahlert, Heike/Müller-Balhorn, Sigrid (Hrsg.): Frauen bilden – Zukunft planen. Dokumentation des 8. Fachkongresses Frauen und Schule. Reihe: Theorie und Praxis der Frauenforschung, Bd. 19. Bielefeld 1992, S. 280–299.

Biermann, Christine/Wachendorff, Annelie: Arbeit in geschlechtshomogenen und geschlechtsheterogenen Gruppen. In: Einblicke Studienjahr 1993/1994, S. 41–44.

Biermann, Christine/Heuser, Christoph: Haus- und Familienarbeit als schulisches Lernfeld. Kritisch-koedukative Arbeit an der Laborschule Bielefeld. In: Tagungsband der GATWU-Fachtagung »Arbeitsplatz – Betrieb – Arbeitsplatz Haushalt.« Hohengehren 1994, S. 167–180.

Biermann, Christine/Schütte, Marlene: Verknallt und so weiter. Liebe, Freundschaft, Sexualität im fächerübergreifenden Unterricht der Jahrgänge 5 und 6. Wuppertal 1996.

Biermann, Christine/Heuser, Christoph/Schütte, Marlene/Wachendorff, Annelie: Bausteine eines Reproduktionscurriculums. In: Ministerium für die Gleichstellung von Frau und Mann in NRW: Was Sandkastenrocker von Heulsusen lernen können. Düsseldorf 1996, S. 72–96.

Biermann, Christine/Lintzen, Brigitte/Schütte, Marlene: Kritische Koedukation trägt Früchte. In: Thurn, Susanne/Tillmann, Klaus-Jürgen (Hrsg.): Unsere Schule ist ein Haus des Lernens. Das Beispiel Laborschule Bielefeld. Reinbek 1997, S. 165–183.

Biermann, Christine: Von Jungen- und Mädchenkonferenzen zu Frauen- und Männerkonferenzen? Der Versuch einer Bilanz der Mädchen- und Jungenarbeit an der Laborschule. In: PädForum Juni 1998, S. 220–223.

Biermann, Christine/Schütte, Marlene: »Schule neu denken« – auch die Geschlechterverhältnisse. Voraus. Ende 2002.

Borries, Bodo von: Sammelband Geschichtsdidaktik: Frau in der Geschichte, Bd. I/II/III: 1984, Bd. VI: 1985. Düsseldorf 1984/1985.

Breidenstein, Georg/Kelle, Helga: Jungen und Mädchen in Gruppen: Die interaktive Herstellung sozialer Unterschiede. In: Lenzen, Klaus-Dieter/Tillmann, Klaus-Jürgen (Hrsg.): Gleichheit und Differenz. Erfahrungen mit integrativer Pädagogik. IMPULS 28. Bielefeld, 1996, S. 52–63.

Faulstich-Wieland, Hannelore: Geschlecht und Erziehung. Grundlagen des pädagogischen Umgangs mit Mädchen und Jungen. Darmstadt 1995.

Funke, Jürgen: Körpererziehung, Sport und Spiel in der Bielefelder Laborschule (ein Curriculumrahmen). In: Schulprojekte der Universität Bielefeld 4, 1974, S. 133–195.

Heidenreich, Klaus: Zum Rahmen eines offenen Curriculum im Erfahrungsbereich Gesellschaft. Mit Beiträgen von Klaus Heidenreich u.a. In: Schulprojekte der Universität Bielefeld 6, 1974, S. 13–145.

Heine, Erich: Mädchen und Jungen spielen gemeinsam Fußball. In: Sportpädagogik 1, 1979, S. 40–45.

Heuser, Christoph/Wachendorff, Annelie: Geschichte durch Lebensberichte erfahren. Autobiographische Lebensberichte im Geschichtsunterricht an der Laborschule Bielefeld. In: Die Schule gestalten. Konzepte und Beispiele für die Entwicklung von Schule. Die Deutsche Schule 2, 1992, Beiheft, S. 148–161.

Heuser, Christoph/Wachendorff, Annelie: Die Zukunft entwerfen. Lebensplanung als Thema schulischer Bildungsprozesse. In: Die Deutsche Schule 89, 1997, 2, S. 183–202.

Jachmann, Michael: Die Entwicklung des Selbstkonzepts von Laborschüler(innen) – Eine Längsschnittanalyse. In: Jachmann, Michael/Weingart, Gail (Hrsg.): Die Laborschule im Urteil ihrer Absolventen. Konzepte, Ergebnisse und Perspektiven der Absolventenstudie. IMPULS 33. Bielefeld, 1999, S. 127–151.

Lambrou, Ursula: Unterrichtseinheit: Mädchen – Jungen. Rollentausch: Lernen durch eigene Erfahrung. (unveröffentlicht) 1977.

Lehrergruppe Laborschule: Laborschule Bielefeld: Modell im Praxistest. Zehn Kollegen ziehen ihre Zwischenbilanz. Reinbek 1977.

Lintzen, Brigitte/Middendorf-Greife: Die Frau in ihrem Körper. Körperorientierte Selbsterfahrung für Mädchen während der Pubertät. Ein Forschungsprojekt der Laborschule Bielefeld. Baltmannsweiler 1998.

Lorber, Judith: Kontinuitäten, Diskontinuitäten und Konvergenzen in neueren feministischen Theorien und feministischer Politik. In: Feministische Studien 1, 1998, S. 39–53.

Ministerium für die Gleichstellung von Frau und Mann in NRW: Was Sandkastenrocker von Heulsusen lernen können. Ein handlungsorientiertes Projekt zur Erweiterung sozialer Kompetenz von Jungen und Mädchen. Düsseldorf 1996.

Scheffel, Heidi/Wäschle, Gisela: Körper – Raum für Mädchen und Jungen. In: Friedrich Jahresheft VII: Feminin – Maskulin 1989, S. 140–143.

Scheffel, Heidi: MädchenSport und Koedukation. Aspekte einer feministischen SportPraxis. Butzbach-Griedel 1996.

Schmerbitz, Helmut (1980): Wir gehen in die Sauna. In: Sportpädagogik 4, 1980, S. 38–41.

Schmerbitz, Helmut/Schulz, Gerhild/Seidensticker, Wolfgang: Mädchen und Jungen im Sportunterricht. Interaktionsanalyse und Curriculumentwurf. IMPULS 23. Bielefeld 1993.

Schmerbitz, Helmut/Seidensticker, Wolfgang: Körperbezogene Jungenarbeit in der Schule – Genese und Praxis eines pädagogischen Anliegens. Beitrag zu Sportpädagogik 1, 2000a, S. 18–22.

Schmerbitz, Helmut/Seidensticker, Wolfgang: Evaluation und Revision des Rahmencurriculums Körpererziehung, Sport und Spiel. In: FEP-Anträge 2001–2003. Bielefeld 2000b.

Thurn, Susanne: Frauen 1848/49. In: Geschichtsdidaktik 1, 1979, S. 36–86.

Thurn, Susanne: Wie Alkmaion, Nike und andere griechische Kinder jeden Tag älter werden. Bilder, die Geschichten erzählen. In: Geschichte lernen 2, 1988, S. 13–15 und Schülerarbeitsheft, S. 29–40.

Thurn, Susanne: »… und was hat das mit mir zu tun?« Geschichtsdidaktische Positionen. Reihe Geschichtswissenschaft; Bd. 24. Pfaffenweiler 1993.

Wachendorff, Annelie/Schütte, Marlene/Heuser, Christoph/Biermann, Christine: Wie Reden stark macht und Handeln verändert. Emanzipatorische Mädchen- und Jungenarbeit an der Laborschule. In: Lütgert, Will (Hrsg.): Einsichten. Berichte aus der Bielefelder Laborschule. IMPULS 21. Bielefeld 1992, S. 48–68.

Annette Anner / Gisela Wolf-Bauwens

Sexueller Missbrauch als Anlass für die Schulprogrammarbeit

Ein Erfahrungsbericht

Natürlich waren wir LehrerInnen einer Grundschule in Düsseldorf uns der Tatsache bewusst, dass es sexuellen Missbrauch gibt und dass vielleicht auch einige unserer SchülerInnen davon betroffen sein könnten. Aber gerade der letzte Punkt – Fälle in der eigenen Schule – war nicht greifbar und eigentlich unvorstellbar.

Dennoch mussten wir feststellen, dass mehrere unserer Schülerinnen in der Schulöffentlichkeit (auf einer Schulfeier) sexuellen Übergriffen durch einen Vater ausgesetzt waren. Die Aufdeckung dieses »Falls« führte zu einer Reihe von pädagogischen Maßnahmen und mündete schließlich in wichtige Passagen unseres Schulprogramms. Es stellte sich nämlich heraus, dass der Übergriff des Vaters kein einmaliger »Ausrutscher« war, sondern dass eine Serie von derartigen Straftaten schon vor längerer Zeit begonnen hatte und eine große Anzahl von Mädchen betroffen war. Auf Grund des Bekanntwerdens der Übergriffe kam es dann zu intensiven Untersuchungen, bei denen sich der mutmaßliche Täter uneinsichtig zeigte. Befragungen erhärteten die Vermutung, dass der Vater sowohl im privaten Kontext als auch im Rahmen seiner ehrenamtlichen Tätigkeit in der Jugendarbeit wiederholt sexuellen Missbrauch begangen hatte. Die Aussagen der Kinder erschienen absolut glaubwürdig. Manche Eltern – so ergaben die Nachforschungen – wussten bereits seit längerer Zeit von den Aktivitäten des Vaters; sie hatten bereits dafür gesorgt, dass ihre Kinder den Mann nicht mehr treffen mussten, ohne jedoch offensiv eine Lösung des Problems anzustreben. Nach polizeilichen Recherchen, einschließlich einiger dramatischer Szenen und einer vorübergehenden Verhaftung des mutmaßlichen Täters, zog dessen Familie in eine andere Stadt; die Tochter wechselte infolgedessen die Schule.

Zu diesem Zeitpunkt konnte es als erwiesen gelten, dass die sexuellen Übergriffe in der Schulöffentlichkeit nicht als Einzelfall einzustufen waren. Die damalige Schulpflegschaftsvorsitzende unserer Schule engagierte sich in konstruktiver Weise in der Elternarbeit zu diesem Thema und so konnte das weitere Vorgehen zwischen der Schulleitung und der Schulpflegschaft in Übereinstimmung beschlossen werden. Die Kinderschutzambulanz wurde informiert und es wurde mit einer Psychologin ein Termin zu einem Elterninformationsgespräch vereinbart. An diesem Gespräch nahmen neben den betroffenen Eltern auch die Schulleitung und die Lehrkräfte der betroffenen Schulklassen teil. Die Psychologinnen der Kinderschutzambulanz gingen sehr professionell mit der Situation um. Sie konnten die Eltern kompetent beraten und etwas beruhigen. Sie empfahlen dringend, die Presse und andere Medien nicht zu informieren. Erfahrungsgemäß würde eine solche Aktion mehr Schaden als Nutzen bringen. Dieser Empfehlung wurde von allen Anwesenden während des gesamten weiteren Verlaufs in dieser Angelegenheit Folge geleistet. Für die LehrerInnen war die Tatsache schockierend, dass keines der Kinder sich zuvor jemandem anvertraut hatte, weder Eltern noch MitschülerInnen oder LehrerInnen.

Dem mutmaßlichen Täter, der auf Grund der ehrenamtlichen Tätigkeiten in der Gemeinde ein großes Ansehen bei den Eltern und SchülerInnen genoss, gelang es offensichtlich immer, die Kinder so heftig einzuschüchtern, dass die meisten der Opfer weder Andeutungen gegenüber Dritten machten noch sich Hilfe suchten. Vermutlich ist typisch, dass der Vater die Mädchen auslachte und ihnen immer wieder einredete, dass ihnen sowieso niemand glauben werde. Da diese Kinder sich entsprechend der Drohung verhielten und lange mit niemandem darüber sprachen, dachten sie, sie seien die einzigen Menschen, denen so etwas geschieht.

1. Konzipierung einer Unterrichtsreihe und eines Unterrichtprojektes

1.1 Eine Unterrichtsreihe zum sexuellen Missbrauch

Da in der Tat recht viele aus der Klasse betroffen waren und das Problem in den Elternhäusern täglich thematisiert wurde, war nun natürlich auch die Schule gefragt. Aufgabe der Klassenlehrerin war es, dieses Problem mit den Kindern anhand einer Unterrichtsreihe aufzuarbeiten. Auf Wunsch der Eltern wurde der Aufklärungsunterricht um ein Jahr vorgezogen. In der betroffenen Klasse wurde das Thema sofort aufgegriffen. Es folgte eine Unterrichtsreihe, die gegliedert war in

- Sexualaufklärung mit biologischem Schwerpunkt und
- Stärkung der Persönlichkeit der Schüler bei sexuellen Übergriffen (Nein sagen!).

Vor allem der zweite Punkt wurde sehr ausführlich behandelt. Wichtig war, die SchülerInnen darauf hinzuweisen, dass ein sexueller Übergriff in verschiedenen Varianten vorkommen kann:

1. Die sexuelle Belästigung eines Mädchens durch einen Mann.
2. Die sexuelle Belästigung eines Mädchens durch eine Frau.
3. Die sexuelle Belästigung eines Jungen durch einen Mann.
4. Die sexuelle Belästigung eines Jungen durch eine Frau.

In einem weiteren Schritt wurde mit den Kindern besprochen, welche Aktivitäten einen sexuellen Übergriff darstellen und dass man – vorausgesetzt man möchte es nicht – sich weder küssen noch streicheln noch betatschen lassen muss.

1.2 Das Unterrichtsprojekt »Mein Körper gehört mir«

Die Schulpflegschaftsvorsitzende regte an, sich über die o.g. Unterrichtseinheit hinaus mit dem Thema zu beschäftigen. Sie verwies auf die in einem Bericht der örtlichen Tageszeitung wiedergegebenen Erfahrungen einer anderen Schule mit einem Theaterprojekt, das den Titel trug »Mein Körper gehört mir«. Wir Lehrerinnen informierten uns und kamen übereinstimmend zu der Auffassung, dass dieses Projekt unbedingt an unserer Schule durchgeführt werden sollte. Die Aufführungen im Rahmen dieses von einer theaterpädagogischen Gruppe konzipierten Präventionsprojekts kostete allerdings Geld. Die finanzielle Lage mussten wir innerhalb kürzester Zeit lösen, da wir dieses Präventionsprojekt möglichst schnell an unserer Schule durchführen wollten.

Obgleich wir noch keine finanzielle Zusage der Bezirksregierung für das von ihr geförderte Initiativprogramm »Selbstbehauptung und Konflikttraining für Mädchen und Jungen an Schulen« hatten, nahmen wir Kontakt zu der Theaterpädagogischen Werkstatt auf, die dieses Projekt anbot, und vereinbarten einen Termin mit der Gruppe, an dem eine Durchführung an unserer Schule stattfinden sollte.[1]

Nach vier Monaten hatten wir das benötigte Geld zusammen. Den größten Teil erhielten wir von der Bezirksregierung Düsseldorf (aus dem Initiativprogramm »Selbstbehauptung und Konflikttraining für Mädchen und Jungen an Schulen«; s. oben). Durch weitere großzügige Spenden seitens der evangelischen und katholischen Kirche, den Heimatvereinen und des Turnvereins konnte nicht nur die Theateraufführung bezahlt werden, sondern es konnte auch eine Fülle von unterrichtsbegleitenden Materialien angeschafft werden.

Das Theaterprogramm bestand aus jeweils drei Vorstellungen für jede 3. und 4. Klasse unserer Schule und erstreckte sich über drei Wochen. Ziel des Unterrichtprojektes war es, den SchülerInnen den Unterschied zwischen »guten« und »schlechten« Geheimnissen zu vermitteln. Schlechte Geheimnisse müssen einer anderen Person anvertraut werden, weil sie Kummer bereiten und traurig machen.

Die SchülerInnen sollten Schritt für Schritt befähigt werden, sich gegen einen sexuellen Übergriff zu wehren, und ihnen sollten solche Strategien vermittelt werden, die ihre Persönlichkeit stärken und ihnen mehr Sicherheit geben könnten. Sie wurden durch Singen und eigene Äußerungen an den vorgespielten Szenen beteiligt.

Die SchülerInnen sollten dafür sensibilisiert werden, dass jeder seinen eigenen Körper hat und er selbst über ihn bestimmen kann. Das Begriffspaar »Ja- und Nein-Gefühl« wurde eingeführt. Den SchülerInnen wurde szenarisch verdeutlicht, dass sie bei Berührungen ein »Ja-Gefühl«, aber auch ein »Nein-Gefühl« haben können. Folgende Regel wurde eingeführt: »Immer wenn dich jemand anfasst und du ein Nein-Gefühl hast, solltest du mit einem Vertrauten (Eltern, Lehrer, ältere Geschwister etc.) sprechen.«

1 Kontaktadresse: Theaterpädagogische Werkstatt, In der Lagerhalle e.V., Rolandsmauer 26, 49074 Osnabrück, Tel.: 0541/6002670, Fax: 0541/3387450.

In der zweiten Woche wurde das Problem vertieft. Die Kinder erfuhren, was unter sexuellem Missbrauch durch Fremde zu verstehen ist. Das Resümee der zweiten Stunde lautete: »Wenn du ein Mädchen bist und jemand fasst dich an die Scheide, den Po oder an die Brust, dann ist das sexueller Missbrauch. Wenn du ein Junge bist und jemand fasst dir an den Penis oder an den Po, dann ist das sexueller Missbrauch. Es ist aber auch sexueller Missbrauch, wenn du jemanden anfassen sollst an Stellen, an denen du es nicht willst. Du musst dann ganz deutlich ›Nein!‹ sagen und es jemandem erzählen.«

Dabei wurde aber auch herausgestellt, dass nicht jeder Fremde böse Absichten hat. Trotzdem sollen sich die SchülerInnen immer drei Fragen stellen, wenn sie sich mit einem Unbekannten verabreden. Nur wenn man alle drei Fragen mit einem »Ja« beantworten kann, ist es gestattet, sich mit ihm zu treffen bzw. mit ihm mitzugehen:

1. Habe ich ein »Ja-« oder ein »Nein-Gefühl«?
2. Weiß jemand, wo ich bin?
3. Kann ich sicher sein, dass ich Hilfe bekomme, wenn ich sie brauche?

Da man davon ausgehen muss, dass die meisten sexuellen Übergriffe nicht von fremden, sondern von vertrauten Personen aus der eigenen Familie oder des nahen sozialen Umfeldes ausgehen, war der nun geschilderte dritte Teil sicherlich der wichtigste Part, dessen Fazit wir – wie auch die übrigen, oben erwähnten Erkenntnisse – im Schulprogramm verankert haben (s. nächstes Kapitel): *»Wir müssen uns bewusst werden, dass wir alle sowohl TäterInnen als auch Opfer kennen«* (aus dem Schulprogramm der Gemeinschaftsgrundschule – GGS – Heinrich-Heine).

Es wurde z.B. eine Situation gespielt, bei der sich ein missbrauchter Junge Hilfe suchend an seine Mutter und an seinen Fußballtrainer wandte. Diese glaubten ihm leider nicht. Schließlich vertraute er sich seiner Lehrerin an, die ihm dann mit Rat und Tat zur Seite stand. Es sollte herausgestellt werden, dass nicht jeder Erwachsene auf Anhieb bereit ist, dem Kind zu glauben oder ihm zu helfen. Trotzdem – so die Botschaft – darf man nicht aufgeben und muss es bei anderen Erwachsenen versuchen. Gerade in diesen Fällen handelt es sich dann auch fast immer um Wiederholungstaten, d.h., Kinder leben in ständiger Angst und Gewissheit davor, dass sich dieser schlimme Vorfall sicherlich wiederholen wird. Das Konzept der Theateraufführung hilft den Kindern zu entdecken,

- dass sie zwischen »Ja-Gefühlen« und »Nein-Gefühlen« unterscheiden können;
- dass sie ihren eigenen Gefühlen vertrauen sollen;
- dass ihr Körper ihnen alleine gehört;
- dass sie selbst in gewissem Maße für ihre eigene Sicherheit mitverantwortlich sind;
- dass es feste Regeln dafür gibt, sich auch in unsicheren Situationen zu schützen;
- dass sie sich bei »komischen« Gefühlen wehren müssen und
- dass sie über schlechte Geheimnisse reden dürfen.

Das Theaterprojekt »Mein Körper gehört mir!« kam ganz hervorragend an und wurde bei den Kindern ein voller Erfolg. Wir sind uns natürlich darüber im Klaren, dass dieses Programm Jungen und Mädchen nicht vor sexuellem Missbrauch schützen kann. Allerdings kann eine Persönlichkeitsstärkung und eine Sensibilisierung der Kinder bewirkt werden.

Auch wir LehrerInnen lernten während des Projekts viel dazu: Übliche Warnungen, wie z.B. »Nimm keine Schokolade von einem fremden Mann!«, die den Kindern mit auf den Weg gegeben werden, schützen nicht vor einem sexuellen Missbrauch; möglicherweise verunsichern und verängstigen sie aber die Kinder.

Die SchülerInnen sollen vielmehr lernen, laut und deutlich »Nein!« zu sagen. Sie allein dürfen über ihren Körper bestimmen, und nur sie allein wissen, welche Berührungen sie gern haben und welche nicht. Dieses »Nein!«-Sagen hat nichts damit zu tun, dass die Kinder unerzogen oder frech sind, sondern das Recht haben, selbst über ihren Körper bestimmen zu dürfen. Gerade Mädchen, die in der traditionellen Erziehung immer dazu erzogen werden, angepasst, fürsorglich und sanft zu sein, sind besonders für sexuelle Übergriffe gefährdet.

Ein sexueller Übergriff – so erfuhren wir – geschieht meist nicht aus Versehen, sondern ist fast immer geplant worden. Ein Täter testet die Reaktion eines Kindes bei scheinbar harmlosen Übergriffen und plant dann sein weiteres Vorgehen. Reagiert ein Kind dabei sofort sehr entschieden und verweigernd, lässt der Erwachsene meist von seinem Vorhaben ab.

In der schulischen Nachbereitung wurde vor allem der Punkt herausgearbeitet, dass Kindern, denen sexuelle Gewalt angetan wurde oder noch immer wird, niemals Schuld oder Mitschuld haben. Denn auch wenn sie manchmal »Nein!« sagen, hört der Peiniger nicht auf, weil er stärker ist, mehr Macht hat oder das Kind auf brutalste Weise bedroht.

Die Kinder, denen sexuelle Gewalt angetan wird und die dieses Theaterstück sehen, sollen ermutigt werden, ihr Schweigen zu brechen und sich einer Person ihres Vertrauens mitzuteilen.

Dies ist natürlich bei den Kindern besonders schwer, bei denen der Missbrauch innerhalb der Familie stattfindet, sodass von ihrem Schweigen abhängt, ob die Familie auseinander bricht oder nicht. Gerade aus diesem Grund können vor allem Mädchen sehr »stark« sein. Da sie sich für die Familie verantwortlich fühlen, ertragen sie lieber seelisches und körperliches Leid sowie entwürdigende und schmerzhafte Handlungen.

2. Ausschnitte aus dem Schulprogramm zur Prävention von sexuellem Missbrauch

Nach den positiven Erfahrungen dieses Unterrichtsprojekts wurde von der Lehrerkonferenz und der Schulkonferenz beschlossen, diese Unterrichtsreihe als festen Bestandteil in unserem Schulprogramm aufzunehmen. Es wurde festgelegt, dass wenigstens in einem Zweijahresrhythmus Aufführungstermine für die 3. und 4. Jahrgangsstufen stattfinden sollen.

Falls die erforderlichen Geldmittel zur Verfügung stehen, soll das Projekt durchgeführt werden. Im Schuljahr 2001/2002 ist als weitere Ergänzung ein Kurs am Wochenende zum Thema »Selbstbehauptung für Mädchen der 3. und 4. Jahrgangsstufe« vorgesehen, da selbstbewusste und gestärkte Kinder weitaus weniger für sexuelle Übergriffe gefährdet sind.

Der Anlass verdeutlichte uns, wie wichtig eine intensive Auseinandersetzung mit diesem Thema ist, und daher entschlossen wir uns nach erfolgreicher Beendigung des Projektes, das Thema »Sexuelle Gewalt« ganz grundsätzlich in unser Schulprogramm aufzunehmen. Im Folgenden zitieren wir einige Passagen aus dem Schulprogramm unserer Schule:

> »*Jeden Tag sind unzählige Kinder sexuellen Übergriffen durch Erwachsene ausgesetzt, d.h., Kinder werden zur sexuellen Erregung und Befriedigung einer erwachsenen Person benutzt. Auf Grund der Erfahrungen, die wir in unserer Schule in den letzten Jahren leider auf diesem Gebiet machen mussten, setzen wir uns zum Ziel, unsere SchülerInnen durch Aufklärung und Vermittlung von entsprechenden Strategien in ihrer Persönlichkeit zu stärken, damit sie lernen, bei sich evtl. anbahnenden sexuellen Übergriffen entsprechend zu reagieren. Die Würde unserer Kinder muss geschützt werden, um seelischen Schaden von ihnen fern zu halten*« (Schulprogramm GGS Heinrich-Heine).

Wir nahmen einige der neuen Erkenntnisse in die Begründung für die o.g. regelmäßig durchzuführenden Präventionsmaßnahmen auf:

> »*Ohne dass wir es ahnen, sitzen Kinder vor uns, die sexuelle Gewalt erfahren und die weder körperlich noch seelisch in der Lage sind, diese schrecklichen Erfahrungen in irgendeiner Weise zu verkraften. Zumal der Peiniger sie oftmals bedroht und sie einem gewaltigen Druck aussetzt. Dies ist auch der Grund, weshalb betroffene Kinder meistens nicht über den Missbrauch reden. Sie schweigen, weil sie sich schuldig fühlen, sich schämen oder das Geschehene nicht in Worte fassen können*« (aus dem Schulprogramm der GGS Heinrich-Heine).

Auch formulierten wir Leitorientierungen und Lernziele für diese Präventionsmaßnahmen:

> »*Dabei soll vermieden werden, den Kindern zu vermitteln, dass sie für das verantwortlich sind, was mit ihnen geschieht, und dass sie Schuld daran tragen, wenn es ihnen nicht gelungen ist, sich erfolgreich zu wehren. Es ist auch wichtig, die Vermittlung von Misstrauen und Angst zu verhindern:*

- *Betroffene Kinder sollen lernen, dass sie keine Schuld an dieser Situation tragen.*
- *Sie sollen ermutigt werden, sich jemandem anzuvertrauen, der Hilfe bieten kann.*
- *Sie sollen lernen, auf ihr Gefühl zu hören und ›Nein!‹ zu sagen.«*
  (Aus dem Schulprogramm der GGS Heinrich-Heine)

3. Einordnung und Ausblick: Präventionsmodell der GGS Heinrich-Heine

Für unsere Schule war die Bearbeitung des Themas »Sexueller Missbrauch« eine wichtige Erfahrung, die sich in den o.g. Einzelmaßnahmen (regelmäßige Durchführung des Theaterprojektes und von Selbstbehauptungskursen) und in dem Schulprogramm niedergeschlagen hat. Glücklicherweise haben wir durch unsere Spenden (s. oben) zusätzlich eine Fülle von Unterrichtsmaterialien anschaffen können, die sich zur schulischen Nachbereitung eignen, sodass wir uns auch jenseits von speziellen Unterrichtseinheiten oder durch Dritte geförderte Projekte dem Thema kontinuierlich widmen können.

Eltern und LehrerInnen sind übereinstimmend der Meinung, dass diese präventiven Maßnahmen zum festen Bestandteil in allen Grundschulen werden sollten, genau wie die Präventionsarbeit der Zahngesundheit, des Verkehrssicherheitstrainings und der Feuerwehr. Gerade in der heutigen Zeit, in der man recht häufig von sexuellen Übergriffen gegen Kinder liest und hört, tragen wir alle die Verantwortung dafür, dass alles getan wird, um unsere Kinder stark zu machen, um sexuellem Missbrauch vorzubeugen. Natürlich kann Schule sexuellen Missbrauch nicht verhindern, sie kann aber durch gezielte Präventionsarbeit dazu beitragen, die Kinder in ihrem Selbstbewusstsein zu stärken, und sie lehren, wie sie auf solche Übergriffe reagieren müssen.

Neben der altersgemäßen Sexualerziehung, wie sie den Richtlinien zum Sachunterricht in NRW entspricht, steht die Stärkung der Persönlichkeit der SchülerInnen bei sexuellen Übergriffen im Vordergrund. Eine geschlechterspezifische Erziehung soll dabei vermieden werden, da zwar hauptsächlich Mädchen zum Opferkreis gehören, aber auch Jungen nicht verschont bleiben.

Brigitte Klostermann

Ein Sexualmord als Anlass für geschlechterbewusste Schulentwicklung

»Selbstbehauptung und Stärkung von Jungen und Mädchen«

Der folgende Text beschreibt die Entwicklung eines Selbstbehauptungskonzeptes, welches anfangs ausschließlich für Mädchen entwickelt wurde und zunächst aus einer Notlage heraus entstand: Die Mädchen unserer Schule reagierten auf einen Sexualmord in Leverkusen, indem sie sich bewaffneten.

Da ich ausgebildete Moderatorin zur Implementierung der neuen Richtlinien zur Sexualerziehung bin, verfüge ich auch über Kenntnisse zum Thema Mädchen- und Jungenförderung. Zudem ist unsere Schulleiterin sehr an Mädchenarbeit interessiert. So hatte ich die Möglichkeit, neue Wege und Formen in der Mädchen- und Jungenarbeit zu entwickeln.

Auf vielen Teilkonferenzen entwickelten wir ein Selbstbehauptungskonzept. Inzwischen sind viele verschiedene Formen erprobt: Je nach Bedarf wurden jährlich unterschiedliche Konzepte entwickelt und umgesetzt. Inzwischen ist das gesamte Konzept der Selbstbehauptung im Schulprogramm implementiert. Wir konnten dann auch Mädchen und Jungen im Fach Biologie getrennt unterrichten lassen und ihnen die Möglichkeit geben, die örtlichen Beratungsstellen kennen zu lernen.

1. Ausgangslage

Die Theodor-Heuss-Realschule Leverkusen ist eine Schule mit 367 Mädchen und 387 Jungen im Alter von 10 bis 18 Jahren. Unsere Schule hat seit 25 Jahren die Besonderheit, dass die unteren Klassen (zurzeit sind es die Klassen 5 und 6) ausgelagert sind. Bereits 1996 haben wir zwei Selbstbehauptungskurse an unserer Schule anbieten können, weil uns die Gesamtschule in Leverkusen-Schlebusch einen Teil ihrer Gelder abgetreten hatte. Diese Kurse waren zu dem Zeitpunkt sehr wichtig, weil wir feststellten, dass die Schülerinnen nach einem Sexualmord an einer Leverkusener Schülerin mit Waffen »aufrüsteten«. Die Resonanz nach diesen Kursen war gut und die Schülerinnen wünschten sich immer noch weitere Kurse. Leider wurden wir im Jahr 1998/99 bei der Zuweisung der Mittel nicht berücksichtigt und hatten keine Gelder.

Die derzeitige Dependance ist nur mit dem Auto zu erreichen und bedeutet für KollegInnen der Schule eine außergewöhnliche Belastung. Für die Unterstufe bedeutet es, dass die SchülerInnen der Klasse 7 praktisch in eine »neue« Schule wechseln. Außer, dass sie nun die neue Schule in jeder Form erkunden, kommen ihnen die eigenen »Hormone dazwischen«. Das heißt, in einigen 7. und 8. Klassen gibt es pädagogisch eine Menge zu tun.

Am Ende der Klasse 7 haben wir dann ein deutlich divergierendes Verhalten von den noch »kindlichen« Jungen und den wesentlich reiferen Mädchen. Viele SchülerInnen entwickeln eine deutlich sexualisierte Sprache. Im Schuljahr 98/99 stellte ich dann in einer 8. Klasse Folgendes fest: Die gesamte Klasse hatte offensichtlich Sexualkundeunterricht gehabt. Die Jungen kamen »gestärkt« mit unangenehm sexualisierter Sprache, die bis zur Diskriminierung der Mädchen ging, in meinen Kunstunterricht. Selbst die sonst starken Mädchen schwiegen und die ganz stillen saßen mit gesenkten Köpfen an den Tischen. Nach Gesprächen mit Kolleginnen haben wir beschlossen: Das muss sich ändern! Zu diesem Zeitpunkt fand eine Fachkonferenz der BiologielehrerInnen statt. An dieser Konferenz nahm ich teil, weil ich das Selbstbehauptungskonzept für Mädchen bereits seit 1996 an unserer Schule betreue. In der Fachkonferenz brachte ich dann meine Beobachtungen aus dem Kunstunterricht ein. Das war der Anfang für unsere Mädchen- und Jungenarbeit. Hier wurde das erste Mal in einer Konferenz diskutiert und thematisiert, wie unterschiedlich sich Mädchen und Jungen im Unterricht, insbesondere aber im gemeinsamen Sexualkundeunterricht verhalten (in Punkt 3 dieses Aufsatzes wird der aktuelle Stand der Mädchen- und Jungenförderung näher ausgeführt).

In dieser Teilkonferenz wurde für die 8. Klassen mit den KlassenlehrerInnen und BiologielehrerInnen verbindlich beschlossen, Jungen und Mädchen während des »Sexualkundeunterrichts« getrennt unterrichten zu lassen. Zusätzlich sollten sie die Beratungsstellen der AWO und des Kinderschutzbundes besuchen, um dort ihre ganz persönlichen Fragen stellen zu können. Die Mädchengruppen waren von dem Angebot so begeistert, dass sie sich sofort Folgetermine geben ließen. Leider gab es Probleme, Kursleiter für Jungen zu finden! Es konnten nur zweimal 12 Jungen zur Beratung gehen. Wir haben aber 60 Jungen in einer Jahrgangsstufe.

Da auch die Selbstbehauptungskurse sehr teuer sind und nur jeweils wenige Schülerinnen in den Genuss kommen, hatten wir uns für das Schuljahr 1999/2000 Folgendes überlegt: Wir wollten für Jungen und Mädchen getrennt an verschiedenen Orten einen zweitägigen »Workshop« mit Übernachtung einrichten. Es sollten dort viele Arbeitsmethoden aus den verschiedenen Fortbildungen wie »Suchtprophylaxe«, »sexueller Missbrauch«, aber auch Erfahrungen aus Workshops, die ich für die Kirche und verschiedene freie Träger durchgeführt habe, eingebracht werden. Mit den KollegInnen sollten der pädagogische Rahmen und verschiedene Interaktionsspiele vorbereitet werden. Für Fragen zur Sexualität und für ein Selbstbehauptungstraining hatten wir beschlossen, Angestellte der Leverkusener Beratungsstellen mit einzubeziehen. Für den Bereich der Jungenarbeit richteten wir eine Anfrage an den Kölner Verein »die KÄÄLS«, welcher verstärkt Projekte in der Jungenarbeit übernimmt.

Inzwischen werden folgende Themenschwerpunkte, die gemeinsam geplant wurden, in regelmäßigen Abständen mit dem Kollegium in Teilkonferenzen besprochen und dann je nach Bedarf und Möglichkeiten umgesetzt:

Für Mädchen

- »Das stärkste Gefühl der Welt« – Fragen zu Liebe, Freundschaft, Sexualität an Fachleute aus der AWO;
- »Mädchen sind stark« – Selbstbehauptung durch Wendo-Trainerinnen;
- Gespräche, Spiele, Training;
- Meditations- und Entspannungsübungen;
- »Wie ich werde, was ich bin« – Collagen, Gespräche, Rollenspiele;
- Körpererfahrung – Bewegung, sich annähern, Abstand nehmen – Körpersprache. Die Umsetzung sollte idealerweise mit Hilfe von Theaterleuten erfolgen;
- Übungen zur Sprache und Sexualität, Wahrnehmung von Sprache – angemessene und unangemessene Ausdrucksweisen;
- Gruppenarbeiten mit dem Kinderschutzbund;
- Schwul – Lesbisch – Was ist das?
- Plakatgestaltung: Was ich mir für mein Leben wünsche;
- Schreibwerkstatt: Eine Rede an mich;
- Schminken und Bodypainting;
- Schönheitsideal? Schöne Mädchen – Starke Jungen – AG mit dem Mädchentreff.

Für Jungen

Die Jungen sollen unbedingt von Männern, d.h. von Kollegen oder Sozialarbeitern, betreut werden. Als Arbeitsgrundlage kann das Buch »Kleine Helden in Not«[1] dienen. Die folgenden Themenschwerpunkte sollen für Jungen angeboten werden:

- Körpersprache und Männlichkeit;
- Freundschaften;
- Die Unverwüstlichkeit des Körpers/»sexuelle Erfahrungen« und »Männerbild«;
- Homosexualität;
- Rollenspiele und Cartoons: »Ey Mann, bei mir ist es genauso!«[2] (Köln 1992, Zartbitter Köln eV.);
- Körpererfahrung/Kooperative Abenteuerspiele mit Erlebnispädagogen.

2. Die Umsetzung der Mädchen- und Jungenförderung im Schulprogramm

Schule ist schließlich mehr als eine Addition von Fachunterricht. Sie ist der Alltag von SchülerInnen, Eltern, LehrerInnen, sie prägt Lebensqualität, Perspektiven und Lebenssinn. »Wenn sich Schule auf intensive Kontakte mit der umgebenden Lebens-

1 Schnack, Dieter/Neutzling, Rainer: Kleine Helden in Not – Jungen auf der Suche nach Männlichkeit. Reinbek 1998.

2 Fritsche, Burkhard/Neutzling, Rainer: Ey Mann, bei mir ist es genauso! – Cartoons für Jungen – hart an der Grenze; vom Leben selbst gezeichnet. Köln 1992.

welt einlässt, dann eröffnen sich ihr neue Perspektiven, ihrem Bildungs- und Erziehungsauftrag gerecht zu werden« (aus GÖS: »Handlungsfelder«)[1]. Langfristig ist daher ein Wochenende mit allen Fachkräften aus den Beratungsstellen geplant, um den Lernort Schule zu verändern. Dieses Unterrichtsprojekt, das die Fächer Biologie, Religion, Sport, Philosophie, Kunst, Deutsch, Politik und Geschichte umfasst, soll den SchülerInnen durch neue und andere Unterrichtsformen vermittelt werden.

Wir haben deswegen zunächst einen Antrag auf Mittelvergabe an die Bezirksregierung Köln gestellt. Dieser Text wurde Teil des offiziellen Schulprogramms unserer Schule:

> *»Wir wollen hier auf vielfältige Weise Verbindungen zur umgebenden Lebenswelt herstellen, indem wir Experten aus unterschiedlichen Institutionen um Mitarbeit bitten und als Lernorte neue Orte wählen, wo Interessantes geschieht, wo es lebensnahe und interessengeleitete Lernangebote gibt. Die Kontakte zur AWO, dem Kinderschutzbund und dem Mädchentreff sind bereits geknüpft und eine Mitarbeit signalisiert. Da die Hälfte des Kollegiums an einer Fortbildung im Methodentraining und an einer Streitschlichterfortbildung teilgenommen hat, finden wir eine gute Resonanz zu neuen Handlungserfahrungen. Wir glauben, dass die Erfahrungen dieses Workshops, wichtig für die soziale Kompetenz und für die Motivierung, an sozialen Prozessen teilzuhaben, sich sozial und gesellschaftlich zu engagieren, von grundlegender Bedeutung sind.*
> *Wir erhoffen uns von unseren SchülerInnen eine Verbesserung der Lern- und Leistungsbereitschaft, eine größere Toleranz dem anderen Geschlecht gegenüber und mehr gegenseitiges Verständnis. Im Rahmen der Stärkung von Mädchen könnte ein ähnlich gestaltetes Berufswahltraining in Klasse 9 stattfinden. Außerdem können sich Mädchen und Jungen an unserer Schule zu Streitschlichtern und Streitschlichterinnen ausbilden lassen. Wir haben als Trainer festgestellt, wie wichtig, vor allen Dingen für Jungen ein Kommunikationstraining ist, und haben inzwischen die Übungsstunden erweitert, um mit Schülern und Schülerinnen die verbale und nonverbale Kommunikation zu trainieren.«*

Obwohl wir die beantragten Gelder bekamen, ergaben sich verschiedene Probleme: Neben einem sehr hohen Entgeld für Fachleute war auch der Zuständigkeitsbereich eine Hürde, da fast alle angesprochenen Experten aus Köln kamen und somit nicht für Leverkusen zuständig sind. Auch die Voraussetzung von Seiten der Fachleute, lediglich mit Gruppen von maximal 12 Jugendlichen arbeiten zu wollen, stellte für uns eine Schwierigkeit dar.

Für die Jungen ergab sich dann durch Zufall doch ein »Erlebnispädagogisches Projekt«, da ich auf ehemalige SchülerInnen stieß, die inzwischen auf der Kollegschule Opladen für angehende ErzieherInnen waren, als sie gerade einen Waldhang

1 GÖS (Gestaltung und Öffnung von Schule) ist eine Initiative, die im Landesinstitut für Lehrerfort- und Weiterbildung Soest entwickelt wurde.

am Gelände unserer Schule auf seine erlebnispädagogische Tauglichkeit untersuchten und Kisten für eine Geländeaktion benötigten. Sie erzählten, dass sie im Rahmen des »Klippert-Programms«[1] ein »Lernaufgabenprojekt« zum Thema Erlebnispädagogik zu entwickeln hätten. Nach kurzem Erfahrungsaustausch fragte ich sie, ob Interesse an einem »Probelauf« mit den Jungen unserer 8. Klassen bestünde. Nach mehreren Treffen mit KollegInnen, den KollegschülerInnen sowie mehreren Unterrichtsbesuchen von beiden Seiten stellten wir einen Plan zusammen, der dann in einer Teilkonferenz der 8. Klassen vorgestellt wurde.

Die angehenden ErzieherInnen erarbeiteten ein Konzept für einen Schnupperkurs, deren Schwerpunkt im Bereich Vertrauen, Körperkontakt und Selbstfindung der Jungen lag. Die Kurse fanden in der Turnhalle der Kollegschule statt, weil sich die ErzieherInnen dort besser vorbereiten konnten. Zu Beginn der Aktion gab es verschiedene »warming-ups« und zum Abschluss eine Körpermassage mit Tennisball zu meditativer Musik.

In ihrem Abschlussbericht beschreiben die KollegschülerInnen neben den Schwierigkeiten der Jungen, Körperkontakte zuzulassen, auch die Problematik einer verbalen Selbstüberschätzung, die durch konzentrierte Geschicklichkeitsübungen gedämpft wurde. Die angehenden ErzieherInnen waren mit ihrem Konzept zufrieden. Sie beschreiben es »als eine bereichernde, herausfordernde und überaus wertvolle Erfahrung. Sie hat zur Bereicherung unserer Ausbildung mit neuen, nützlichen Erkenntniswerten hilfreich beigetragen. Wir sind dankbar, dass uns als ›Laborklasse‹ erstmals die Möglichkeit gegeben wurde, in dieser Form so praxisbezogen und selbstständig in der ›institutionsübergreifenden‹ Jungenarbeit mitzuwirken.«[2] Auch die begleitenden LehrerInnen beider Schulen und insbesondere unsere Jungen waren so begeistert von dem Konzept, dass zum Ende des Schuljahres die Idee noch einmal aufgegriffen wurde und mit der Jungensportgruppe ein »Überlebenstraining«, eine Wanderung ins Grüne mit Zelt und Selbstverpflegung, durchgeführt worden ist. In einer Gesamtkonferenz berichtete der verantwortliche Sportlehrer von seinen positiven Erfahrungen.

1 Das Projekt »Schule & Co« (Klippert-Projekt): Alle Schulen in Leverkusen hatten 1999 die Möglichkeit, mit finanzieller Unterstützung der Bertelsmann-Stiftung Projekte für ihre Schule zu entwickeln. Die Unterstützung erhielt die Kollegschule für angehende ErzieherInnen von H. Klippert, deshalb sprechen die Kollegschüler auch vom »Klippert-Projekt«. Der Beginn des Projekts war eine Ausbildung an drei Tagen, an denen die angehenden ErzieherInnen in die »Klippert-Gruppenarbeit« eingeführt wurden. Dabei sollten sich die KollegschülerInnen mit der Aufgabe im Team vertraut machen, das heißt, jedes Teammitglied bekam einen bestimmten Auftrag, z.B. als Gruppensprecher, Fahrplanüberwacher, Zeitmanager und Präsentator. Die Lernaufträge waren zunächst nur fiktiv geplant. Erst durch das zufällige Zusammentreffen mit den ehemaligen SchülerInnen entwickelte sich das Projekt mit unserer Schule. Über das gemeinsame Projekt liegt ein umfassender Bericht der KollegschülerInnen vor.

2 Aus: AG – Erlebnispädagogik/Jungenarbeit der Klasse 12c/Schwerpunkt Jungenarbeit des Berufskollegs Opladen – Fachrichtung Erziehung und Soziales. Opladen 1999, S. 24.

3. Aktueller Stand der Mädchen- und Jungenförderungsprojekte

Die Mädchen haben im Laufe des Schuljahres verschiedene Schnupperkurse mit einer Leverkusener Wendo-Trainerin erhalten. Außerdem haben wir in einigen Klassen während des Sexualkundeunterrichtes Mädchen und Jungen getrennt. Eine Gruppe Mädchen hatte sich geweigert, sich von einem Biologie**lehrer** in Sexualkunde unterrichten zu lassen, da sie mit einem Mann »nicht darüber reden« wollten. So kam ich zu meinen ersten Biologiestunden, die nachmittags stattfanden und zu einem sehr erfolgreichen Projekt wurden, von dem nicht nur die Schülerinnen profitiert haben. Außerhalb der Schulprojekte hatten die Mädchen Gelegenheit in Mädchengruppen der Stadt weiterzuarbeiten, weil wir einige Arbeitsgruppen zusammen geplant hatten. Die außerschulischen Projekte wurden jedoch nicht wie vorgestellt angenommen. Ein geplantes Fotoprojekt musste dann später aus Kostengründen ausfallen. Um alle KollegInnen in das Projekt mit einbeziehen zu können, haben wir einige Anleitungsbücher zu Interaktionsspielen und Mädchenbücher zum Themenbereich Körper, Liebe, Freundschaft, Missbrauch angeschafft. Leider hat es sich bis zu den Sommerferien 2000 als äußerst mühsam erwiesen, interessierte KollegInnen mit Vertretern außerschulischer Gruppen an einen Tisch zu bekommen. Dann zeigte sich die Schwierigkeit, unsere Schülerinnen in Nachmittagsveranstaltungen mit einzubinden, da bei einer »Halbtagsschule« der Nachmittag Freizeit ist.

Im Schuljahr 2000/2001 sollte das Projekt erweitert fortgesetzt werden. Diese Vorhaben konnten jedoch so nicht umgesetzt werden. Allerdings haben die »Biologen« inzwischen feste Vereinbarungen und planen weiterhin Aktionen mit der AWO (im Mai 2001 erhielten wir jedoch von der AWO die Nachricht, dass der einzige Mann im Team nun aus Kostengründen seine Beratungsstelle verlieren wird). Leider konnten wir die »Erlebnispädagogische Aktion« in diesem Schuljahr nicht wiederbeleben, da die KollegschülerInnen im 2. Schulhalbjahr im Praktikum waren. Für die kommenden Jahre sind aber neue Aktionen geplant. Die schulübergreifende Arbeit war sinnvoll und für alle Beteiligten motivierend und sollte grundsätzlich weiter verfolgt werden. Wir haben viel voneinander gelernt.

4. Planung und Durchführung eines Projekttages zum Thema »Selbsterfahrung«

Da im Schuljahr 2001/2002 das Projekt unbedingt stattfinden soll, habe ich die Sport-, Klassen- und BiologielehrerInnen sowie alle interessierten KollegInnen zu einer Konferenz eingeladen. Die Frage war zu diesem Zeitpunkt, was machen wir in diesem Jahr? Im Planungsgespräch stellte sich dann heraus, dass wir viele extrem magere Mädchen in den 8. Klassen haben. Ein Mädchen befindet sich bereits in einer Klinik. Das Thema »Essstörung« scheint unter Jungen und Mädchen zurzeit von großer Wichtigkeit zu sein. Deshalb haben wir beschlossen, in diesem Jahr das Thema »Mein Körper« in einem Selbsterfahrungsprojekt zu erarbeiten. Nach Rücksprache mit der BzGA[1] haben wir eine Sozialpädagogin aus der Frauenberatungsstelle »Frauen-Zimmer e.V.« in Burscheid gewinnen können. Wir haben inzwischen ein gemeinsames Projekt entwickelt, an dem alle SchülerInnen der 8. Klassen beteiligt werden. Die Bausteine des Projekts setzen sich aus verschiedenen Blöcken zusammen; sie wurden bereits erstmals an unserer Schule an einem Projekttag eingesetzt. Der vollständige Plan hierzu befindet sich im Anhang dieses Beitrages. Hier nun einige Auszüge:

- Kennenlernphase; Warming-up; Ziele für den Tag; Gespräche für alle.
- Ernährung: Gesundes Frühstück; Diäten. Informationen für Mädchen und Jungen mit einer Biologielehrerin.
- Interaktionsspiele (für die Jungen wird der Sportlehrer in Anlehnung an das Erlebnispädagogische Projekt einen eigenen Baustein mit Vertrauensübungen und Partnermassagen entwickeln).
- Grenzerfahrungen: Partnerübungen für Jungen.
- Fantasiereisen; Massagen; Schönheitsmasken.
- Über den Tag verteilt: Lesungen aus verschiedenen Jugendbüchern, z.B. »Bitterschokolade«[2] für die Mädchen und »Jim im Spiegel«[3] für die Jungen.
- Kreativgruppe: Collagen »Typisch männlich, Typisch weiblich«, Darstellung von Frauen und Männern in den Medien.
- Filme über Essstörungen: Betroffene berichten.

Der Projekttag ist insgesamt recht gut gelaufen. Da er in der Schule stattfand, haben wir uns auf den 45/90-Minuten-Rhythmus eingelassen. Jungen und Mädchen waren in den meisten Arbeitsgruppen getrennt. Wir wollten sie allerdings gemeinsam, d.h. im Klassenverband, die Filme sehen lassen. Dieses Vorhaben gestaltete sich jedoch recht schwierig, da die Mädchen von den Jungen während des Films gestört wurden. So ließen wir die Jungen unter sich in einer »Collagengruppe« arbeiten. Dabei stellte sich heraus, dass es zwar sehr einfach ist, die »Ansprüche der Gesellschaft an die Männlichkeit« herauszuarbeiten, aber das, was Jungen und Männer vielleicht wirklich fühlen oder wollen, nicht mit einer Frau erarbeitet werden konnte. Nach diesem Erlebnis habe ich Kontakt mit einem Sozialarbeiter aus Kiel aufgenommen, den ich bei einer Moderatoren-Fortbildung kennen gelernt habe. Er hat mit uns zum Thema Geschlechterrollen/Jungensozialisation gearbeitet und ist bereit, uns bei einem der nächsten Projekttage aktiv zu unterstützen.

Nach Beendigung des Tages haben wir uns als begleitende KollegInnen zum Tag ausgetauscht. Die Resonanz war positiv. Als schwierig wurden von den Mitarbeitern die teilweise dicht aufeinander folgenden Projektgruppen und der lange Tag, der

1 BzGA: **B**undes**z**entrale für **g**esundheitliche **A**ufklärung; Sitz: Ostmerheimer Str. 220, 51109 Köln.

2 Pressler, Miriam: Bitterschokolade. Berlin ^{5}1996.

3 Edefeldt, Inger: Jim im Spiegel. Stuttgart 1985.

letztendlich bis 15 Uhr dauerte, geschildert. Wir stellten fest, wir haben alle etwas gelernt und wollen in diesem Sinne weitermachen. Die Projekte mit den Mädchen waren wesentlich einfacher zu leiten, während die Jungen sehr »fest« geführt werden mussten, weil sie teilweise nach der gemeinsamen Kochaktion nicht spülen oder aufräumen wollten. Solche Projekttage sollten selbstverständlich in der Schule werden, denn wir brauchen »ganzheitliche Lernformen«. Dazu gehören »Selbstfindungsthemen«, die der Orientierung und Stärkung von Mädchen und Jungen dienen. Das heißt, wir müssen uns mit den Ansprüchen, die vermeintlich von Medien, Peergroups und vielen anderen an uns beziehungsweise an die Jugendlichen gestellt werden, auseinander setzen. Die Jungen machen in der Schule nicht nur Probleme, sie haben auch eine Menge Probleme. Inzwischen ist eine Auseinandersetzung mit der männlichen Sozialisation vielleicht nötiger als pure Wissensvermittlung!? Was aber auf jeden Fall fehlt, sind Männer für die Jungenarbeit. Wer arbeitet in der Schule mit ihnen? Und die Jungen, was wollen sie, was erwartet die Gesellschaft von ihnen? Braun gebrannt mit Waschbrettbauch? Werden aus Jungen und Männern die Verlierer in unserer Gesellschaft?

5. Methoden zur Einbeziehung von Kollegium und SchülerInnen

In einer Gesamtkonferenz habe ich den KollegInnen inzwischen das gesamte Konzept vorgestellt und erläutert. Eine Darstellung in Form eines Mindmaps auf großen Papierbögen zeigte den fächer-, aber auch schulübergreifenden Aspekt dieser Arbeit. Auf leeren Stellen in der Mindmap hätten sich interessierte LehrerInnen eintragen können, was jedoch erst einmal nicht wahrgenommen wurde.

Im März gestaltete ich mit einer Kollegin ein Wochenende zur Ausbildung von neuen Streitschlichterinnen aus den 9. Klassen. Dabei ist besonders anzumerken, dass sich zur Streitschlichterausbildung wirklich nur Mädchen gemeldet haben! In dieser Zeit haben wir unter anderem eine Spinnwebanalyse zu Konfliktsituationen in den Schulklassen entwickelt. Die Mädchen konnten hierbei sofort sehr viele Beispiele für Konflikte mit Jungen benennen: »… die Jungen lachen über uns, wenn wir im Mathematikunterricht an der Tafel sind oder Physik erklären sollen …, wenn wir im Deutschunterricht vorlesen müssen …, wenn wir ›anders‹ gekleidet sind (Hütchen tragen etc.)«. Die im Streitschlichterprojekt mitarbeitende Mathematikkollegin war darüber sichtlich schockiert. Es war ihr zwar aufgefallen, dass die Mädchen sich im Unterricht nicht beteiligten, d.h. sogar mit gesenkten Köpfen dasaßen, was diese jedoch bisher unter dem Aspekt »Desinteresse« verbucht hatte.

In diesem Zusammenhang erzählten wir den Schülerinnen auch von den leeren Mindmap-Blättern im Lehrerzimmer. Die Reaktion der Mädchen: »Warum fragt uns denn keiner?« Nach längeren Gesprächen und Diskussionen mit den Mädchen verfassten sie eine Resolution, die anschließend auf die Mindmap-Blätter im Lehrerzimmer geklebt wurden. Die Resolution bestand aus folgenden Sätzen:

Wünsche der Schülerinnen

- In Physik: Mädchen trauen sich nicht, sich zu melden, da sie Hemmungen haben, von den Jungen ausgelacht zu werden.
- In Mathematik: Besseres und entspanntes Lernklima – ohne Jungs – zum besseren Verständnis.
- In Religion: Unterricht ohne Jungs, damit Störungen vermieden werden.

Vorschläge der Schülerinnen

- Getrennter Unterricht an unserer Schule?!
- Blockaufteilung zwischen Mädchen und Jungen.
- Wenn nicht: einmal in der Woche getrennten Unterricht probieren.
- Wenn nicht: ab und zu getrennter Unterricht.
- Warum? Weil die Konzentration der Mädchen ohne Jungen besser wird. Weil Jungen viel zu viel im Unterricht stören. Weil Jungen sitzen geblieben sind.
- Wir wollen getrennten Unterricht in Mathematik, Physik, Kunst, Biologie, Englisch, Deutsch.

Die ersten KollegInnen, die diese Thesen lasen, waren zutiefst betroffen, weil sie diese Problematik bis dahin noch nicht bemerkt hatten. So wurde das Thema zunächst zum Tagesgespräch. Ein junger Kollege, der über Wochen eine Gruppe Mädchen in Physik übernommen hatte, äußerte sich begeistert über die Mitarbeit der Mädchen im Unterricht. Vielleicht ist das ein Anfang, um SchülerInnen mit in die Unterrichtsplanung einzubeziehen und für KollegInnen über Koedukation nachzudenken?

Weil zunehmend mehr KollegInnen in das Konzept mit eingebunden werden sollen, entwickelte ich einen Fragebogen, dessen Auswertung sich im Anhang (Punkt 6) befindet. Mit den Fragen sollte unter anderem festgestellt werden, wie weit bereits »Reflexive Koedukation« bei den KollegInnen im Unterricht verankert war, um auf diesem Weg eine Ausgangsbasis für die geplante Gesamtpädagogische Konferenz zu erhalten. Außerdem sind wir natürlich auch auf der Suche nach weiteren KollegInnen, die zur Mitarbeit bereit sind. All diese Funktionen stellen Aufgaben der »Selbstevaluation« in Schulen dar.

Der Rücklauf der Fragebögen war relativ gering. Allerdings waren die Antworten recht motivierend im Bezug auf eine Weiterarbeit im Projekt, obwohl nur wenige ihre Mitarbeit zusicherten; wir erhielten aber eine Bestätigung der Wichtigkeit dieses Themas. So sind die meisten KollegInnen der Meinung, dass Eltern und SchülerInnen sowie die SV in das Projekt mit eingebunden werden sollen. Aber es gab auch den Hinweis, dass sich viele KollegInnen noch mehr Informationen zum Thema wünschen. Vielleicht war der Fragebogen auch ein Anstoß für einige KollegInnen, nun doch über »typisches« Jungenverhalten sowie über die Frage »Was ist ›männlich‹, was ist ›weiblich‹?« und über das Verhalten von Jungen im Unterricht zu reflektieren. Denn inzwischen wird im Lehrerzimmer offen über diese und weitere Themen, wie etwa die verstärkte Aufmerksamkeit störenden Jungen gegenüber, ohne eine (abwertend) feministische Zuweisung gesprochen. Dass die Fragebögen bei einigen KollegInnen ein Nachdenken über dieses Thema erwirkt hat, lässt sich auch daran erkennen, dass einige sich Gedanken über einen Unterricht aus männlichen/weiblichen Gesichtspunkten machen. Im Bezug zum Geschichtsunterricht wurde dabei beispielsweise die Frage aufgeworfen, warum es so wenig überlieferte Frauengeschichten gibt? Eine andere Kollegin hat vorgeschlagen, Lektüre zu lesen, die aus der jeweils anderen Sicht von Mädchen oder Jungen berichten.

Ich persönlich stelle fest, dass die Arbeit an diesem Projekt eigentlich ein »Fulltime-Job« ist und sich neben der täglichen Unterrichtsarbeit kaum erfüllen lässt, zumal es für solche Tätigkeiten weder Entlastungsstunden noch einen finanziellen Ausgleich gibt. Ich wünsche mir in der Schule als ständige Unterstützung eine Sozialarbeiterin sowie eine entsprechende Weiterbildung und Stundenentlastung für mich als Lehrerin.

Vielleicht benötigen wir in der Schule insgesamt etwas mehr sozialpädagogisches Gespür oder Erfahrung, um die Problematik der Koedukation zu erkennen und entsprechend flexibel zu reagieren.

6. Anhang: Erste Evaluationen

Der Fragebogen für LehrerInnen ist an dieser Stelle bereits mit den Ergebnissen versehen (siehe nächste Seite).

Zunächst notierten die KollegInnen die folgenden Vorschläge:

- Ich finde es wichtig, dass Jungen Rollenverhalten reflektieren können.
- Workshop für Mädchen *und* Jungen zu Themen wie Partnerschaft, Familienplanung, Leben in Verantwortung für sich, seine Partner und Kinder.
- Praktischer Kurs für Jungen: Wie versorge ich ein Baby?
- Stärkung von Mädchen in naturwissenschaftlichen Fächern.
- Für Jungen: »Rollentausch«. Einsatz z.B. im Kindergarten/Altenheim (in Form von kleinen Projekten).
- Für Mädchen: Erkundung von typisch männlichen Berufen.
- Lektüren im Deutschunterricht, die aus der jeweils anderen Sicht erzählen.
- Geschichtsunterricht: Bedeutung von Frauen in der Geschichte/ihre bewusste Ausklammerung aus dem historischen Geschehen!
- Nach der »Pädagogischen Konferenz« zu diesem Thema muss in den Fachkonferenzen für konkrete Umsetzung des Themas gesorgt werden.
- Die SV muss helfen.
- Eltern mit einbeziehen.
- Die Schule muss dahinter stehen, nicht nur einzelne Kolleginnen und Kollegen.
- Selbstbehauptung näher definieren, z.B. Beziehung zwischen Jungen und Mädchen, Väter und Töchter, Mädchen und Mütter usw.

Ergebnisse einer Befragung zur Reflexiven Koedukation/Selbstbehauptung von Jungen und Mädchen

Frage	Auswertungsergebnisse (1 = weniger; 6 = mehr); N = 13					
	1	2	3	4	5	6
1. Ich bin an dem Projekt interessiert, weil ich es wichtig finde!	1			4	5	3
2. Stärkung von Jungen finde ich wichtig!	2	1	1	3	4	2
3. Mädchen müssen gestärkt werden!	1			3	4	5
4. Ich habe mich mit dem Thema der »Reflexiven Koedukation« bereits auseinander gesetzt!		2	3	2	2	3
5. Meine Unterrichtsfächer (s. Frage 10) haben mit »reflexiver Koedukation« zu tun.		1	3	1	5	4
6. Ich weiß, was im letzten Schuljahr zur Stärkung von Mädchen und Jungen gemacht wurde.	2		1	1	4	5
7. Ich benötige mehr Informationen über das Projekt.	3	1	1	4	2	1
8. Ich würde an dem Projekt mitarbeiten, wenn es sich gut in meinen Unterricht integrieren ließe.	1			2	4	5
9. Das Projekt sollte von SportlehrerInnen aufgenommen werden.	1		1	1	5	4
10a) Das Projekt sollte in viele Fächer integriert werden. 10b) Ich schlage folgende Fächer vor[a]	1			3	5	3
11. Ich benötige mehr Informationen.	1		3	2	5	1
12. Ich wäre an einer »Pädagogischen Konferenz« zu diesem Thema interessiert.	1		3	2	2	3
13. Ich bin bereit, an diesem Projekt mitzuarbeiten.	1	1	1	5	4	1
14. Ich werde mit meiner Klasse/meinem Kurs/meinen SchülerInnen über das Konzept reden.		1	2	2	4	4
15. Diese Thematik sollte ins Schulprogramm.	1			1	6	4
16. SchülerInnen sollten an diesem Programm mitarbeiten.	1			1	5	6
17. Elternarbeit ist hier gefragt.	1		1		4	7

[a] Nachtrag zu 10b): Es wurden fast alle Fächer genannt.

Ute Hoppen

Selbstbehauptung, Berufswahlorientierung und Jungenarbeit

Erfahrungen einer Realschule

Die Anne-Frank-Realschule in Düsseldorf hat ca. 500 SchülerInnen. Der Mädchenanteil ist mit ca. 250 Schülerinnen genauso groß wie der der Jungen. Von den 250 Schülerinnen sind 93 ausländischer Herkunft. Aus der Tradition der Schule als ehemalige Mädchenrealschule an der Ackerstraße erklärt sich auch der überwiegende Anteil von weiblichen Lehrkräften. Es unterrichten an der Schule zurzeit 23 Kolleginnen und nur 5 Kollegen. Seit 1995 beschäftigt sich eine Reihe von Kolleginnen intensiver mit Mädchenarbeit im Rahmen des Mädchen- und Frauenförderplans der Landesregierung.

Die Beschäftigung mit Reflexiver Koedukation und Schulprogrammarbeit war an unserer Schule ein mehrjähriger Prozess. Seit dem Schuljahr 2000/2001 jedoch ist die Mädchenarbeit im Schulprogramm unserer Schule verankert; die folgenden Ausführungen sind dabei zum großen Teil Auszüge aus dem Schulprogramm.

1. Mädchenarbeit als Ausgangspunkt

Unser Ziel ist es, einen Beitrag zur Förderung der selbst bestimmten Persönlichkeitsbildung von Mädchen zu leisten, ihnen in dem komplizierten Prozess der Selbstfindung und Selbstbehauptung sowie bei der individuellen Lebensplanung Mut zu machen und Unterstützung von Seiten der Schule zu geben. So wurde am 8. März 1996 in Zusammenarbeit mit der RAA[1] Düsseldorf erstmals ein Mädchentag an der Schule durchgeführt. In 17 Workshops zu den unterschiedlichen Bereichen wie Mädchen in technischen Berufen, Umgang mit den neuen Medien, Mädchen und Computer, Liebe und Sexualität, Mädchen und Graffiti etc., konnten die Mädchen Erfahrungen sammeln, unter sich sein und gemeinsam arbeiten und feiern. Im Anschluss an diesen Tag entwickelte sich eine eigene Mädchen-AG, in der eine Reihe von Themen des Mädchentages aufgegriffen und weitergeführt werden konnten. Vor allem ausländische Mädchen zeigten hier ein großes Interesse an der Teilnahme, da ihnen die Schule einen Ort liefert, der auch vom Elternhaus als akzeptabler Aufenthaltsort außerhalb der Schulzeit angenommen wurde und auch immer noch akzeptiert wird.

Für die Klassen 8 fanden in Zusammenarbeit mit der Kommunalstelle »Frau und Beruf« 1995 und 1996 je eine Woche zur Berufswahlorientierung und Lebensplanung für Mädchen an unserer Schule statt, in der zu den Bereichen Selbstbehaup-

1 RAA: Regionale Arbeitsstelle für Ausländer.

tung, Lebensplanung und Umgang mit dem eigenen Körper gearbeitet wurde. Sowohl beim Mädchentag als auch während der Projektwochen hat die Schule mehrere Wendo-Kurse mit Wendo-Trainerinnen der Regionalgruppe Düsseldorf durchgeführt. Die Wendo-Arbeit fand großes Interesse und wurde als wichtiger Akzent in der Mädchenbildungsarbeit angesehen.

Im Herbst 1997 fand für Lehrerinnen unserer Schule, die bereits im Bereich »Mädchenförderung« gearbeitet hatten, eine Lehrerinnenfortbildung bei der Kommunalstelle »Frau und Beruf« statt. Dadurch ist unsere Schule in der Lage, die Berufswahlorientierung und Lebensplanung für Mädchen in eigener Regie durchzuführen. Sowohl im letzten Quartal 1999, 2000 als auch 2001 wurde je eine Berufswahlorientierungswoche erfolgreich durchgeführt. Wendo-Kurse waren integrative Bestandteile der Projekte. Parallel zur Berufswahlorientierung für Mädchen wurde ein Konzept zur Jungenförderung entwickelt und bereits viermal erfolgreich durchgeführt. Sowohl die Berufswahlorientierungswoche für Mädchen als auch die für die Jungen ist Bestandteil des Schulprogramms der Anne-Frank-Realschule geworden.

2. Leitideen für die Mädchenarbeit: Lebensplanung, Körperarbeit und Selbstbehauptung

In Orientierung am Mädchen- und Frauenplan des Ministeriums für die Gleichstellung von Mann und Frau in NRW zielt unser ganzheitliches und entwicklungsbegleitendes Konzept auf die Stärkung der Ich-Identität der Mädchen an unserer Schule. Wir möchten die Kommunikationsfähigkeit, Konflikt- und Kritikfähigkeit der Mädchen stärken und unterstützen. Das Rollenverständnis in Familie und Beruf soll thematisiert werden, die Berufs- und Lebensplanung durch langfristige Projektmaßnahmen begleitet und positiv gefördert werden. Dabei geht es uns darum, die Selbstverwirklichung in sozialer Verantwortung für Mädchen und Jungen gleichermaßen zu betreuen, die besonderen Lebensbedingungen für Mädchen und Frauen verstärkt zu thematisieren, das Interesse von Mädchen an technischen und naturwissenschaftlichen Lernbereichen gezielt zu wecken und zu fördern, um die Berufs- und Lebensplanung beider Geschlechter zu erweitern. Schwerpunkt der Arbeit sind die drei Bereiche:

- Körperarbeit,
- Selbstbehauptung,
- Lebensplanung und Berufswahlorientierung.

Regelmäßig im letzten Quartal des ersten Schulhalbjahres finden im Rahmen einer Woche zur Berufswahlorientierung und Lebensplanung künftig Veranstaltungen zu den o.g. drei Bereichen statt. Den Abschluss bildet ein Zusammenführen aller SchülerInnen (mittels eigener Feedback-Verfahren) zum gegenseitigen Austausch und Sich-wieder-Einfinden in eine neue gemeinsame Schulwoche.

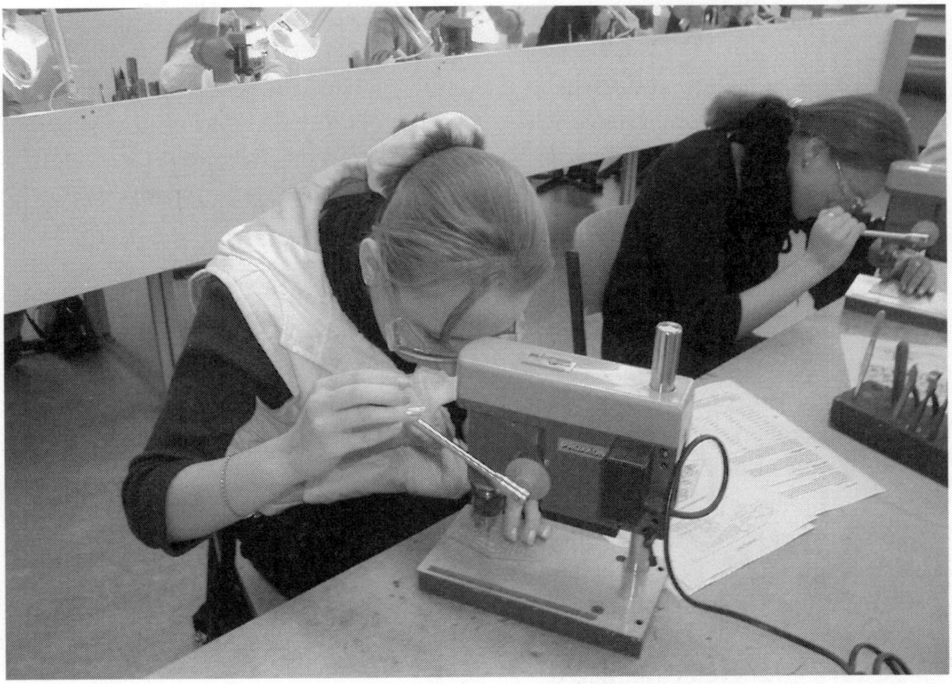

Mädchen arbeiten

2.1 Inhalte einer Projektwoche zur Lebensplanung

1. Tag	Vorstellung des Projektablaufes im Hinblick auf Hintergründe, Ziele, Mädchenförderung.
2. Tag	Rückblick auf den vergangenen Tag. – Reise in die Zukunft. Sich mit Vorstellungen über das zukünftige Leben auseinander setzen. Ansprüche und Wünsche, aber auch Ängste nennen und begründen. Frauenberufe – Männerberufe. – Lebenskurve/Collage/Fantasiereise.
3. Tag	Erkundung des Arbeitsplatzes und der Arbeitssituation von Schülerinnen am Arbeitsplatz Schule, Wandzeitung und Gruppenarbeit, Pantomime/Rollenspiel, Feedback.
4. Tag	Frauenberufe unter der Lupe, Berufsbilder betrachten, Erwartungen an zukünftige Berufe nennen und überprüfen, Lebenshaltungskosten und Verdienstmöglichkeiten gegenüberstellen.
5. Tag	Rückblick – Ausblick, Spiel zur Berufs- und Lebensplanung, Lebensläufe von berühmten Frauen nachvollziehen, Informationen einholen. Wo gibt es notwendige Informations- und Aufklärungsangebote?
Abschluss:	Erfahrungsaustausch mit der Jungengruppe und gemeinsames Rollenspiel in der Aula.

2.2 Projektbegleitend führen wir Selbstbehauptungskurse durch

Gerade das Wendo-Konzept erscheint uns in dieser Hinsicht besonders geeignet, im Bereich Selbstbehauptung erfolgreich zu arbeiten, da hier das Recht auf eigene Gefühle und Gedanken, das Recht auf eigenen Raum und das Recht auf Grenzen und Grenzziehung bewusst gemacht wird. Das Projekt zielt auf eine langfristige Maßnahme, die kontinuierlich der Jahrgangsstufe 8 zugute kommen soll.

Ziel der Wendo-Arbeit ist die Stärkung des Selbstbewusstseins und des Körperbewusstseins von Mädchen und Frauen sowie die Vermittlung von Selbstverteidigungstechniken. Ein weiterer wichtiger Bestandteil der Wendo-Arbeit ist die gemeinsame Reflexion mit Mädchen über erlernte Sicht- und Verhaltensweisen und über ihre individuellen Ängste. Wendo arbeitet mit dem Ziel, dass alle Mädchen, gleich welcher Herkunft, Hautfarbe und Religion, geachtet werden. Themenzentrierte Gespräche finden in folgenden Bereichen statt:

- Information zur Panikvermeidung,
- Information über Täterverhalten, Täterforschung,
- Gespräche über die in der Gesellschaft vorgeschriebenen Normen und Rollen, Information über die Wirkung der gelernten Selbstverteidigungstechniken und über die rechtlichen Grundlagen,
- Gespräche über die Hemmschwellen, Ängste und eigenen Erfahrungen bei der Selbstverteidigung und Selbstbehauptung.

Unterschiedliche Spielangebote schaffen eine angenehme und lockere Atmosphäre und bringen viel Spaß und Ausgelassenheit. Die unterschiedlichen Erfahrungen der teilnehmenden Mädchen und Frauen miteinander und das Erleben

- in ernsthaften Rollenspielsituationen,
- im Kampf,
- im Gespräch,
- im Spiel

führen zu einem besseren Kennenlernen, zu mehr Vertrautheit und Nähe und stellen damit für viele Mädchen eine neue Erfahrung dar. Film- und Fotodokumentationen über die Projektwoche werden im Rahmen des Tages der offenen Tür veröffentlicht. Mit der Körperarbeit wollen wir folgende Ziele erreichen. Die Schülerinnen sollen

- ein eigenes Gefühl für ihr Leben und ihren Körper entwickeln,
- lernen, Signale des Körpers wahrzunehmen und danach zu handeln,
- die Scheu vor dem eigenen Körper und dem anderer abzulegen,
- Selbstsicherheit und Selbstbehauptung trainieren,
- Vertrauen in den eigenen Körper aufbauen,
- Wahrnehmungsübungen durchführen,

- Techniken, Strategien und Körpererfahrungen im Rollenspiel sowie in Partnerübungen kennen lernen und erproben,
- drohende Gewaltsituationen erkennen,
- mit konkreten Gewaltsituationen umgehen lernen,
- psychische und physische Verteidigungsmöglichkeiten kennen lernen,
- Stimm- und Schreiübungen durchführen.

Die Befähigung zur Selbstbehauptung erstreckt sich dabei sowohl auf kommunikative Selbstdarstellung und Konfliktbewältigung als auch auf aktive Informationsbeschaffung und Inanspruchnahme von Hilfsangeboten.

Im Hinblick auf den hohen Anteil ausländischer Schülerinnen sollen Toleranz und Interesse an verschiedenen Kulturkreisen aufgebaut und der Umgang miteinander nachhaltig aktiviert werden.

3. Berufswahlorientierung: Mädchen löten elektronische Schaltungen

Im Bereich Handwerk und Technik sind Mädchen stark unterrepräsentiert und geben diesen Bereich ganz selten als Berufswunsch an. Um dem entgegenzuwirken, entstand vor zwei Jahren eine Technik-AG für Mädchen, zunächst beginnend mit der Jahrgangsstufe 9. Diese AG leitet die Physiklehrerin unserer Schule. Im AG-Bereich besteht die Möglichkeit, die Mädchen kontinuierlich über einen längeren Zeitraum mit dem Fach vertraut zu machen, ihnen Einsichten in technische Abläufe und Funktionen zu vermitteln, ihr Selbstvertrauen in Bezug auf ihre Fähigkeiten und in nicht typisch weiblichen Lernbereichen zu stärken und ihre Zukunftsperspektiven zu verbessern, da sich in Zeiten hoher Arbeitslosigkeit die Chancen der Frauen auf dem Arbeitsmarkt deutlich verschlechtert haben. Es gilt für Mädchen, das ganze Spektrum möglicher Berufe aufzuzeigen und ihnen ihre eigenen Fähigkeiten und Potenziale deutlich zu machen.

Es entwickelte sich eine Zusammenarbeit mit der Heinrich-Hertz-Kollegschule für Elektrotechnik. Gemeinsam mit der Anne-Frank-Realschule findet nun dort eine Probierwerkstatt für Mädchen im Bereich Elektrotechnik in Form einer AG im Wahlpflichtbereich II (WP II) für die Klassen 9/10 statt. Diese AG wird zusätzlich zu den Berufswahlorientierungsseminaren in Klasse 8, welche seit sieben Jahren kontinuierlich stattfinden, durchgeführt.

Dieses Projekt stärkt die Kooperation von Schulen untereinander, insbesondere im Bereich der Zusammenarbeit von Sekundarstufe I und Sekundarstufe II, da die SchülerInnen in der praktischen Arbeit in einer Technik-AG eine Schulform kennen lernen, die nach erfolgreichem Abschluss an einer allgemein bildenden Schule auch die Chancen zu Qualifizierung und Weiterbildung im Sekundarstufe-II-Bereich stärkt und fördert.

Um Projekte und Arbeitsgemeinschaften auf den Weg zu bringen, sind Zeit und Geld erforderlich. Die Anne-Frank-Realschule erhielt Anschubfinanzierungen durch das GÖS-Initiativprogramm des Landes NRW, Ministerium für Schule, Wissenschaft und Forschung. Die Technik-AG für Mädchen ist inzwischen Teil des Schulprogramms der Anne-Frank-Realschule geworden.

Eine Schülerinnengruppe der Klassen 9/10 wird im Rahmen ihres Wahlpflichtunterrichts in den Werkstätten und Computerlaborräumen des Heinrich-Hertz-Berufskollegs (Schwerpunkt Elektrotechnik) unterrichtet. Ziel des Unterrichts ist es, Hemmnisse zur Beschäftigung mit elektrotechnischen Elementen abzubauen und Grundfertigkeiten für einfache Schaltungen zu vermitteln. Hierzu werden folgende Teilziele verfolgt:

- Es sollen Kenntnisse und Fertigkeiten vermittelt werden, die im Alltag der Schülerinnen nützlich sind.
- Die Funktionsweise einfacher Elemente von elektronischen Geräten und elektrotechnischen Schaltungen aus dem Erfahrungsbereich der Schülerinnen sollen vermittelt werden.
- Die Schülerinnen sollen Erfahrungen mit typischen Tätigkeiten aus dem Bereich Elektrotechnik und Elektronik machen.
- Die Schülerinnen sollen ein Produkt anfertigen, das sie privat nutzen können.
- Der technische Aufbau dieses Produkts sollte wenigstens prinzipiell von den Schülerinnen nachvollziehbar sein.
- Das Produkt soll für die Schülerinnen, aber auch für deren soziale Umwelt bzgl. seines Gebrauchswertes akzeptiert werden.

Der erste Teil beschäftigt sich mit dem Bereich Elektronik. Das Arbeitsziel ist die Fertigstellung eines für die Mädchen erstrebenswerten Produkts, das Grundelemente der Elektronik enthält und gängige Fertigungsmethoden erfordert. Hierbei soll auf jeden Fall sichergestellt werden, dass jede Schülerin ihr Endprodukt fertig stellen kann. Aus diesem Grunde stehen den Mädchen drei Produkte zur Auswahl, die sich durch ihre Komplexität unterscheiden.

Allen gemeinsam ist, dass sie als gedruckte Schaltungen realisiert werden und dass sie Grundelemente der Elektronik enthalten. Die Auswahl erfolgt nach Beratung durch die Unterweisenden, wobei neben der Leistungsfähigkeit auch die Interessenlage der Schülerinnen berücksichtigt werden soll.

Um das Verständnis der jeweiligen Schaltung zu erleichtern, werden zu Beginn des ersten Teils Teilschaltungen auf Lötleisten gebaut, an denen schrittweise die Funktion der grundlegenden Bauelemente der Elektronik vermittelt werden kann. Das Löten an Lötleisten erfordert nicht die Präzision wie das Löten an bedruckten Schaltungen, sodass hierbei Löttechniken mit den notwendigen Erfolgserlebnissen eingeübt werden können.

Nach diesen Vorübungen kann der Aufbau des Endprodukts begonnen werden. Hierbei erlernen die Schülerinnen das Herstellungsverfahren gedruckter Schaltungen sowie hierzu notwendige Grundfertigkeiten. Es wird darauf Wert gelegt, dass die Schülerinnen möglichst alle Arbeitsschritte selbst realisieren.

Der zweite Teil des Unterrichts stellt Grundelemente und Grundschaltungen der Hausinstallation vor. Es geht hier darum, den Schülerinnen einerseits die Scheu vor der Beschäftigung mit elektrischen Teilen zu nehmen, ihnen andererseits Sicherheitsmaßnahmen zu vermitteln. Zur Vermittlung der theoretischen Inhalte wird unterstützend das Programm »Mir geht ein Licht auf« von der Stiftung Berufliche Bildung eingesetzt. Kennzeichnend für diese Software ist die anschauliche Darstellung der Grundelemente und Grundbegriffe dieses elektrotechnischen Bereichs. Sie erlaubt ein individuelles Lerntempo und ermöglicht den Unterweisenden, individuelle Fragen zu beantworten. Darüber hinaus erlaubt der Einsatz dieses Programms einen ersten Einblick in die Handhabung und die Bedienung eines PC. Die Ausschaltung und Wechselschaltung wird von den Schülerinnen an Montagebrettern aufgebaut und getestet, um die Fertigkeiten im Umgang mit dem Werkzeug zu erlangen und die theoretischen Kenntnisse zu verifizieren.

Die in dieser Phase erworbenen Kenntnisse und Fertigkeiten sind sicherlich in der sozialen Umgebung der Schülerinnen vorzeigbar.

Zum Abschluss sollen die Schülerinnen Informationen über elektrotechnische Berufsbilder und Ausbildungsmöglichkeiten erhalten. Ob dies durch die Schule selbst oder mit Hilfe des Berufsinformationszentrum erfolgen soll, muss noch abgesprochen werden. Die letzte Berufswahlorientierungswoche konnte das Interesse vieler Mädchen am Bereich »Technik« stärken und weiterentwickeln, sodass zum Schuljahr 2000/2001 eine Arbeitsgemeinschaft »Mädchen und Technik« implementiert wird, die von einer Lehrerin durchgeführt wird.

Alle Mädchen waren stolz darauf, an einer Schule, die fast nur Jungen besuchen, arbeiten zu können, und dementsprechend groß war auch die Motivation. Wir freuten uns jede Woche darauf, unsere Gegenstände:

- ein blinkender Stern für die Weihnachtszeit,
- ein blinkendes Herz für die Disko,
- eine Lichterorgel für die Musikanlage zum Hausgebrauch,

an denen viele Wochen gearbeitet wurde, fertig zu stellen. Diese Produkte hatten sich die Mädchen selbst ausgesucht. Die Schülerinnen zeigten technisches Verständnis und der Lehrer des Berufskollegs lobte immer wieder:

> *»Die Jungen hätten die Arbeiten nicht besser gemacht, im Gegenteil, einige Gegenstände waren besser verarbeitet und vorzeigbar!«*

Spannend war immer der Geräteanschluss an eine Stromquelle, zeigte dies doch, ob das Gerät funktionierte oder nicht.

Da die Schülerinnen oft nicht gedacht hätten, dass die von ihnen konzipierten Gegenstände auch funktionierten, war die Freude über die erreichten Erfolgte sehr groß. Die gelungene eigene praktische Leistung führte zu einer großen Akzeptanz der vorher durchgeführten Theorieeinheiten.

Im Laufe des Schuljahres haben die Mädchen ihre Scheu vor komplexen technischen Zusammenhängen verloren, sie haben Zutrauen zu ihren Fähigkeiten gefunden, sie sägen, schleifen, bohren, löten und abisolieren mit einem Selbstbewusstsein, das anfangs nicht vorhanden war. Die Stimmung in der Gruppe war immer gut, in schwierigen Situationen halfen sich die Mädchen gegenseitig, ohne störende Bemerkungen von Mitschülern zu hören. Einige der Mädchen wollen aus Interesse noch ein 2. Jahr diese AG wählen, obwohl sie anfangs nur für ein Jahr vorgesehen war.

4. Berufswahlorientierung und Jungenarbeit

Seit 1995 führen wir eine Projektwoche zur Berufswahl durch, in der wir auf besondere Weise die Jungen ansprechen wollen. Wir berichten im Folgenden über unser Konzept und unsere Konsequenzen nach einer Art Selbstevaluation:

- Am 1. Tag ging es um die Berufswahl: Wir reflektierten die Entscheidungskriterien und Wünsche von Jungen an den Beruf. Nach unserer Selbstevaluation blieb das Thema »Medien« unberücksichtigt; Arbeitsblätter wurden überarbeitet und ausgetauscht. Der Film »Let's talk about jobs« (Arbeitsamt) wurde nur bedingt als hilfreich angesehen und in den letzten Jahren nicht mehr eingesetzt. Ebenfalls wurden keine Collagen mehr angefertigt.
  Positiv war der Einsatz neuer Arbeitsblätter (Verlag an der Ruhr) zum Beruf: »Lebenskünstler« und der Kurztest: »Welcher Beruf wäre mein Ding?« Wir stellten fest, dass die Jungen große Schwierigkeiten hatten über ihre Rolle als Junge bzw. als zukünftiger Mann ins Gespräch zu kommen.
- Am 2. oder 3. Tag wurde für die jungenspezifischen Fragestellungen die Jugendberatung des Sozialen Dienstes Katholischer Frauen und Männer (JB-SKFM) gewonnen. Es ging dabei um kriminalistische Vorbeugung zur Jugendkriminalität: Wie verhindern wir das Abzocken? Dieser Teil lässt sich nur bedingt in das Gesamtkonzept einbauen, weil es um jungenspezifische Kriminalität geht.
- Am 3. oder 2. Tag fand eine eintägige Veranstaltung in der Düsseldorfer Elly-Heuss-Knapp-Schule statt, einem Berufskolleg mit »typisch« weiblichen Fachrichtungen wie Ernährung und Hauswirtschaft, Textiltechnik und Bekleidung, Körperpflege und Sozial- und Gesundheitswesen. Hier konnten die Jungen z.B. einen Nähführerschein machen. Dieser sehr sinnvolle und auch von den Schülern gut aufgenommene Projekttag konnte mit der Dreizügigkeit der 8. Klassen aus organisatorischen Gründen nicht mehr durchgeführt werden. Es gab Probleme mit einigen Abteilungsleiterinnen, da diese den Aufwand beklagten und den Nutzen für die Kollegschule als zu gering einschätzten.
- Die Betriebsbesichtigungen bei der Polizei, der Feuerwehr und der Rheinbahn am 4. Tag waren für die Schüler interessant. Es stößt aber auf organisatorische Schwierigkeiten, diese kontinuierlich durchzuführen. Während einer Berufsinformations-Ralley (BIZ-Ralley) wurden erste Kontakte zu der Berufsberaterin

aufgebaut. Gut angenommen wurde ein Multimedia-Paket zur Berufswahlorientierung: »Mach's richtig« vom Arbeitsamt und ausgewählte Adressen aus dem Internet.

- Am 5. Tag beschäftigten sich die Schüler mit folgenden Fragestellungen: Was kostet das Leben? Was sind Brutto-Netto-Lebenshaltungskosten? Wir schlüpfen in die Rolle des Personalchefs: Welche Qualifikationen werden gesucht? Wie stellt man sich am besten dar? Wie findet man, was zwischen den Zeilen steht? Welche Tipps gibt es für Bewerbungen und Eignungstests? (Weitere Details s. Anhang.)

5. Perspektiven

Aus der Kooperation zwischen dem Heinrich-Hertz-Berufskolleg und der Anne-Frank-Realschule Düsseldorf soll ein Netzwerk hervorgehen, in dem künftig drei Schulen und ein außerschulischer Partner zusammenarbeiten. Eine benachbarte Realschule (Werner-von-Siemens-Realschule) und die Firma Siemens haben ihre Zusage gegeben, sodass die Technik-AG für Mädchen auch für Interessentinnen einer weiteren Realschule geöffnet wird. Die Firma Siemens bietet sowohl ihr Know-how als auch neueste Technologie dazu. Schön wäre es, wenn

- interessierte Mädchen einen Ausbildungsplatz bei der Firma Siemens erhielten und
- GÖS-Mittel zwecks Finanzierung unserer Vorhaben auch in Zukunft bewilligt werden könnten.

Regina Malz-Teske / Katharina Liebsch

Ein Lehrerinnen-Netzwerk, eine unterstützende Schulleitung und deren Bedeutung für die Reflexive Koedukation

Das Beispiel der Hamburger Gesamtschule Bergedorf

1. Seit 20 Jahren: Engagement für eine geschlechtergerechte Schule

Die im Folgenden beschriebenen ersten Schritte im Prozess der geschlechterbewussten Schulentwicklung der Hamburger Gesamtschule Bergedorf wurden zu Beginn der 80er-Jahre gemacht. Damals trafen sich drei Kolleginnen, die unzufrieden mit der Situation der Mädchen in der Schule waren. Sie stellten fest, dass auf Zeugniskonferenzen ausführlich über die schwierigen Jungen geredet wurde. Probleme der Mädchen kamen kaum vor. Sie kamen überein, die Mädchen zu stärken und zu fördern sowie mädchenspezifische Angebote inner- und außerhalb des Unterrichts zu machen. Sie gründeten eine Frauengruppe, die seither – in wechselnder Größe und Besetzung – die Entwicklung der Schule zu einer geschlechtergerechten Schule trägt und vorantreibt.

In den ersten Gesprächen stellten die Lehrerinnen fest, dass sie selbst auch Bedarf an Förderung und Unterstützung hatten. Das machten sie an folgenden Beobachtungen fest: Nur wenige Frauen meldeten sich auf Konferenzen zu Wort, es wurde nur die männliche Sprachform benutzt, Wortbeiträge von Frauen wurden selten aufgegriffen. Wie die Mädchen in den Klassen waren auch die Lehrerinnen im Kollegium weniger sichtbar als ihre männlichen Kollegen. Die Frauen trafen einige Verabredungen und beantragten z.B. eine gerechtere Verteilung von Redezeiten und die wechselnde Leitung der Konferenzen. Dies löste Zustimmung, aber auch heftige Ablehnung aus. Als die Stelle der Didaktischen Leitung der Schule neu besetzt wurde, unterstützte die Frauengruppe die Bewerbung einer Kollegin, die in ihrer Vorstellung für Mädchenarbeit an der Schule plädiert hatte. Diese Bewerbung hatte Erfolg.

Inzwischen – und das zeigen die folgenden Beispiele – kann man bilanzieren, dass das Zusammenspiel von informellem Frauennetzwerk und einer unterstützenden Schulleitung sich positiv auf die Institutionalisierung eines geschlechterbewussten Schulprofils ausgewirkt hat. Dazu gehört

- die Ausgestaltung des Kursangebots (Mädchensportkurse);
- projektorientiertes Arbeiten (z.B. Projektwochen zur Berufsorientierung);
- zusätzliche Bildungsangebote, z.B. Mädchen- oder Jungentage;
- Sexualerziehung in Zusammenarbeit mit außerschulischen Bildungsträgern.

Heute ist die Mädchen- und Jungenarbeit auch weitgehend im Schulprogramm verankert (s. Anhang). Besondere schulinterne Bedingungen waren die Voraussetzung dafür, dass die Schule sich dieser Aufgabe so erfolgreich gestellt hat: Einerseits waren die seit Jahren kontinuierlich durchgeführten LehrerInnenkonferenzen zum Thema Koedukation entscheidend und zweitens die seit 1987 stattfindenden jährlichen Fortbildungswochenenden für Lehrerinnen.

1.1 LehrerInnenkonferenzen zum Thema Koedukation

Die Frauengruppe hatte schon in den 80er-Jahren dafür gesorgt, dass es auf Konferenzen Arbeitsgruppen zum Thema »geschlechtsspezifische Lern- und Sozialformen« und »Geschlechterverhältnisse« gegeben hatte. Dann, nachdem das Thema allmählich Akzeptanz gewonnen hatte, wurde eine von der Frauengruppe beantragte allgemeine Konferenz zum Thema »Koedukation – eine Bestandsaufnahme« durchgeführt. Diese Konferenz wurde von interessierten Lehrerinnen gemeinsam mit der Didaktischen Leiterin vorbereitet. Eine Wissenschaftlerin hielt ein Referat über »Mädchen in den Naturwissenschaften«. Offensichtlich deeskalierend wirkte die sinnvolle Maßnahme, dass in Kleingruppen an Hand von konkreten Leitfragen weiterdiskutiert wurde, die dazu geeignet waren, dass die LehrerInnen gemeinsam ein Stück (weiche) »Selbstevaluation« betreiben konnten:

»1. Welche Unterschiede zwischen Jungen und Mädchen lassen sich beobachten?

Verhalten:
- Wo (im Raum) sitzen Mädchen/Jungen?
- Wie sitzen Mädchen/Jungen?
- Von wem gehen Störungen aus?
- Wie werden Konflikte geregelt?
- Wer ärgert, wer schlägt wen?
- Wer lacht über wen?
- Wer unterbricht wen?

Mitarbeit:
- Wer beteiligt sich am Unterricht? Bei welchem Thema?
- Wie häufig werden Jungen/Mädchen drangenommen?
- Wie häufig werden Jungen/Mädchen ermahnt?
- Wer bestimmt das Thema?
- Wer arbeitet ordentlich/sauberer/genauer?
- Gibt es Dinge, die Mädchen/Jungen besser können?

Inhalte:
- Wie oft kommen in Texten Männer/Frauen vor?
- Wie oft kommen in Beispielen Frauen/Männer vor?
- Wie oft kommen Dinge aus dem Erfahrungsbereich von Mädchen und Jungen vor?
- Wie oft setzen sich Mädchen/Jungen bei ›Freier Auswahl‹ (was wollt ihr heute machen?) durch?

2. Welche Maßnahmen sind geeignet, Mädchen in ihrem Selbstbewusstsein zu stärken und Jungen zu kooperativem Verhalten zu erziehen?
3. Konkrete Vorschläge/Beschlüsse für Fach-/LehrerInnenkonferenzen.«

Einig war man sich über die Ergebnisse der eigenen Beobachtungen, die auch von einer Reihe von empirischen Untersuchungen gestützt werden: Jungen fordern mehr Aufmerksamkeit von den Lehrkräften, Jungen nehmen selbstverständlicher und offensiver als Mädchen von Räumen Besitz. Das Lern- und Arbeitsverhalten sowie die Motivationen sind geschlechtsspezifisch sehr unterschiedlich ausgeprägt.

Die Konferenz endete mit einer Liste von Anregungen, die insgesamt eher den Charakter einer Empfehlung hatten und ganz unterschiedlich intensiv beachtet wurden:

- Lehrkräfte müssen sich selbst dazu anhalten und sich in die Pflicht nehmen, die Benachteiligung von Mädchen zunächst einmal zu erkennen und ihr dann zu begegnen.
- Dazu ist gegenseitiges Hospitieren eine geeignete Hilfe.
- Auch ist eine Anerkennung der Leistungen, des Sozialverhaltens und der Fähigkeit zur Textarbeit von Mädchen nötig. Diese Fähigkeiten sollten als angestrebte Werte deutlich werden, damit sie sich für Mädchen auch selbstwertsteigernd auswirken können.
- LehrerInnen sollten Geduld haben und abwarten, bis die Mädchen sich melden und nicht immer sofort auf Jungen reagieren.
- Es könnte auch bedeuten, sich mehr Zeit für Jungen zu nehmen und Störversuche von Jungen nicht hinzunehmen.
- Da Frontalunterricht die ungleiche Aufmerksamkeitsverteilung verstärkt, sollte man sich um andere Arbeitsformen wie Arbeit in Arbeitsgruppen und freies Arbeiten bemühen.
- Jungen sollten mehr sprachliche Förderung erhalten und darüber hinaus zu partnerschaftlichem Umgang angehalten werden.
- Mädchen brauchen eine stärkere Orientierung auf höherwertige und besser bezahlte Berufe. Das bedeutet in der Konsequenz, sie stärker im technischen, mathematisch-naturwissenschaftlichen Bereich zu fördern.
- In Jahrgang 9 vorhandene zusätzliche LehrerInnenstunden sollten für eine Teilung nach Geschlechtern in einigen Unterrichtsfächern genutzt werden. Dies soll

den Mädchen helfen, ihren eigenen Standpunkt zu finden und ihn dann in gemischt-geschlechtlichen Gruppen hoffentlich leichter vertreten zu können.

Es folgten weitere LehrerInnen- bzw. Pädagogische Konferenzen zum Thema der Reflexiven Koedukation: z.B. zu »Sexuellem Missbrauch« (1990), zum Frauenförderplan (1995) und zum Thema »Jungen« (1998); daneben wurden auf weiteren Konferenzen zu anderen Themen (wie z.B. Projektunterricht) immer wieder einzelne Arbeitsgruppen angeboten, die Fragen der geschlechterbewussten Schulgestaltung aufgriffen.

1.2 Die jährlichen Forbildungswochenenden für LehrerInnen

Diese Wochenenden finden seit 1987 statt und werden für alle Lehrerinnen der Schule angeboten. Seither hat etwa ein Drittel des weiblichen Kollegiums mindestens einmal an einem solchen Wochenende teilgenommen. Die Seminare fanden überwiegend von Freitagnachmittag bis Samstagabend statt. Die Lehrerinnen nutzen die Seminare als Möglichkeit zur gemeinsamen Reflexion und Planung von Schule. Darüber hinaus empfinden viele Frauen die Wochenenden als eine angenehme Möglichkeit, mit den Kolleginnen auch Freizeit zu verbringen.

Themen und Arbeitsgruppen werden durch das Wissen und die Erfahrungen der Lehrerinnen weitgehend selbst gestaltet. Für die Planung und Organisation gibt es eine Leitung der Seminare, die von jeweils einer Kollegin übernommen wird. An einigen Wochenenden waren auch Referentinnen von auswärts eingeladen, z.B. zu Themen wie »Sexueller Missbrauch« oder »Konflikte zwischen Frauen«. Neben produktiver Arbeit sorgen Phasen von Entspannungsübungen, Sauna, Tanzen und Spazierengehen dafür, dass das Wochenende trotz des zusätzlichen Arbeitsaufwands für viele Kolleginnen zu einer persönlich wichtigen schulischen Veranstaltung geworden ist, auf der die Kommunikation mit geschätzten Kolleginnen stattfinden kann sowie ein großer Teil der konzeptionellen Mädchenarbeit geplant und ausgewertet wird. Daher ist die Arbeitsform in den Seminaren durch eine Mischung aus inhaltlichem Input (Literatur, Unterrichtserfahrungen), Reflexion der persönlichen Betroffenheit, einer Phase des Selbst-Ausprobierens (z.B. von Spielen, Techniken oder Materialien) und anschließender Reflexion der Selbsterfahrung gekennzeichnet. Die Ergebnisse der Wochenenden gehen in die weitere Arbeit als Leitvorstellung ein – und das scheint zu genügen; denn im Schulalltag wird die praktische Mädchenarbeit dann im informellen Rahmen geregelt, sozusagen zwischen Tür und Angel, in der Pause, während des Kopierens oder nachmittags am Telefon.

Heute kommen – auf Einladung – auch männliche Kollegen zu dem Erfahrungsaustausch. Dies wurde von den Beteiligten als Zeichen dafür gewertet, dass sich an der Bergedorfer Schule die »Mädchenarbeit« zur Arbeit an der »Reflexiven Koedukation« weiterentwickelt hat.

2. Beispiele für die Mädchen- und Jungenarbeit

2.1 Mädchentage als zusätzliches Bildungsangebot

Seit 1991 gibt es einmal im Jahr einen »Mädchentag« mit Angeboten und Arbeitsgruppen für Mädchen. Der »Mädchentag« wird als eine Veranstaltung mit hohem Innovationspotenzial wahrgenommen, weil er sowohl das Ausprobieren von neuen Inhalten und Arbeitsformen ermöglicht, als auch Spaß und Erfahrungen in einer geschlechtshomogenen Gruppe bietet. Die Idee für einen Mädchentag fand unter den Kolleginnen zunächst nur wenig Befürworterinnen. Die Initiatorinnen konnten aber auf Grund ihrer Fantasie und Tatkraft einige Lehrerinnen zur Mitarbeit an einem Konzept gewinnen. Sie führten den Mädchentag 1991 mit Unterstützung auch der skeptischen Kolleginnen erstmalig durch. Die beteiligten Lehrerinnen verstanden den Projekttag für Mädchen zunächst als ein Experiment. Sie rechneten nicht mit einer großen Resonanz. Umso größer war die Überraschung, als mehr als 200 (von 700) Mädchen kamen. An den folgenden Mädchentagen, die inzwischen fester Bestandteil im Jahresrhythmus der Schule sind, gab es zwischen 150 und 200 Teilnehmerinnen.

Ein Mädchentag zum Thema »Ich und mein Körper« bot Projekte an, die sich im weitesten Sinne um Körpererfahrung und Selbstwahrnehmung drehten. Dieser Schwerpunkt, nämlich die Sensibilisierung für eigene Bedürfnisse, wurde von den Lehrerinnen als sinnvoller Ansatzpunkt für die Stärkung des Selbstbewusstseins der Mädchen angesehen. Darüber hinaus umfasste das Arbeitsgruppenangebot z.B. Aktivitäten wie: Massage, Akrobatik, Fantasiereisen und autogenes Training, Herstellen von Masken und Maskenspiel, Tobespiele, Frisieren und Schminken, Rollern und Skaten, Klettern, Baseball, Fußball, Kontakt und Theater, Süchte, Yoga, Improvisationstanz. Bei anderen Mädchentagen war das Angebot etwas mehr auf Oberstufenschülerinnen zugeschnitten durch Themen wie »Schwanger, was nun?«, »Prostitution«, »Ausländische Männer« und »Rollenspiele zum Thema ›Mach mich nicht an‹«. Insgesamt waren bei allen Mädchentagen besonders diejenigen Angebote attraktiv, die von auswärtigen Kursleiterinnen angeboten wurden; sie stellten etwas Außergewöhnliches im Schulalltag dar.

In den ersten Jahren wurden vorrangig von Lehrerinnen Themen, die im normalen schulischen Alltag keinen Platz fanden, als Projekt am Mädchentag angeboten. Jetzt melden sich immer häufiger ältere Schülerinnen, die ein Projekt mit ihren eigenen Ideen durchführen wollen. Entweder fragen die Lehrerinnen bei den Schülerinnen nach, oder die Schülerinnen melden sich spontan während der Mädchenvollversammlung. Auch ehemalige Schülerinnen fanden sich in den vergangenen Jahren bereit, durch ein Angebot den Mädchentag zu unterstützen.

Die Mädchenvollversammlung:
Zur Vorbereitung des Mädchentages werden in einer 6. Unterrichtsstunde alle Mädchen der Schule zu einer Mädchenvollversammlung eingeladen. Dort wird von den Lehrerinnen, die den Mädchentag vorbereiten, das bis dahin vorliegende Projekt-Angebot vorgestellt und weitere Vorschläge werden gesammelt. Beim Vorstellen der Projekte haben Mädchen oft Ideen, etwas anzubieten, was sie in ihrer Freizeit gern machen und so anderen zeigen können. Diese Projekte waren immer gut besucht! Die Mädchen bekommen auf einer Mädchenvollversammlung ihre Anmeldezettel, die sie einige Tage später ausgefüllt bei den LehrerInnen abgeben.

Die Idee und Konzeption des Mädchentages ist nicht statisch, sondern hat sich von einem zum anderen Mal verändert. Weitere Differenzierungen und Veränderungen werden nach jeder Auswertung ins Auge gefasst. Die Erfahrungen werden nachbereitet und Vorschläge für das nächste Jahr gesammelt. Die kleine Gruppe von Frauen, die sich heute für die weitere Planung verantwortlich fühlt, hat sich spontan und freiwillig konstituiert. Es ist selbstverständlich, dass Arbeit und Verantwortung übernommen oder auch bei Überlastung abgegeben werden.

Die Motivation der Lehrerinnen für ihre Arbeit mit Mädchen oder mädchenspezifischen Themen lässt sich damit erklären, dass an eigene Erfahrungen angeknüpft wird und die Arbeitsformen sich oft aus Fortbildungsveranstaltungen oder aus privaten Interessenschwerpunkten ergeben. Das Herstellen einer Verbindung zur eigenen Person und der eigenen Biografie ist für die Lehrerinnen ein wichtiger Aspekt, der auch insgesamt in der Arbeit der Frauengruppe selbstverständlich geworden ist und eine wichtige Grundlage für den langfristigen Erfolg bildet.

2.2 Geschlechtsdifferenzierender Sportunterricht

Mädchen hatten sich bei einigen Sportlehrerinnen beschwert, dass im Sportunterricht vor allem das gemacht würde, was die Jungen wollen. Wenn Mädchen Wünsche äußern, würden die Jungen sie lautstark »niedermachen«. Das entsprach auch den Beobachtungen der Lehrerinnen, die es selbst oft als schwierig fanden, gegen den Widerstand der Jungen die Wünsche der Mädchen zu erfüllen.

Im Rahmen der Projektwochen und Mädchentage probierten die Sportlehrerinnen zunächst verschiedene Formen eines mädchenfreundlichen Sportunterrichts aus.

»Ich habe immer wieder die Erfahrung gemacht, dass alle Mädchen, und auch die im herkömmlichen Sportunterricht als unsportlich geltenden Mädchen, sich gerne bewegen, sobald sie es in einer für sie angstfreien Gruppe, eben einer Mädchengruppe, tun können. Wenn ich mit ihnen Selbstbehauptungsübungen mache, sind die Mädchen sehr lernbegierig und stellen in kurzer Zeit fest, dass es gar nicht so einfach ist, die körperlichen und psychischen Widerstände gegen körperliche Gegenwehr auf-

zugeben. So haben sie zuerst große Hemmungen, mit den Füßen oder mit den Fäusten gegen einen Weichboden zu treten oder zu schlagen. Mit der Zeit wurden die Mädchen lockerer, und bei den abschließenden Partnerinnenübungen gingen sie ganz schön zur Sache.«[1]

Nachdem viele Mädchen Mädchensportangebote mit großem Interesse angenommen hatten, forderten einige Sportlehrerinnen, dass im Wahlpflichtbereich der Schule ein Mädchensportkurs angeboten wird. Trotz einiger Einwände wurde ein Wahlpflichtkurs Sport für Mädchen im August 1991 erstmalig eingerichtet.

Diese Entscheidung führte zu heftigen Diskussionen in den Sport-Fachkonferenzen. Die zu geringe Information der betroffenen SchülerInnen sowie der Eltern, die zu kurzfristig angesetzte Diskussion in der Fachkonferenz waren Kritikpunkte, die von den Initiatorinnen als berechtigt anerkannt und bei der Einrichtung der nachfolgenden Kurse berücksichtigt wurden. Darüber hinaus aber gab es bei den Treffen der Fachkonferenz Sport eine Auseinandersetzung, die weit über die fachliche oder organisatorische Ebene hinausging. Die männlichen Kollegen fühlten sich von den Frauen indirekt angegriffen und in ihrer Kompetenz in Frage gestellt. Sie warfen den Frauen vor, dass sie sich mit den Mädchengruppen ein »leichtes Leben machen« wollten, während sie sich in Zukunft mit den »Rabaukenkursen« abplagen müssten. Die Diskussion war geprägt durch starke Emotionalität. Offensichtlich mobilisierte der Vorschlag der Geschlechtertrennung Widerstände, an die mit sachlichen Argumenten nicht heranzukommen war. Einige KollegInnen konnten die Diskussion kaum noch ertragen. Der Riss ging quer durch das Sportkollegium, auch einige Frauen distanzierten sich von den pädagogischen Neuerungen. Doch die an den Mädchensportkursen interessierten Lehrerinnen führten die Diskussion beharrlich weiter, luden Expertinnen in die Schule ein und versuchten, die Debatte so weit wie möglich zu versachlichen, was ihnen schließlich auch gelang. Dazu trug besonders die Gründung eines für alle offenen Gesprächskreises bei. Die Teilnahme an diesem Arbeitskreis war freiwillig und nicht darauf ausgerichtet, Beschlüsse zu fassen. Es sollte um einen Austausch über den zukünftigen Sportunterricht gehen und darum, neue Ideen für den koedukativen wie für den geschlechtshomogenen Unterricht zu entwickeln. Der Gesprächskreis traf sich eine Zeit lang einmal im Monat und findet heute in dieser Form nicht mehr statt. Der Austausch auf freiwilliger Ebene hat aber dazu beigetragen, dass sich wieder ein produktives Miteinander des Sportkollegiums, der Frauen und der Männer, entwickelt hat.

In den folgenden Jahren wurden je nach Wunsch der SchülerInnen im Wahlpflichtbereich Mädchen- bzw. Jungensportkurse sowie koedukative Sportkurse angeboten. In jedem Jahr kam ein Mädchensportkurs zu Stande, in manchen Jahren auch ein Jungensportkurs. Die männlichen Kollegen beklagten sich zunächst über die schwierige pädagogische Aufgabe in den Jungenkursen, während sie die Kolle-

1 Rose-Marie Fischer-Osterhoff, Sportlehrerin an der GSB, die das Konzept des Mädchensports maßgeblich mit entwickelte.

ginnen beneideten, die die Mädchen unterrichteten. Inzwischen gibt es aber Sportkollegen, die den Jungenkurs gern unterrichten und dort ihre eigenen Vorstellungen von Jungenarbeit im Sport verwirklichen. Mädchen- und Jungensportkurse sind jetzt ein fester Bestandteil des Wahlpflichtbereiches sowie der Mädchen- und Jungenarbeit der Schule.

2.3 Die Entwicklung der Jungenarbeit

Als der erste Mädchentag an der Gesamtschule Bergedorf durchgeführt wurde, reagierten einige Jungen aus der Oberstufe mit einem Aufruf zum »Chauvi-Tag«. In der Begründung forderten sie »Gleichberechtigung in allen Teilen des Lebens«. Sie kritisierten die Trennung in Mädchen- und Jungentage und schlugen vor, dass ein gemeinsamer Tag veranstaltet wird, »an dem emanzipiert wird und nicht den Mädchen Babypflege und Massage beigebracht wird«. Jungen der Sekundarstufe I gingen zur Schulleitung und fragten, warum es keinen Jungentag gäbe. Sie fanden es ungerecht, dass es für Mädchen etwas gab, was sie nicht hatten.

Es fand sich unter den männlichen Kollegen zunächst niemand, der Jungenarbeit machen wollte. Nachdem der Elternrat gefordert hatte, dass auch Jungentage an der Gesamtschule Bergedorf stattfinden müssten, aktivierte der Schulleiter eine Gruppe von Lehrern, die 1994 den ersten Jungentag organisierte. Er wurde von männlichen Kollegen vorbereitet, durchgeführt und ausgewertet. Sie bezeichneten den Projekttag als erfolgreich, konnten sich aber bei der Auswertung nicht auf ein weiteres gemeinsames Vorgehen einigen. Drei Jahre später, 1997, gab es einen zweiten Anlauf, Jungentage ins Leben zu rufen. Eine Gruppe, die aus Männern und Frauen bestand, beschloss, an die Erfahrungen der Mädchenarbeit anzuknüpfen und den Jungentag so zu gestalten, dass »die Jungen dort abgeholt werden, wo sie stehen«. Das hieß für die Gruppe, dass Projekte angeboten werden, die den Jungen in erster Linie Spaß machen und ihnen positive Erfahrungen in geschlechtshomogenen Gruppen vermitteln sollten. Damit wollte man die Basis schaffen, auf der auch über den Abbau von Rollenzwängen nachgedacht werden kann. Der Projektleiter sollte auf jeden Fall männlich sein. Die Projektangebote des letzten Jungentages waren: Einstieg ins Internet, Radtour-Power, Jonglieren, Trampolin, Klettern, Musik machen, Kanu fahren, »Mann, deine Stimme«, Baseball, Karate, Tai chi, Männertanz.

Insgesamt lagen die Teilnehmerzahlen an den Jungentagen deutlich unter denen der Mädchen an Mädchentagen. Ob die Methode des freiwilligen Projekttages für die Jungen ebenso gut geeignet ist wie für die Mädchen, wird in der Schule noch diskutiert. Andere Methoden wie Jungenstunden oder Jungennachmittage mit Vätern sind in der Erprobung.

Inzwischen gibt es einige Kollegen, die Jungenarbeit wichtig finden und verschiedene Methoden ausprobieren. Sie haben sich auf den Weg gemacht und sich auf die Auseinandersetzung mit den Jungen eingelassen.

»Als ich die Integrationsklasse übernahm, habe ich mir vorgenommen, Jungenarbeit zu machen. Aber es stand für mich fest, dass ich die Jungengruppe nicht allein anleiten wollte. Auf einem Elternabend stellte ich meine Ideen von der Jungenarbeit den Eltern vor. Es meldeten sich spontan vier Väter, die bereit waren mitzumachen. So haben wir im Wechsel mehrere Aktivitäten gestartet, an denen jeweils ein Vater als zusätzliche Bezugsperson mitgewirkt hat. Im Sommer sind wir Kanu gefahren und waren Schwimmen, in den kälteren Monaten haben wir Spielnachmittage veranstaltet. Ein Vater hat sogar seinen Dienst so gelegt, dass er regelmäßig an den Veranstaltungen teilnehmen konnte. Die Jungen nehmen das Angebot gerne an. Es ist für mich eine große Erleichterung, dass die Väter mit mir im Team zusammenarbeiten.«[1]

2.4 Sexualerziehung in Zusammenarbeit mit »pro familia«

Im herkömmlichen Sexualkundeunterricht wurden die körperlichen und seelischen Veränderungen der Pubertät bisher kaum angemessen thematisiert. Bislang überwog ein Unterricht, bei dem hauptsächlich biologische Fakten vermittelt wurden. Nun wurde von einigen Lehrerinnen die fächerübergreifende Behandlung des Themas in der Projektwoche für einen ganzen Jahrgang vorgeschlagen. Die Begründung war, dass eine offenere Unterrichtsgestaltung eine Atmosphäre möglich machen würde, in der sich die SchülerInnen besser auf das Thema einlassen können. Eine Trennung von Mädchen und Jungen war für verschiedene Phasen vorgesehen.

Dem Antrag der Lehrerinnen wurde stattgegeben und die Projektwoche «Sexualkunde« 1990 mit Hilfe der Didaktischen Leiterin und der zuständigen Abteilungsleiterin als regulärer Bestandteil der Unterrichtsorganisation im Jahrgang 6 etabliert. Die Sexualkunde-Projektwoche ist bis heute eine wichtige Komponente der geschlechtsspezifischen TutorInnenarbeit an der Schule.

Zur Vorbereitung der TutorInnen wird kurz vor der Projektwoche an zwei Nachmittagen eine schulinterne Fortbildung von einer der Kolleginnen durchgeführt, die die Konzeption mit ausgearbeitet hat. Verschiedene Anregungen und Materialien werden vorgestellt, Körperübungen und Spiele werden nach Möglichkeit gemeinsam ausprobiert. Durch die gute Zusammenarbeit mit der Beratungsstelle »pro familia« kann die Schule für die Fortbildung inzwischen die Unterstützung von zwei MitarbeiterInnen der »pro familia« in Anspruch nehmen.

Als die Sexualkunde-Projektwoche zum ersten Mal durchgeführt wurde, haben Lehrkräfte, die lediglich mit der Betreuung der Projektwoche beauftragt worden waren, die beziehungsorientierten und zwischenmenschlichen Anteile des Konzepts kaum ausgefüllt. Sie orientierten sich stattdessen mehr an der Verarbeitung und Vertiefung von Sachthemen und am Lehrstoff. Inzwischen ist bei vielen KollegInnen eine Akzeptanz von Spielen und Körperübungen als Bestandteil von Unterricht vor-

1 Michael Hannemann, Klassenlehrer der Integrationsklasse Jahrgang 7.

handen. Dazu hat beigetragen, dass sich die vielfältigen und anregenden Vorschläge der Kolleginnen gut umsetzen ließen. Außerdem hat die Schulleitung die Fortbildung für diese Projektwoche zu einem verpflichtenden Programm für die dort eingesetzten KollegInnen gemacht. Dadurch gewannen die KollegInnen ein Stück Sicherheit auf diesem Gebiet, das bisher von den Biologie-FachkollegInnen und nicht von TutorInnen unterrichtet worden war.

Mehr männliche Kollegen als früher sind bereit, eine Klasse zu übernehmen, und lassen sich zunehmend mehr auf persönliche Gespräche mit SchülerInnen ein. Das ist unter anderem eine Auswirkung der genannten Fortbildung. So hat diese Projektwoche insbesondere durch ihr Fortbildungsprogramm über die Woche hinaus verändernde Wirkung auf das Schulleben.

3. Noch einmal: Die Frauengruppe. Die Wirkungen von Transparenz und Supervision

In der Gesamtschule Bergedorf zeigte sich zu Beginn der Arbeit der Frauengruppe, dass sich die männlichen Kollegen verunsichert, angegriffen und ausgeschlossen fühlten. »Gehörst du etwa auch zur Frauengruppe?« war eine häufig gestellte Frage an die Kolleginnen. Anfangs fiel es einigen Frauen schwer, darauf mit einem offensiven »Ja« zu antworten, weil sie fürchteten, von diesem Kollegen zukünftig gemieden oder im Kollegium als Emanze oder Feministin stigmatisiert zu werden. Es kursierte der Vorwurf, die für die Mädchenarbeit engagierten Lehrerinnen würden das Klima und die Atmosphäre in der Schule vergiften. Die Lehrerinnen würden einen Keil zwischen die männlichen und die weiblichen Lehrkräfte und zwischen die SchülerInnen treiben und eine aggressive, beschuldigende Stimmung schaffen, die ein zuvor eher harmonisches und verträgliches Miteinander der Geschlechter verdrängt habe.

Im Umgang mit diesen Problemen entwickelten die Frauen zwei wesentliche Strategien. Zum einen stellten sie eine möglichst große Schulöffentlichkeit her und informierten möglichst immer das gesamte Kollegium oder alle Frauen. Zum anderen bemühten sie sich um eine Gesprächskultur, die ihnen half, mit Konflikten besser umzugehen. Das soll im Folgenden erläutert werden.

Zur Information werden die Treffen der Frauengruppe für alle im Mitteilungsbuch der Schule mit Themenübersicht bekannt gegeben. Über wichtige Versammlungen wurden darüber hinaus Protokolle angefertigt und ausgelegt. Es gibt ein Infobrett im Flur vor dem Lehrerzimmer, auf dem über schulische und außerschulische Frauenthemen und Veranstaltungen informiert wird. Jede, die Lust zur Mitarbeit hat, ist willkommen.

Zur Klärung von Konflikten nutzte die Frauengruppe ihre selbst geschaffenen Kommunikationsstrukturen. So weit es möglich war, wurden aktuelle Konflikte auf den Frauentreffen thematisiert. Vereinbart wurde, dass darüber nichts nach außen dringen sollte. Länger andauernde und tiefer liegende Konflikte wurden zum Beispiel auf einem Frauenwochenende mit Hilfe einer Supervisorin bearbeitet. Aus dieser schulinternen Fortbildung entwickelte sich der Wunsch nach einer regelmäßigen Frauen-Supervisionsgruppe an der Schule. Diese wurde dann mit Hilfe des Institutes für Lehrerfortbildung realisiert und bestand länger als ein Jahr.

4. Beschlüsse und Schulprogrammpunkte – Ein qualitativer Sprung in der Mädchen- und Jungenarbeit?

Die geschilderten Aktivitäten an der Gesamtschule Bergedorf basierten auf einer Mischung aus informellen Absprachen zwischen FachlehrerInnen und TutorInnen, bzw. der Schulleitung und auf offiziellen Beschlüssen auf der Ebene von Klassen- und Fachkonferenzen, TutorInnenkonferenzen oder der Didaktischen Konferenz, einer Versammlung aller FachvertreterInnen.

Einzelne Vorhaben wie die Einrichtung von geschlechtshomogenem Unterricht in einzelnen Klassen oder die Durchführung von Mädchenprojekten in Projektwochen konnten schon immer durch informelle Absprachen der Beteiligten realisiert werden. Erst der Mädchentag war eine Veranstaltung, durch die sehr viele KollegInnen auf die eine oder andere Weise betroffen waren. Vor der Durchführung des ersten Mädchentages wurde die Zustimmung der Schulleitung eingeholt. Zu dem Zeitpunkt konnten die Organisatorinnen nicht mit einer Zustimmung der Mehrheit im Kollegium rechnen, da selbst unter den Frauen der Frauengruppe der Mädchentag umstritten war. Nachdem die Mädchentage ein Erfolg wurden, immer mehr Kolleginnen bereit waren, Projekte zu leiten oder auf andere Weise den Mädchentag zu unterstützen, der Elternrat einen Jungentag gefordert hatte, der dann auch von der Schulleitung initiiert wurde, war ein Beschluss aus Sicht der Frauengruppe auf der Lehrerkonferenz nicht mehr erforderlich. Die Akzeptanz im Kollegium hätte sich nach Meinung der Frauengruppe nicht durch eine Diskussion darüber auf einer Lehrerkonferenz erhöht.

Erst nach einigen Jahren erfolgreicher Mädchenarbeit auf verschiedenen Ebenen entschlossen sich die Frauen, einen Antrag in der Didaktischen Konferenz zu stellen, damit eine Kollegin für die Organisation des Mädchentages eine Anrechnungsstunde erhält. Diese Stunde war immer heiß begehrt, da sie für die vielen engagierten KollegInnen der Schule eine Entlastung ihrer Zusatzarbeit an der Gesamtschule bedeutete. Die Bewilligung einer Anrechnungsstunde zeigte zudem, dass die geleistete Arbeit eine Anerkennung durch ein wichtiges Gremium der Schule erhielt. Diesem Schritt gingen allerdings sieben Jahre »Frauenwochenende«, drei Jahre »Mädchentag«, drei Jahre »Sexualerziehungsprojektwoche« und vier Jahre »Berufsorientierungsprojektwoche« voraus.

Für die Einrichtung von Mädchen- bzw. Jungensportkursen im Wahlpflichtbereich war ein Beschluss der Sportkonferenz nötig, da es Auswirkungen auf die Zusammensetzung auch der anderen WP-Kurse gab. Ebenso waren Beschlüsse nötig, wenn ein ganzer Jahrgang eine Projektwoche zum Thema Sexualität oder zur Berufsorientierung durchführte. Diese und ähnliche Vorhaben konnten auf der Ebene der Tutorenkonferenzen entschieden werden. Eine Kollegin, die die Konzeption der Sexualkundeprojektwoche mit erarbeitet hatte, bot dem jeweiligen Jahrgang 6 an, sie gemeinsam auf diese Projektwoche vorzubereiten. So wurde im Laufe der Jahre die jährliche Durchführung dieser Projektwoche durch das Angebot der Kollegin Teil der Schulstruktur. Aus der zweistündigen Einführung wurde eine ganztägige schulinterne Fortbildung, da die Schulleitung den Wert dieser Vorbereitung inzwischen zu schätzen weiß.

An verschiedenen Stellen der Schule arbeiteten Frauen und Männer gemeinsam daran, die Koedukation zu verbessern, in gemeinsamen Arbeitskreisen oder in Klassenkollegien, speziell in der Unterstufe. Ende der 90er-Jahre wurden innerhalb der Frauengruppe zu diesem Zeitpunkt verschiedene Ideen diskutiert, wie die Arbeit qualitativ zu verbessern sei. Einige Frauen waren der Meinung, dass »die Zeit nun reif sei« für die inhaltliche Einbindung aller KollegInnen. Es wurde z.B. im Rahmen der Schulentwicklungsdebatte vorgeschlagen, eine Versuchsklasse einzurichten, die »bewusste Koedukation« in Jahrgang 5 im Programm haben sollte. Es wurde über Mädchen- und Jungenbeauftragte in den verschiedenen Jahrgängen nachgedacht oder darüber, dass die Mädchen- und Jungentage in Zukunft *vormittags* für alle Beteiligten zur Pflichtveranstaltung werden sollten. Alle diese Ideen sind aber nur sehr vorsichtig weiterverfolgt und bisher nicht realisiert worden. Die oben erwähnte Konferenz zum Thema »Jungen« wurde zwar genehmigt, durchgeführt und von vielen männlichen Kollegen als sehr interessant und informativ gewertet. Aber die Mehrheit der Frauengruppe befürchtete dennoch, dass eine weitere Neuerung in der Schule, die das gesamte Kollegium betreffen würde, zurzeit nicht mehrheitsfähig sein würde. Also würde ein Antrag derzeit wohl keine Aussicht auf Erfolg haben. Deshalb konzentriert sich die Gruppe jetzt darauf, die Fragen zur koedukativen Erziehung an der Schule im laufenden Schulentwicklungsprozess an allen geeigneten Stellen einzubringen.

Auch wenn im Laufe der Jahre heute wesentlich mehr KollegInnen als früher für das Thema Koedukation offen sind und entsprechende Arbeit machen, so ist es doch immer noch nicht selbstverständlich, dass schulische Fragen auch unter dem Blickwinkel Reflexiver Koedukation behandelt werden. Im Rahmen der Schulprogrammentwicklung wurde zum Beispiel eine Bestandsaufnahme aller pädagogischen Projekte außerhalb des normalen Unterrichts gemacht. Dabei wurden die verschiedenen Projekte der Mädchen- und Jungenförderung zunächst nicht aufgelistet.

Parallel zu den Pädagogischen Jahreskonferenzen arbeiten heute Arbeitsgruppen zu verschiedenen Themen am Schulprogramm. Als Arbeitsgruppe wurde auch die Gruppe »Koedukation« anerkannt, aber im Laufe der Zeit im offiziellen Ablauf auch immer wieder vergessen. Eine Zeit lang arbeitete ein Mitglied der Gruppe Koedukation im Strukturausschuss mit, verließ aber nach einem halben Jahr den Ausschuss. In der Folgezeit spielte das Thema erst einmal keine Rolle mehr im Prozess. Die Gruppe »Koedukation« beschwerte sich darüber bei der Schulleitung. Auch andere Gruppen fühlten sich zu wenig repräsentiert, sodass der Strukturausschuss nun erweitert werden soll. Darin liegt eine neue Chance der Mitarbeit, zumal mit weniger Zeitaufwand gearbeitet werden soll und diesmal die Frauen mindestens immer zu zweit teilnehmen wollen, damit sie sich gegenseitig unterstützen können.

Es kann vermutet werden, dass an großen Schulen wie dieser ein Frauennetzwerk, so oder ähnlich wie es beschrieben wurde, eine wesentliche Voraussetzung für eine erfolgreiche Einbindung des Themas Reflexive Koedukation in die Schulstrukturen und damit auch in die Schulprogrammdiskussion ist. Ein Beschluss einer Lehrerkonferenz ist sicherlich hilfreich, ist aber keine Gewähr für den langfristigen Erfolg. Die Entwicklung an dieser Schule hat gezeigt, dass die Arbeit an konkreten Projekten, zu denen die Beteiligten Lust haben, der gute persönliche Kontakt der Frauen untereinander und das Beharren darauf, dass die Arbeit im offiziellen Schulgeschehen gewürdigt und sichtbar wird, die Voraussetzung dafür ist, dass das Thema eine Bedeutung für die Schule bekommt und dadurch wichtig wird für das Schulprogramm. Wie die Einbindung ins Schulprogramm dann erfolgt, hängt natürlich vom jeweiligen Schulentwicklungsprozess ab.

5. Anhang: Ein von der LehrerInnenkonferenz der Hamburger Gesamtschule Bergedorf am 17.2.2000 beschlossener Antrag und damit Teil des Schulprogramms

Im Zuge der Schulentwicklung der Gesamtschule Bergedorf soll die Mädchen- und Jungenarbeit, die in den letzten Jahren an unserer Schule gemacht worden ist, ausgewertet und weiterentwickelt werden. Die positiven Ergebnisse sollen schrittweise nach Diskussion in den schulischen Gremien ins Schulprofil übernommen werden.

Mädchen- und Jungenarbeit wird verstanden als eine Reflexion über geschlechtsspezifische Bedürfnisse und Interessen von Jungen und Mädchen, die in unterschiedlicher Weise in eine veränderte Praxis mündet in Richtung auf mehr tatsächliche Gleichberechtigung. Ziel sollte sein, geschlechtsstereotypische Verhaltensweisen abzubauen und dadurch Mädchen und Jungen die Entwicklung ihres gesamten Persönlichkeitspotenzials zu ermöglichen. Diese Arbeit kann in geschlechtshomogenen wie in koedukativen Gruppen stattfinden.

Wir beantragen auf der Basis der oben genannten Grundsätze die Einrichtung einer Planungsgruppe »Mädchen- und Jungenarbeit«, bestehend aus VertreterInnen der Schule einschließlich interessierter Mütter und Väter aus dem Elternrat sowie Schülerinnen und Schülern, mit dem Ziel der Einbindung der Mädchen- und Jungenarbeit in das Schulprofil. Die Gruppe erhält den Auftrag,

- den nächsten Mädchen- bzw. Jungentag zu organisieren,
- Jahrgangsangebote in Zusammenarbeit mit den bestehenden Planungsgruppen zu konzipieren bzw. bestehende Angebote zu erweitern und sie in die Konzeptpapiere einzubringen,
- in Zusammenarbeit mit Fachkonferenzen curriculare Bausteine zu entwickeln.

Regine Bondick / Wolf Lüders

»Ich war in der Halle am Flugzeug das einzige Mädchen!«[1]

Koedukative Berufsorientierung an der Max-Brauer-Schule in Hamburg

Auf dem Flur vor den vier Klassenräumen des Jahrgangs 8 herrscht geschäftiges Treiben. Eine große Rolle Packpapier wird abgerollt, auf dem Boden ausgebreitet, Schüler – nur Jungen sieht man hier – legen sich darauf, Mitschüler zeichnen grob die Körperumrisse nach, dann wird der Streifen abgeschnitten, in den Klassenraum getragen und neben den anderen an der Wand befestigt. Ob der Name noch hinzugefügt wird, vielleicht auch ein Foto, entscheidet sich erst in den nächsten Tagen, nicht alle Jungen der Klasse werden sich trauen. Immerhin wird die zunächst leere Körperhülle gefüllt werden mit den Eigenschaften, Fähigkeiten und Zielen des Jugendlichen, als Selbsteinschätzung und als Einschätzung der Mitschüler aufgeschrieben auf vorgefertigten oder selbst formulierten »Schatzkärtchen«. Natürlich lässt sich der Name nicht verheimlichen, wenn am Ende der Woche die Mädchen in den Klassenraum kommen, äußerst neugierig betrachten, was die Jungen gemacht haben und nicht zimperlich ihre Kommentare äußern. Sie werden ihre Körperumrisse daneben hängen und die beiden TutorInnen werden versuchen, ein gemeinsames Gespräch über das sensible Thema der Selbsteinschätzung zu führen.

Seit 1993 gehört in der Max-Brauer-Schule (MBS)[2] diese Szenerie mit Variationen zum jährlichen Ritual während der Projektwoche im Jahrgang 8. Zunächst als Mädchen-Projektwoche ein Angebot neben vielen anderen Themen, wurde diese Projektwoche schon zwei Jahre später für alle Mädchen des Jahrgangs 8 verbindlich, was bedeutete, dass ein vergleichbares Angebot für die Jungen entwickelt werden musste. Damit ist die Projektwoche ein Element der Kontinuität in der an Entwicklung und Veränderung reichen Geschichte der Berufsorientierung der Max-Brauer-Schule. Diese Geschichte ist auch eine zunehmende Annäherung an Grundsätze der Reflexiven Koedukation, die weder Mädchen- noch Jungenförderung verabsolutiert.

1 Vgl. Interview-Auszug in Punkt 3.1.2.

2 Die Max-Brauer-Schule (MBS) ist eine große Gesamtschule in Hamburg. Sie führt von der Vorschule bis zum Abitur. Zirka 1.100 Schülerinnen und Schüler aus zurzeit 34 Nationen besuchen die Schule. Die Schule liegt in Altona-Ottensen, einem Stadtteil im Umbruch, mit einer breit gefächerten Bevölkerungsstruktur. Mittelschichtkinder finden sich hier genau so wie Kinder, die mit ihren Eltern am Rande des Existenzminimums leben. Die MBS ist in den vergangenen Jahren auch bundesweit hervorgetreten durch die »Profiloberstufe«, die die Lehr- und Lernkultur in der gymnasialen Oberstufe grundlegend verändert. Das Konzept ist ausführlich beschrieben in: Bastian/Combe/Gudjons/Herzmann/Rabenstein: Profile in der Oberstufe. Fächerübergreifender Projektunterricht in der Max-Brauer-Schule Hamburg. Hamburg 2000.

Die folgende Darstellung beschreibt beispielhaft einige Bausteine des Berufsorientierungs-Konzeptes (BeO-Konzept) der MBS wie die Projektwoche und das Praktikum in Jahrgang 8 sowie den Haushaltspass und den Töchtertag in Jahrgang 6 und 7. Der rechtliche und institutionelle Rahmen für die Berufsorientierung an der Schule wird ebenso erläutert wie die Einbettung der Berufsorientierung in das Schulprogramm der Schule und die Bedeutung der Elternarbeit für die Berufsorientierung, die das Geschlechterverhältnis nicht als gegeben und unveränderbar hinnimmt.

1. Projektwoche zur Berufsorientierung und Lebensplanung: Ich bin … Ich kann … Ich will … Ich werde … was ich will …

In der Projektwoche zur **Berufsorientierung und Lebensplanung** im Jahrgang 8 geht es

- um das Kennenlernen der eigenen Stärken (»Schatzkästchen«),
- um die Vorstellungen vom eigenen Leben in verschiedenen Lebensphasen (Collage, Meinungsspiel),
- um das Sammeln erster Eindrücke in der Arbeitswelt (Schnuppertage in Betrieben),
- um Berufsbilder und um untypische Berufe für Mädchen und Jungen (Rollenspiel, »Werbeagentur«),
- um die Arbeitsteilung von Frau und Mann im Haushalt (Rollenspiel),
- um Traumberufe (Fantasiereise),
- um die Frage »Was kostet das Leben?« nach der Berufsausbildung,
- um die Suche eines Praktikumplatzes.

Die SchülerInnen arbeiten in nach Geschlecht getrennten Gruppen, was insbesondere in den Mädchengruppen häufig zu einer großen Offenheit und Vertrautheit führt, aber auch in vielen Jungengruppen eine große Ernsthaftigkeit ermöglicht.

Nach unseren Evaluationen ist die Zustimmung zu dieser Projektwoche groß, besonders für den Mädchenteil (und inzwischen ist ein großer Teil des Kollegiums mindestens einmal »dran« gewesen): Im Rahmen einer Befragung des Kollegiums im Herbst 1999 zum Berufsorientierungskonzept der Max-Brauer-Schule äußerten sich die KollegInnen auch zur Jungen-Projektwoche (Prowo):

- Die Prowo war sehr sinnvoll, sinnig und sinnlich (vor allem, weil nur Männer in der Gruppe waren).
- Die Trennung von Jungen und Mädchen hat die Ernsthaftigkeit erhöht.
- Gespräche über Lebensvorstellungen finden auch nach der Prowo noch statt.
- Jungen fühlen sich freier ohne Mädchen.

Doch auch Probleme wurden genannt:
- Es fehlten Anregungen für den Umgang mit Jungen.
- Die Prowo war insgesamt für Jungen zu wenig handlungsorientiert.
- Es gab bei den Jungen viele Widerstände, das Thema »Lebensplanung« kommt für viele zu früh.

Es zeigt sich ein »Schwachpunkt« des Konzeptes: Die Jungen-Projektwoche ist in Analogie zur Mädchen-Projektwoche entwickelt worden, es gibt noch kein eigenständiges »Jungen-Konzept«. Dies zu entwickeln fällt schwer. Die männlichen Kollegen verhalten sich abwartend, halten sich zurück. Dabei ist allen klar, dass für die Arbeit mit Jungen gerade die männliche Präsenz und Kompetenz wichtig ist.

Für die Projektwoche im Herbst 2000 fanden sich die männlichen Tutoren des Jahrgangs 8 zusammen und setzten eigene Akzente in der Projektwoche. Im Dezember 2000 fand an der Schule eine gut besuchte Fortbildungsveranstaltung für männliche Kollegen zum Thema »Jungen-Sozialisation« statt. Es dauert sehr lange, bis in einer Schule das Problembewusstsein so gereift ist, dass eine andere Haltung eingenommen wird und neue Konzepte entwickelt werden. Noch stehen wir hier ganz am Anfang.

Der Projektwoche zu Berufsorientierung und Lebensplanung ist hier so viel Raum gewidmet, weil die Verankerung dieser Projektwoche im Jahreskalender[1] der Max-Brauer-Schule beispielhaft für ein Stück Schulentwicklung »von unten« ist.

Die Projektwoche hatte ihre »Keimzelle« bei den TutorInnen im Jahrgang 8, 1991. Sie wurde von Jahrgang zu Jahrgang weitergegeben, weiterentwickelt, unterstützt von der Schulleitung und der Koordinatorin für Berufsorientierung. Auf Elternabenden wurde für sie geworben und sie fand dort breite Zustimmung. Doch jahrelang hatte es keinen formellen Beschluss der Lehrerkonferenz oder der Schulkonferenz gegeben.

2. Der institutionelle und rechtliche Rahmen

Als alle Hamburger Schulen per neuem Schulgesetz (1997)[2] aufgefordert wurden, Schulprogramme zu schreiben, war die Aufnahme dieser Projektwoche schließlich eine Selbstverständlichkeit und stieß auf einen breiten Konsens.

Sie wurde eingebunden in ein ganzes Bündel von (bewährten und neuen) Maßnahmen und Vorhaben im Bereich der Berufsorientierung/Lebensplanung, die

1 Der Jahreskalender der MBS enthält zahlreiche Veranstaltungen und Rituale, die das Schuljahr gliedern und rhythmisieren. Dazu gehören Schülersprechtage, das Basketball-Turnier, die Mathematik-Olympiade, das Sommerfest, die Projektzeit mit festen Jahrgangsschwerpunkten im Herbst und die »Maienzeit«, die je nach Klasse oder Jahrgang, Praktikumzeit, Klassenreisezeit oder Projektzeit ist.

2 Siehe dazu auch Ausführungen zum HambSG in Punkt 2.2.

- alle SchülerInnen während ihrer gesamten Schulzeit begleiten,
- alle SchülerInnen zu einer aktiven und bewussten Berufswahlentscheidung befähigen sollen,
- den sozialen Geschlechterunterschied zwischen Jungen und Mädchen berücksichtigen und einplanen,
- die Eltern als entscheidende Berufswahlinstanz »in das Boot« holen sollen.

2.1 Konzept der Berufsorientierung im Schulprogramm (Max-Brauer-Schule 2000)

Die **Vorbereitung auf die Berufs- und Arbeitswelt und die Lebensplanung** sind zentrale Bestandteile der Ausbildung an der Max-Brauer-Schule, und zwar in möglichst allen Fächern und auf jeder Klassenstufe. So setzen sich z.B. die SchülerInnen in jährlichen Projektzeiten zum Thema »Erwachsenwerden« mit altersangemessenen Fragen und Problemen auseinander, im Fach Arbeitslehre werden neben handwerklichen Grundfertigkeiten auch ökonomische Zusammenhänge vermittelt.

In der **Grundschule** erfolgt der erste Kontakt mit der Berufswelt durch **»Schnuppertage«** im Betrieb der Eltern oder Verwandten.

In **Jahrgang 5 bis 7** soll eine Klassenreise ein **»grünes« Praktikum** sein, d.h. mit der Arbeit im Wald, auf dem Bauernhof usw. zu tun haben.

Von **Eltern und von der Schule** werden zu berufsorientierenden und jungen- bzw. mädchenspezifischen Themen **Elternstammtische** und **Elternabende** angeboten, um die Eltern in den Berufswahlprozess einzubinden. In Zusammenarbeit von Elternhaus und Schule können Mädchen und Jungen für einen **Haushaltspass** arbeiten. Außerdem sollen **Schnuppertage** im Betrieb der Eltern stattfinden.

Im Jahrgang 8 lautet der Jahrgangsschwerpunkt für die **Projektwoche: Berufsorientierung und Lebensplanung**. Da in dieser Projektwoche Jungen und Mädchen in getrennten Projektgruppen auch zu Lebensplanungsthemen arbeiten, gibt es viele Gelegenheiten, heiklere Fragen und persönliche Themen in der Gruppe anzusprechen. Die Trennung in Jungen- und Mädchengruppen ist für die Mädchen, aber auch für die Jungen eine große Herausforderung. Während die Mädchen sich u.a. auch mit technischen Berufen auseinander setzen, lernen die Jungen z.B. an einem Schnuppertag im Kindergarten oder im Altenheim, dass Berufsleben mehr ist als Geldverdienen, dass soziale Verantwortung übernehmen auch eine Berufsentscheidung begründen kann. Außerdem wird ihre spätere Aufgabe in der Familie thematisiert.

Das **Werkstattpraktikum** in (meist) gewerblich-technischen Berufen in Jahrgang 8 bietet für die Jugendlichen die Möglichkeit, Erfahrungen zu sammeln, die sie sonst nicht machen würden. Gerade Mädchen kann es zeigen, dass die Bandbreite von Berufen und interessanten Arbeitsfeldern weit über die herkömmlichen Frauenberufe hinausreicht. Um den Aspekt der sozialen Verantwortung zu verstärken, besteht die Möglichkeit, dass die Jungen z.B. im Krankenhaus ein **Sozialpraktikum** durchführen. In einer Nachbereitungswoche werden **Betriebserkundungen** und ein **BIZ-Besuch** angeboten.

Im **Jahrgang 9** wird ein halbes Jahr lang zweistündig **Berufsorientierung** von den Klassenlehrerinnen und Klassenlehrern **unterrichtet**. Dafür werden neue Unterrichtsbausteine entwickelt. Ein dreiwöchiges **Orientierungspraktikum** dient der Erprobung von Berufswünschen. In der Nachbereitungswoche findet ein **Bewerbungstraining** statt.

Für **Jahrgang 10** ist eine Projektwoche geplant, in der zukünftige Azubis ein **Erprobungspraktikum** machen, für Unentschlossene ein **Zielorientierungsseminar** durchgeführt wird, und SchülerInnen, die weiter eine Schule besuchen möchten, erhalten Informationen über weiterführende Schulen und können an einem **Probeunterricht** teilnehmen.

In Jahrgang 9 und 10 kommt der **Berufsberater des Arbeitsamtes** einmal im Monat zur Beratung in die Schule.

Alle Veranstaltungen werden im **Berufswahlpass** dokumentiert und zertifiziert.

> *»Dieses Konzept vereinigt bewährte Elemente der Berufsorientierung, wie die Projektwoche und das Praktikum im 8. Jahrgang, mit neuen Elementen wie dem Haushaltspass in Jahrgang 7, das Zielorientierungsseminar in Jahrgang 10 und das Schnupperpraktikum in der Grundschule (was im Jahr 2000 zum ersten Mal durchgeführt wurde). Seit Sommer 2000 ist dieses Konzept als Bestandteil des Schulprogramms der Orientierungsrahmen für unsere Arbeit in diesem Bereich. Mit dem Beschluss des Schulprogramms ist ein verlässlicher Rahmen für die zukünftige Entwicklung der Max-Brauer-Schule geschaffen worden. Gleichzeitig soll das Schulprogramm als eine Momentaufnahme des schulischen Entwicklungsprozesses ermöglichen, dass bisher Bewährtes auch in der Zukunft überprüft und hinterfragt wird und dass sich neue Schritte und Vorhaben entfalten können.«*

Der Prozesscharakter gilt in besonderer Weise für das Konzept der Berufsorientierung. Bewährte Bausteine entwickeln sich weiter, neue Elemente wie die Rückbesinnung darauf, dass die Eltern im Berufsfindungsprozess die entscheidende Instanz darstellen und die Erkenntnis, dass Berufsorientierung in der Schule früher beginnen muss, will sie im Prozess des Erwachsenwerdens der SchülerInnen Einfluss nehmen, treten hinzu. Gemeinsam ist diesen Bausteinen der »koedukative Blickwinkel«, der nach und nach alle Bereiche der Berufsorientierung erfasst.

2.2 Hamburgisches Schulgesetz (1997)

Mit diesem Konzept erfüllt die Max-Brauer-Schule inhaltlich alle wesentlichen Bestimmungen des Schulgesetzes: So heißt es zum Bildungs- und Erziehungsauftrag der Schule im § 2:

> *»Auf* ***allen Schulstufen und in allen Schulformen*** *der allgemein bildenden Schulen ist in altersgemäßer Form in die Arbeits- und Berufswelt einzuführen und eine* ***umfassende berufliche Orientierung*** *zu gewährleisten. Dabei sind den SchülerInnen grundlegende Kenntnisse über die Struktur der Berufs- und Arbeitswelt und die Bedingungen ihres Wandels zu vermitteln. Unterricht und Erziehung sind so zu gestalten, dass die SchülerInnen die für den Übergang in die berufliche Ausbildung erforderliche Berufsreife erwerben.«*

Die Berufsorientierung ist dabei nicht einem bestimmten Fach zugeordnet, sondern wird als eine besondere Bildungs- und Erziehungsaufgabe in einem **»Aufgabengebiet«** (§5) erfasst, das fächerübergreifend unterrichtet wird.

Zur Frage der Koedukation merkt das Schulgesetz an: »Staatliche Schulen sind grundsätzlich Koedukationsschulen. Mädchen und Jungen können in einzelnen Fächern zeitweise getrennt unterrichtet werden, wenn dies einer zielgerichteten Förderung dient« (§3).

Auch die Einbeziehung der Eltern ist im Schulgesetz geregelt: Die Leitung von Elternabenden, bisher immer alleinige Domäne der KlassenlehrerInnen, »übernimmt ein Mitglied der Klassenelternvertretung, nach Absprache auch gemeinsam mit der Klassenlehrerin oder dem Klassenlehrer« (§71). In diesem Bereich sieht die Praxis allerdings noch anders aus – kein Wunder, denn in der Regel bringen viele unserer Eltern nicht die notwendigen Qualifikationen mit, um einen Elternabend zu leiten. Daraus haben wir an der MBS die Konsequenz gezogen und qualifizieren Eltern auf Workshops für die Moderation von Elternabenden.

3. Weitere Beispiele aus der Praxis zum Schulprogramm für eine Reflexive Koedukation

3.1 Vorbereitung einer nicht geschlechtsstereotypen Berufswahl durch ein besonderes Werkstattpraktikum (seit 1992)

Die SchülerInnen im Jahrgang 8 machen ein dreiwöchiges gewerblich-technisches Praktikum. Sie suchen sich entweder den Praktikumplatz selbst in Handwerksbetrieben oder großen Firmen oder sie nehmen an einem von der Schule organisierten Gruppenpraktikum teil, das in Ausbildungswerkstätten von Innungen, großen Betrieben oder überbetrieblichen Einrichtungen z.T. unter Mitarbeit der KlassenlehrerInnen stattfindet. Die SchülerInnen arbeiten wie Azubis, ein Schwerpunkt liegt im Elektro- und Metallbereich. Das Werkstattpraktikum dient dabei weniger der engeren Berufswahl, um die es in der 8. Klasse noch nicht geht, als einer breiten beruflichen Orientierung und der Möglichkeit, in einem Bereich Erfahrungen zu sammeln, den nur wenige SchülerInnen von sich aus wählen.

Mädchen sollen in technischen Berufen überprüfen, ob sie in diesem Bereich Fähigkeiten besitzen, von denen sie vielleicht bisher nur wenig gewusst haben. Sie sollen wahrnehmen können, warum welche Barrieren bestehen (Lemmermöhle 1993). Für viele Jungen ist es heute nicht mehr selbstverständlich, in diesem Bereich Ausbildungsplätze zu suchen. Deshalb sollen sie im Werkstattpraktikum mit diesen Berufsbildern und Tätigkeiten konfrontiert werden, um für sich zu klären, ob diese Bereiche für eine Berufswahl in Frage kommen. Doch auch für SchülerInnen, die keinen gewerblich-technischen Beruf ergreifen wollen und für solche, die mit einiger Sicherheit Abitur machen werden, ist ein handwerkliches Praktikum ein guter Einstieg in die Arbeitswelt.

Entstanden ist das Werkstattpraktikum aus einer Unzufriedenheit mit den Ergebnissen und Erfahrungen des herkömmlichen, frei gewählten Praktikums. Die Wahl der SchülerInnen fiel häufig auf die traditionellen, »typischen« Frauen- und Männerberufe wie Friseurin und Arzthelferin einerseits, Kfz-Mechaniker andererseits. Da nützte es auch nichts, den SchülerInnen vorzurechnen, dass Frauen und Mädchen weiterhin in der Bezahlung ihrer Arbeit eindeutig schlechter dran sind.

3.1.1 Information zur Berufsausrichtung – Was Mädchen und Jungen werden und was sie nach der Ausbildung verdienen

Die fünf am stärksten besetzten Berufe für weibliche Auszubildende 1998 in Deutschland. (Zusammengestellt aus: Bundesanstalt für Arbeit 2000, S. 2385)

Ausbildungsberuf	Mädchen in diesem Beruf (in %)	Jungen in diesem Beruf (in %)	Bruttolohn nach der Ausbildung (in €)	Anteil an allen weiblichen Auszubildenden (in %)
Bürokauffrau	75	25	ab 1.363	8,1
Arzthelferin	100	0	ab 1.224	6,9
Kauffrau im Einzelhandel	60	40	ab 1.411	6,6
Zahnarzthelferin	100	0	1.167–1.253	6,1
Friseurin	92	8	ab 1.051	5,8
				= 33,5

Die fünf am stärksten besetzten Berufe für männliche Auszubildende 1998 in Deutschland. (Zusammengestellt aus: Bundesanstalt für Arbeit 2000, S. 2385)

Ausbildungsberuf	Jungen in diesem Beruf (in %)	Mädchen in diesem Beruf (in %)	Bruttolohn nach der Ausbildung (in €)	Anteil an allen männlichen Auszubildenden (in %)
Kfz-Mechaniker	98	2	ab 1.574	7,7
Elektroinstallateur	99	1	1.510–1.719	5,1
Maler und Lackierer	91	9	ab 1.704	4,3
Tischler	93	7	ab 1.700	3,8
Maurer	100	0	ab 1.044	3,6
				= 24,5

Deswegen entwickelte die Schule zusammen mit der »Kontakt- und Informationsstelle Mädchen und Technik« (MUT) der Stiftung Berufliche Bildung ein neues, mädchengerechtes Praktikumkonzept. In den ersten Jahren gelang es, große Gruppen, ja halbe Schulklassen in ein dreiwöchiges Werkstattpraktikum in die Ausbildungswerkstätten großer Betriebe oder überbetrieblicher sowie staatlicher Einrichtungen zu schicken. Dort wurden Mädchen- und Jungengruppen gebildet, häufig von weiblichen und männlichen Azubis begleitet und von Ausbildungsmeistern angeleitet. Stolz kamen unsere Mädchen nach drei Wochen mit einer Uhr in einem selbst hergestellten Metallgehäuse, mit einem Miniatur-Schraubstock oder einem metallenen Stiftehalter zurück. Die Verschlechterung der wirtschaftlichen Situation wirkte sich schließlich negativ auf das Angebot an Gruppenpraktikumplätzen aus.

3.1.2 Interview: Wie kommt das Werkstattpraktikum an? – Große Betriebe suchen Mädchen für technische Berufe

In letzter Zeit ist allerdings erneut ein Wandel in den Betrieben festzustellen. Und die »Mädchenfrage« wird heute – zumindest in großen Betrieben – anders beantwortet als noch vor einigen Jahren, wie folgendes Interview mit Pinar, einem türkischen Mädchen der Max-Brauer-Schule, zeigt:

Pinar am Schraubstock

AIRBUS möchte in Zukunft mehr Mädchen für technische Berufe gewinnen und bietet deshalb Praktika für Mädchen an, die zum Teil in der Lehrwerkstatt von einem Ausbildungsleiter und einer Auszubildenden betreut werden und zum Teil einzeln an verschiedenen Produktionsstätten stattfinden.

Welchen Berufswunsch hattest du vor dem Praktikum?
Pinar: Ich wollte eigentlich mein Praktikum als Bankkauffrau machen. Ich wollte gern am Computer arbeiten und Leute bedienen und beraten.

Ist es die schwer gefallen, dich auf einen technischen Beruf einzulassen?
Pinar: Nein. Ich konnte mich gut darauf einlassen, dass ich mein Praktikum in einem technischen Beruf machen sollte, weil ich Interesse für Technik habe und handwerklich geschickt bin. Das habe ich in Arbeitslehre und während der Schnuppertage (bei der Stiftung Berufliche Bildung in der 6., 7. und 8. Klasse) gemerkt. Das hat mir Spaß gemacht.

Was hast du während des Praktikums gearbeitet?
Pinar: Also – in der Lehrwerkstatt habe ich ein Steckspiel aus Metall gebaut und an ein Flugzeugbild Blinklichter anmontiert. In der Halle habe ich Metallbleche am Flugzeug zusammengenietet, gebohrt, entgratet und gekittet.

Wer hat dir in der Lehrwerkstatt gezeigt, was du tun solltest?
Pinar: Der Ausbilder und Tatjana, eine Auszubildende. Tatjana war total nett. Man konnte auch Spaß mit ihr machen und sie hat uns alles gut erklärt und beigebracht.

Wie hat dir die Arbeit gefallen?
Pinar: Alles hat mir gut gefallen.

Was war schwierig für dich?
Pinar: Ich konnte eigentlich alles ganz gut. Am schwersten war das Nieten. Aber nach einer Weile konnte ich es gut. Ich habe gemerkt, wie stark ich bin, obwohl ich ziemlich klein bin und ein Mädchen. Und ich kann lange durchhalten. Ich spiele schon lange Fußball, deswegen bin ich so stark.

Wie bist du mit den Mitarbeitern in der Halle zurechtgekommen?
Pinar: Ich bin mit allen gut zurechtgekommen. Ich war in der Halle am Flugzeug das einzige Mädchen. Alle haben mir Mut gemacht und mir alles gezeigt.

Wie fanden es deine Eltern, dass du ein technisches Praktikum gemacht hast?
Pinar: Meine Eltern hatten nichts dagegen. Als ich dann so begeistert war, fanden sie es auch richtig toll. Meinen Eltern hat es nichts ausgemacht, dass ich mit vielen Männern zusammengearbeitet habe.

Kannst du dir vorstellen, einen technischen Beruf zu lernen?
Pinar: Ja, ich habe gemerkt, dass ich dafür begabt bin. Am liebsten würde ich bei Airbus Fluggerätemechanikerin lernen. In dem Beruf könnte ich richtig gut Geld verdienen. Ich will später genug verdienen und nicht finanziell von meinem Mann abhängig sein.

Was möchtest du im nächsten Praktikum machen?
Pinar: Das nächste Praktikum möchte ich im Büro oder bei der Bank machen. Ich will ausprobieren, ob die Arbeit so ist, wie ich sie mir immer vorgestellt habe.

3.2 Elternarbeit im Kontext der Berufsorientierung

Spätestens seit der Veröffentlichung der Untersuchung »Sicher sind wir wichtig – irgendwie!? – Der Einfluss von Eltern auf das Berufswahlverhalten von Mädchen« (Hoose/Vorholt 1996) wird in Hamburger Schulen verstärkt daran gearbeitet, die Eltern bei der Berufsorientierung stärker einzubeziehen.

Die Untersuchung regt an, den Kontakt zu den Eltern zum Thema Berufsorientierung frühzeitig zu suchen, weil in Klasse 8, wenn in vielen Schulen erst mit dem Thema begonnen wird, die Weichen längst gestellt sind, sodass der Einfluss der Schule gering bleibt.

Seit 1999 wird die Max-Brauer-Schule mit zwei weiteren Gesamtschulen, die die Eltern verstärkt einbeziehen wollen, mit Mitteln aus einem Innovationsfond der Behörde für Schule und Sport (BSS) gefördert.

Zu Beginn der Arbeit wurde ein gemeinsamer Workshop mit Eltern und LehrerInnen durchgeführt. Alle Beteiligten waren überzeugt, dass eine Zusammenarbeit zu diesem Thema den SchülerInnen während des Berufswahlprozesses helfen könnte.

Deutlich wurde allerdings auch, dass Elternmitarbeit in der Praxis in der Regel heißt, dass sich die Mütter engagieren, während die Väter sich weiterhin rar machen, wenn es um die Belange ihrer Kinder geht – ganz im Gegensatz zu ihrem Einfluss bei der Berufsfindung. Hier gilt es in der Zukunft, der Einbeziehung der Väter mehr Aufmerksamkeit zu widmen.

Die Eltern und LehrerInnen der drei Schulen beschlossen, unterschiedliche Wege zu gehen, sich aber einmal monatlich auszutauschen und den gesamten Prozess zu evaluieren und zu dokumentieren. Über das erste Jahr liegen Zwischenberichte vor.

Kennzeichnend für den Weg der Max-Brauer-Schule ist die Betonung des koedukativen Elements in der gemeinsamen Arbeit mit Eltern. Dies wird an der Themenübersicht für die Elternabende von Klasse 5 bis 10 deutlich:

Jg.	Thema des Elternabends	Ziele
5	Typisch Mädchen/ Typisch Junge	• Mit den Eltern über das Rollenverhalten ins Gespräch kommen. • Offenheit herstellen für künftige Arbeit in der Berufsorientierung.
6	Sicher sind wir wichtig/ Haushaltspass	• Den Eltern ihre große Bedeutung für das Berufswahlverhalten ihrer Kinder verdeutlichen. • Erweiterung des Arbeitsbegriffs. • Verteilung der Hausarbeit in der Familie problematisieren. • Veränderungen gemeinsam planen.
7	Traumberufe/Ein Tag im Betrieb der Eltern	• Träume ernst nehmen. • Berufswahlprozess deutlich machen. • Den eigenen Berufswahlprozess nachvollziehen. • Unterschiede zwischen Mädchen und Jungen im Berufswahlprozess erkennen. • Eigene Berufstätigkeit den Kindern zeigen. • Gespräche über den Berufsalltag anregen.
8	Berufswahlverhalten von Mädchen und Jungen/ Projektwoche Lebensplanung und Berufsorientierung/1. Praktikum	• Den Eltern soll klar werden, dass nun die »heiße Phase« in der Berufsorientierung beginnt. • Informationen über Projektwoche und Praktikum. • Unterstützungsmöglichkeiten der Eltern auf die Berufswahl ihrer Kinder erkennen. • Aufmerksam werden auf die geschlechtsspezifischen Aspekte der Berufswahl.
9/10	Ende der Schulzeit in Sicht oder: Weiter zur Schule gehen	• Informieren über die Möglichkeiten mit verschiedenen Abschlüssen. • Realistische Einschätzung des eigenen Kindes. • Mut machende Perspektiven erkennen. • Unterstützungsmöglichkeiten erkennen.

3.2.1 Bericht einer Mutter nach einem Elternabend zum Thema »Pubertät: Jungs sind anders – Mädchen auch«

Äußerungen von Eltern bestätigen, dass bei Themen der Koedukation sowohl ein großes Interesse als auch eine große Unsicherheit besteht. Beispielhaft sei eine Mutter zitiert, die im Elterninformationsblatt der Schule (1999) schreibt:

> *»Interessant war der Abend. An manchen Stellen hat er Antworten gegeben, an anderen neue Fragen aufgeworfen, an vielen anregende Impulse gegeben und ein neues Verständnis für unsere pubertierenden Kinder geweckt. Was passiert eigentlich mit den Jungen und den Mädchen in der Pubertät? Was ist für beide gleich und was ist für die Geschlechter verschieden? (...). Einstieg: Die mädchentypischen Gegenstände wurden in der Mitte ausgebreitet. Schnell kamen wir über die ähnlichen und typi-*

schen Mädchenverhaltensweisen ins Gespräch. (…) Herr W., freiberuflicher Psychotherapeut, erläuterte die Veränderung der Welt aus der Sicht der Jungen in diesem Alter und konnte dadurch viel Verständnis für die Probleme und Verhaltensweisen der Jungen erreichen. (…) Besonders schön fand ich, dass wir Eltern uns gemeinsam mit den LehrerInnen über die Sorgen, Unsicherheiten, Ängste und Fragen im Umgang mit den 12/13-jährigen Kindern – oder sind es nicht doch schon Jugendliche – unterhalten und ausgetauscht haben (…). So sehr ich die Koedukation schätze, so sehr finde ich, dass wir unseren Töchtern und Söhnen, auch in der Schule, mehr Raum geben müssen, sich in ihrer jeweiligen Geschlechterrolle zu entwickeln, zu finden und auszubreiten. Vielleicht hat dieser Jahrgangselternabend positiv dazu beigetragen.«

An Äußerungen wie diesen wird deutlich, wie wichtig es ist, mit Eltern über geschlechtsspezifische Unterschiede in der Erziehung ins Gespräch zu kommen. Auch wenn nicht gemeint war, Mädchen auf die Rolle als Mutter und Hausfrau zu reduzieren, ist die Auseinandersetzung mit diesem Thema notwendig.

3.2.2 Haushaltspass

Für die Aufgabe … ist die/der

N = 65	**Mutter zuständig an … Stelle**	**Vater zuständig an … Stelle**	**Tochter zuständig an … Stelle**	**Sohn zuständig an … Stelle**
Bügeln	1	3	2	4
Waschen	1	3	2	4
Schuhe putzen	2	1	3	4
Essen zubereiten	1	2	3	4
Putzen	1	3	2	4
Aufräumen	1	2[a]	2[a]	4
Einkaufen	1	2	3	4
Spülen	1	3	2	4
Müll raustragen	1	2	4	3
Kinder versorgen	1	2		
Mit Kindern spielen	1	2		
Reparaturen durchführen	2	1	4	3
Auto waschen	2	1	4	3
Rechnungen bezahlen	1	2		
Bei den Hausaufgaben helfen	1	2		

[a] Zuständigkeit von Vater und Tochter im Mittelwert gleich. In der Schule hoffen wir darauf, über den Haushaltspass ins Gespräch zu kommen. Der Haushaltspass ist an der Laborschule Bielefeld entwickelt worden. Dahinter steht die Idee, am Thema Hausarbeit die geschlechtsspezifischen Einstellungen der Jugendlichen und der Elternhäuser zu hinterfragen und dies im Jahrgang 7, in dem die direkte Berufsorientierung noch nicht dran sein sollte (Biermann 1991).

Welches ist nämlich die »jeweilige Geschlechterrolle«, die von der Mutter angesprochen wurde? Die Studie: »Sicher sind wir wichtig – irgendwie« (Hoose/Vorholt 1996, S. 71) findet heraus, dass im Bereich der Haus- und Familienarbeit weiterhin traditionelle Rollenverteilungen überwiegen. Aus Sicht der Mädchen ist nur in 2 Prozent der Familien die Hausarbeit partnerschaftlich verteilt. Aufschlussreich ist auch die Verteilung der Hausarbeit in Familien mit mindestens einer Tochter und einem Sohn aus Sicht der Eltern.

Dies ist von großer Bedeutung. Denn die »Umstrukturierung der Arbeitsgesellschaft und die Veränderung privater Lebensformen« stellen sowohl für die Mädchen als auch für die Jungen große Herausforderungen dar (Lemmermöhle 1993). Der Haushaltspass bietet in diesem Zusammenhang die große Chance, dass Mädchen und Jungen am gleichen Objekt sehr Unterschiedliches lernen können: Jungen z.B. die Verantwortlichkeit für Haus- und Familienarbeit, Mädchen z.B. das Selbstbewusstsein, auch in bisherigen Jungendomänen bestehen zu können.

Anders gesagt: Wenn Eltern wollen, dass ihre Töchter mehr verdienen, müssen sie ihre Söhne mehr an der Hausarbeit beteiligen.

Mit dem nachfolgend abgedruckten Haushaltspass, den die SchülerInnen nach einer entsprechenden Unterrichtseinheit erhielten, können dann auch die Jungen nachweisen, dass sie die nötigen Kompetenzen erworben haben.

Haushaltspass		
1.	**Müllentsorgung**	
①	Müll trennen (Glas, Papier, Grüner Punkt, Restmüll, Biotonne, falls vorh.)	☐
②	Müll wegbringen	☐
2.	**Werkstattarbeiten**	
①	Nagel gerade einschlagen	☐
②	Glühlampe auswechseln	☐
③	Hauptsicherung aus-, einschalten oder wechseln	☐
④	Wahlweise: bohren und dübeln	☐
3.	**Wahlweise: Fahrradreparatur**	
①	Schlauch flicken	☐
②	Schlauch und Mantel wechseln	☐
③	Putzen und ölen	☐
④	Kette lösen, aufspannen	☐
⑤	Schrauben nachziehen	☐
4.	**Waschen, nähen, bügeln, pflegen**	
①	Wäsche sortieren	☐
②	Bedienung der Maschine	☐
③	Zum Trocknen aufhängen	☐
④	Wäsche abnehmen	☐
⑤	Wäsche zusammenlegen	☐
⑥	Bügeln	☐
⑦	Kleine Nähte nähen	☐
⑧	Knopf annähen	☐
⑨	Schuhe putzen	☐
5.	**Kochen/Backen**	
①	Für ein kleines Gericht Rezept suchen, planen und einkaufen	☐
②	Kochen	☐
③	Tisch decken	☐
④	Aufräumen	☐
⑤	Abwaschen	☐
6.	**Saubermachen**	
①	Tisch abwischen	☐
②	1 Fenster/Spiegel putzen	☐
③	Staub saugen und wischen	☐
④	Fegen und nass wischen	☐
⑤	Toilette, Waschbecken, Badewanne, Dusche reinigen	☐
⑥	Betten ab- und beziehen	☐
Unterschrift Mutter/Vater:		
Unterschrift LehrerIn:		
Datum:		
Schulstempel:		

3.3 TöchterTag

Die Idee des *TöchterTages* stammt aus den USA, wird dort seit 1993 jährlich am vierten Donnerstag im April durchgeführt und hat sich seitdem zu einem nationalen Anliegen entwickelt – beachtet, ernst genommen und gesponsert von großen amerikanischen Firmen. Am »daughters day«[1] begleiten Mädchen ihre Eltern, Verwandten, Nachbarn oder befreundete Erwachsene zur Arbeit, erleben dort die jeweiligen Tätigkeiten, informieren sich über den Betrieb und sammeln vielleicht auch erste praktische Erfahrungen.

Die Mädchen bekommen erste Einblicke in die Arbeitswelt und werden auf das breite Spektrum an Berufen aufmerksam, die ihnen offen stehen. Der **TöchterTag** soll den Mädchen Mut machen, eigene Wege zu beschreiten jenseits traditioneller Rollenerwartungen. Er kann in den Familien Anstoß zu Gesprächen über die Berufswahl sein. Eltern sind die wichtigsten Ratgeber ihrer Töchter in Fragen von Lebensplanung und Berufswahl.

Den Initiatorinnen des *TöchterTages* in Hamburg[2], eine Arbeitsgruppe aus Vertreterinnen der Hamburger Schulbehörde, des Senatsamtes für Gleichstellung, des Arbeitsamtes, von Jugendbildung e.V. und von »Nordmetall« gelang es, Unterstützung von politischer Seite zu erhalten. In einem Brief an die Hamburger Schulen wirbt sogar die ehemalige Schulsenatorin für die Idee des *TöchterTages*:

> *»Wir greifen die Idee in Hamburg auf, weil wir wissen, dass Frauen trotz guter Schul- und Studienleistungen in der Arbeitswelt noch immer – was Einstellungschancen, Verdienst- und Aufstiegsmöglichkeiten betrifft – benachteiligt sind. Wir wenden uns an die Mädchen der 6. und 7. Klassen, weil jüngere Mädchen noch mit einem guten Selbstvertrauen ausgestattet sind und sich vorstellen, einen Traumberuf ergreifen zu können. Sie können alles werden, Dirigentinnen, Ingenieurinnen, IT-Spezialistinnen, Forscherinnen, Flugzeugbauerinnen …*
> *Je älter die Mädchen werden, desto stärker nehmen sie sich zurück und wählen trotz guter Leistungen die traditionellen ›Frauenberufe‹, in denen sie oft weniger verdienen und geringere Aufstiegsmöglichkeiten haben als Männer. Am TöchterTag können deshalb alle Mädchen der Sekundarstufe 1 – besonders die der 6. und 7. Klasse – ihre Mutter, ihren Vater, einen verwandten oder bekannten Menschen zur Arbeit begleiten, statt in die Schule zu gehen.*
> *Sie als Klassenlehrerinnen und Klassenlehrer haben an diesem Tag Zeit und Gelegenheit, mit den Jungen zu den Themen Lebensplanung, Geschlechterrollen, Rollenerwartungen zu arbeiten. Je mehr die Mädchen später einen guten Beruf ausüben, desto mehr können die Jungen später in der Familie eine wichtige Rolle spielen und*

1 Der erste Anstoß dafür, einen *TöchterTag* auch in Hamburg und in anderen Bundesländern durchzuführen, erfolgte durch einen Bericht über den »daughters day« in der Zeitschrift »Emma« (März/April 2000).

2 Weitere Informationen auch im Internet unter www.mit-mut.de

müssen z.B. nicht mehr unter dem Druck stehen, Alleinverdiener in einer Familie zu sein.
Ich bitte Sie, die Mädchen in Ihrer Klasse zu unterstützen, einen Menschen zu finden, den sie am ***TöchterTag*** *zur Arbeit begleiten können. Informieren Sie die Eltern der Mädchen frühzeitig und sprechen Sie mit ihnen auf dem nächsten Elternabend darüber. Planen Sie keine Klassenarbeit für diesen Tag.«*

Dieser Brief ist nicht überall mit Wohlwollen aufgenommen worden. Einige kritische Äußerungen bemängelten etwa, dass die Aktion »aufgesetzt« wirke und sowohl terminlich ungünstig gewählt wäre als auch nicht in die Schulplanung passe. Aber: Die Beteiligung am *TöchterTag* 2001 spricht eine andere Sprache, denn an der Max-Brauer-Schule haben neun Klassen den *TöchterTag* durchgeführt, insgesamt waren es in Hamburg ca. 250 Klassen und ca. 3.000 Mädchen, die sich beteiligt haben!

4. Blick nach vorn

Auch an der Max-Brauer-Schule ist die Idee des TöchterTages anfangs nicht von allen freudig begrüßt worden. Und einen formellen Beschluss hat es auch nicht gegeben. Natürlich fielen für die TutorInnen wieder einmal etliche Mehrstunden an, um zu gewährleisten, dass alle Mädchen gut versorgt sind und um ein akzeptables Programm für die Jungen (Projekttag) auf die Beine zu stellen.

Vor allem aber ging es mal wieder um die Frage: »*Und was machen die Jungen?*« Spezielle Angebote für Mädchen rufen häufig die Sorge hervor, die Jungen könnten benachteiligt werden. In dieser Umkehrung der realen gesellschaftlichen Verhältnisse wird deutlich, dass es längst noch nicht selbstverständlich ist, auf jungenspezifische Materialien zurückzugreifen – auch wenn diese an der Schule durchaus vorhanden sind. Es wird aber auch deutlich, wie sehr die schulische Wirklichkeit von den Jungen und ihren Problemen und Schwierigkeiten geprägt ist. Verlagert sich der Fokus von den Jungen weg auf die Mädchen, setzt sowohl bei vielen Lehrkräften als auch bei Eltern und SchülerInnen schnell eine große Verunsicherung ein. So bekam der TöchterTag noch vor seiner ersten Durchführung an der Max-Brauer-Schule einen Bruder, den SöhneTag. Und dieses Mal werden die Männer nicht mehr zögern. Die Vorbereitung dieses Projekttages ist ihre Sache.

Literaturverzeichnis

Biermann, Chr.: Haushalts(s)paß für Jungen und Mädchen. Ein Projekt in der Primarstufe der Laborschule Bielefeld. In: Brehmer, I. (Hrsg.): Erziehung im Patriarchat – Erziehung fürs Patriarchat? Weinheim/Basel 1991, S. 125–135.

Boldt, U.: Jungen stärken. Zur Modernisierung der Lebensentwürfe von Jungen. Lese- und Arbeitsbuch zur arbeitsorientierten und geschlechterbewussten Bildung. Pädagogisches Landesinstitut Brandenburg (Hrsg.) Berlin 2000.

Bondick, R. u.a.: Elternabende zur Berufsorientierung und Lebensplanung. Eine Arbeitshilfe für die Elternarbeit an Schulen, Klasse 5 bis 9/10. Behörde für Schule, Jugend und Berufsbildung (Hrsg.) Hamburg 2001.

Bondick, R./Lüders, W.: Lebens- und Berufsorientierung. Konzept und Erfahrungen. In: Hamburg macht Schule, Heft 3/1997, S. 16–17.

Bundesanstalt für Arbeit: Frauen – Wege zur Chancengleichheit. Informationen für Beratungs- und Vermittlungsdienste ibv 22/00. Bundesanstalt für Arbeit, S. 2385. Berufskatalog 2000, Berufskunde-Verlag der Alfred Amacher GmbH. Ausbildungsvergütungen und Verdienste in Hamburg – betriebliche Ausbildung – Stand: 25.2.2000, AA Hamburg.

Hoose, D./Vorholt, D.: Sicher sind wir wichtig – irgendwie!? Der Einfluss von Eltern auf das Berufswahlverhalten von Mädchen. Eine Untersuchung im Auftrag des Senatsamtes für die Gleichstellung. Hamburg 1996.

Lemmermöhle, D.: Wir werden, was wir wollen – Thesen zur Berufs- und Lebensplanung junger Frauen und Bezugspunkte eines didaktischen Konzepts. Eingangsthesen zu der sechsbändigen Reihe »Wir werden, was wir wollen – Schulische Berufsorientierung (nicht nur) für Mädchen« von Doris Lemmermöhle u.a., Düsseldorf 1991/1992/1993.

Max-Brauer-Schule: Von der Vorschule bis zum Abitur. Schulprogramm. Hamburg 2000, S. 27.

Portmann, R.: Gleich *verschieden* – Beispiele für eine mädchen- und jungengerechte Koedukation. Wiesbaden 1999.

Röhner, C.: Auf dem Weg zu einer reflexiven Koedukation. Entwicklungen und Perspektiven. In: Praxis Schule 5–10. Jungen und Mädchen in der Schule, Heft 6/1999, Braunschweig, S. 6–9.

Karin Michel

»Chancengleichheit von Mädchen und Jungen« im Schulprogramm

Ein erster Erfolg ist an der Evaluation ablesbar

In diesem Beitrag wird gezeigt, wie sich an der Lise-Meitner-Gesamtschule die Maßnahmen zur Reflexiven Koedukation über einen längeren Zeitraum entwickelt haben, den ich im Folgenden nach Phasen unterteilt habe. Die heute bestehenden Einrichtungen zur Mädchenförderung werden näher erläutert. Da bei der Einführung einzelner Maßnahmen häufig auch Widerstände auftraten, werden Konflikte und Diskussionen beschrieben, in die Teile des Kollegiums und Mitglieder der übrigen Schulgemeinde einbezogen waren. Aus der Sicht der Autorin lässt sich dann abschließend die Folgerung ziehen, dass Erlasse und Schulprogrammarbeit Schulen auch eine Chance bieten: Ein Bereich wie geschlechterbewusste Erziehung, der häufig ein Schattendasein führt und oft nur auf informeller Basis Beachtung findet, kann durch klare Bestimmungen und Festlegungen fester in der Institution Schule verankert werden.

Die genaue Beschreibung der Schule erscheint mir wichtig, weil daraus hervorgeht, warum sich gerade diese Schule heute in manchen Fachbereichen intensiver mit der »Chancengleichheit der Geschlechter« auseinander setzt als noch vor einigen Jahren.

1. Die Schule

Die Lise-Meitner-Gesamtschule (LMG) in Köln-Porz – in der Sekundarstufe I sechszügig und mit gymnasialer Oberstufe – besuchen ca. 1.250 SchülerInnen, die von ca. 100 LehrerInnen unterrichtet werden. Sie feierte im September 1999 ihr 25-jähriges Bestehen; mit den Feierlichkeiten verbunden war die Namensgebung der Schule.

Mit der Wahl Lise Meitners zur Namenspatronin sollte zum Ausdruck gebracht werden, dass das Lernen in den naturwissenschaftlichen Projekten einen wichtigen Platz im Schulalltag einnimmt und auch die Mädchen in diesem Bereich gefordert und gefördert werden und ihre Fähigkeiten entwickeln sollen; ferner war ausschlaggebend, dass Lise Meitner in der nationalsozialistischen Zeit verfolgt wurde. Übrigens stammte der Vorschlag für den Namen »Lise Meitner« von drei Schülerinnen.

Umweltbewusstsein wird an dieser Institution groß geschrieben: Die Schule ist GLOBESTAR-Schule und beteiligt sich im Rahmen des GLOBE-Projektes am weltweiten Messprogramm von Umweltindikatoren, ferner ist sie NRW-Umweltkontaktschule, BKL-Modellschule (Programm »Agenda 21 in der Schule«) und eine Schule, die am Kölner Energiespar-Programm teilnimmt und das Energiesparen bisher sehr effektiv betrieben hat.

Die Verteilung von Mädchen und Jungen in diesen Projekten ist sehr unterschiedlich und verändert sich häufig von Schuljahr zu Schuljahr. So besteht die GLOBE-AG zurzeit überwiegend aus Jungen, während im Augenblick nur Mädchen das Energiesparprogramm vertreten.

Diese Projekte wurden auch als erste ins Schulprogramm aufgenommen, als mit der konkreten Schulprogrammarbeit begonnen wurde.

Der Anteil von Mädchen und Jungen an der LMG entspricht etwa dem landesweiten Durchschnitt an Gesamtschulen, der für Mädchen 48,2%, für Jungen 51,8% beträgt. Bei der Aufnahme der neuen SchülerInnen wird zwar auf eine gleiche Verteilung geachtet, die Ausgangsverteilung ist aber nicht in jedem Geburtsjahrgang gleich, sodass es hin und wieder in manchen Jahrgängen zu einem Jungenüberhang kommt.

2. Einzelne Phasen der Entwicklung

2.1 Erste Anfänge vor über 10 Jahren: Kritische Auseinandersetzung mit der Koedukation

Betrachtet man die Entwicklung der Maßnahmen zur Reflexiven Koedukation an der LMG, so lässt sich rückblickend sagen, dass diese keineswegs geradlinig verlaufen ist. Nach einem viel versprechenden Anfang vor über zehn Jahren wurde es vielmehr lange vermieden, offen in schulischen Gremien zum Thema »Mädchen/Jungen und Koedukation« zu sprechen. Eine kleine Ausnahme war die Fachgruppe Sport, in der ab und zu darüber diskutiert wurde, wie ein Versuch, Mädchen und Jungen im Sportunterricht zeitweilig zu trennen, organisatorisch verwirklicht werden könnte – aber bei den Absichtserklärungen ist es dann auch immer geblieben. Auch im Bereich Naturwissenschaften ist manchmal darüber nachgedacht worden, dass die Mädchen in diesen Fächern vielleicht doch nicht ganz so zum Zuge kommen, wie es ihrem sonstigen Leistungsvermögen entspricht.

2.2 Ein Beispiel für Evaluation

Wie war es dazu gekommen, dass sich niemand von den Lehrerinnen so recht an dieses Thema herantraute? Die »Bewegung« war von der Betriebsgruppe der Gewerkschaft Erziehung und Wissenschaft in Gang gesetzt worden, die auf ihren damals noch regelmäßig stattfindenden Treffen über die Auswirkungen der Koedukation diskutierte. Gleichzeitig bildete sich eine Gruppe von Kolleginnen, die sich mit ihrer eigenen Situation an der Schule und mit Mädchenförderung beschäftigte. Die Zielsetzung der Koedukation wurde kritisch unter die Lupe genommen und mit Hilfe von Untersuchungsergebnissen wurden Beobachtungsbogen zur Beurteilung des eigenen Unterrichtsverhaltens hinsichtlich der Interaktionen mit Mädchen und Jungen erstellt.

In dieser Phase der intensiven Beschäftigung mit dem Thema Koedukation wurde dann auch schnell bemerkt, dass es an der Schule offensichtlich »Jungenfächer« und »Mädchenfächer« gibt – wie schon vor der Einführung der Koedukation, z.B. für die Mädchen Handarbeit und für die Jungen Werken. Eine Auswertung von Daten zeigte das unterschiedliche Wahlverhalten von Mädchen und Jungen bei der Entscheidung für die Wahlpflichtfächer. Während die Naturwissenschaften, Technik und Informatik eine männliche Domäne waren, waren in den Hauswirtschaftskursen die Mädchen in der Mehrheit.

Auf Grund der Ergebnisse dieser ersten Erhebung wurde von den Kolleginnen schon damals die Einrichtung von Mädchenkursen in den Fächern Technik und Informatik gefordert. Außerdem sollte der Unterricht nach Möglichkeit von einer Lehrerin durchgeführt werden (In diesem Zusammenhang ist auch die Vergleichserhebung unter Punkt 4 dieses Aufsatzes zu beachten).

Mit all diesen Unterlagen und Materialien, die vorher in der Schule ausgehängt worden waren, wurde eine LehrerInnenversammlung gründlich vorbereitet. Der Verlauf dieser Versammlung und die Form der dortigen Auseinandersetzung führte allerdings dazu, dass diese Veranstaltung für die meisten Kolleginnen, die sich sehr engagiert hatten, in »traumatischer« Erinnerung blieb. Viele der anwesenden Kollegen wollten oder konnten nicht erkennen, dass die Einführung der Koedukation nicht nur Vorteile, sondern eben – wie es damaliger Diskussionsstand unter Expertinnen war – auch besonders für die Mädchen Nachteile mit sich gebracht hatte; ihre Äußerungen waren entweder von Verständnislosigkeit geprägt oder gingen bis zu persönlichen und unsachlichen Bemerkungen. Nach dieser Versammlung machten sich Resignation und Mutlosigkeit unter den engagierten Kolleginnen breit und es wurde still um dieses Thema.

2.3 Neuer Anlauf: Berufswahlvorbereitung für Mädchen

Einen neuen Anstoß gab die eigentlich gar nicht so neue Erkenntnis der sehr einseitigen Berufswahl der Mädchen. Bei der Suche eines Platzes für das Betriebspraktikum im 9. Jahrgang landeten die meisten Schülerinnen der LMG letztendlich immer wieder im Kindergarten, in der Arztpraxis, im Supermarkt oder im Friseursalon. Diese Beschränkung der Mädchen auf nur sehr wenige Berufe, welche zudem noch kaum eine Chance auf Karriere nach Beendigung der Ausbildung bieten, sollte aufgebrochen werden.

Zunächst wurde in einer Projektwoche im Schuljahr 1998/99 ein Mädchenprojekt mit dem Titel »Mädchen in gewerblich-technischen Berufen« angeboten. In diesen fünf Tagen wurde u.a. in Zusammenarbeit mit der Lehrwerkstatt der Ford-Werke das Projekt »Wir bauen einen Kerzenständer« durchgeführt; Ziel dieses Projektes war es, dass die Mädchen die Bearbeitung des Materials Metall kennen lernen. Das Handwerkerinnenhaus in Köln[1] wurde besucht, eine Befragung zur Einstellung der Bevölkerung zu so genannten »Frauen- und Männerberufen« ausgewertet, verschiedene Berufsbilder aus dem gewerblich-technischen Bereich wurden näher unter die Lupe genommen und dargestellt und es wurden die unterschiedlichen Verdienst- und Aufstiegsmöglichkeiten der traditionellen Frauenberufe mit denen der für Frauen »Unüblichen« verglichen. Die Ergebnisse dieser Untersuchungen wurden auf Schaubildern festgehalten und zusammen mit den Produkten aus der praktischen Arbeit am Ende der Projektwoche präsentiert.

An diesem Projekt nahmen Schülerinnen der 7. bis 10. Klasse teil, und es zeigte sich, dass besonders die älteren Mädchen in ihren Vorstellungen hinsichtlich ihrer Berufswahl schon sehr »frauentypisch« festgelegt waren. So meldeten sich für das Ford-Projekt, an dem die Teilnahme freiwillig war, nur die jüngeren Mädchen.

Um einer größeren Anzahl von Mädchen die Gelegenheit zu bieten, ihr Berufswahlspektrum zu erweitern, wurde ein Antrag gestellt auf finanzielle Mittel aus einem landesweiten Projekt zur Erschließung neuer Berufsfelder für Mädchen und junge Frauen in Handwerk und Technik.

Voraussetzung für die Bewilligung der Gelder war die Zustimmung der Lehrerkonferenz und die Bestätigung durch die Schulkonferenz. In der Lehrerkonferenz regte sich bei der Vorstellung des Projektes kein Widerspruch. In der Schulkonferenz jedoch wurde heftig diskutiert, und es wurde nicht der gesamte Bereich der Mädchenförderung, sondern nur der Aspekt der Berufswahlorientierung ins Schulprogramm aufgenommen. Der Antrag, dem zugestimmt wurde, lautete dann:

> *»Die Schulkonferenz möge beschließen, die Mädchenförderung in der Berufswahlorientierung ins Schulprogramm aufzunehmen«* (Protokoll der SK vom 2.9.1999).

Bei anderen Punkten der Mädchenförderung, so z.B. dem der zeitweiligen Trennung von Mädchen und Jungen in bestimmten Fächern, gingen die Meinungen so weit auseinander, dass dazu keine Einigung erzielt wurde.

Bei dieser sehr kontrovers und zum Teil sehr emotional geführten Diskussion wurde offensichtlich, dass das Thema »Mädchenförderung« im Grunde immer noch ein »heißes Eisen« ist. Auf Anregung einiger ElternvertreterInnen wurde auf dieser Schulkonferenz ein Informationsabend für Eltern, LehrerInnen und SchülerInnen beschlossen, um sichtbar gewordene Informationsdefizite abzubauen.

1 Das Handwerkerinnenhaus wurde von Frauen für Frauen und Mädchen aufgebaut. Es bietet Kurse in handwerklichem und technischem Bereich an. Dabei finden die Kurse, in denen jede Teilnehmerin während der gesamten Dauer ihren eigenen Arbeitsplatz hat, in den eigenen Werkstatträumen statt.

3. Maßnahmen und Projekte zur Reflexiven Koedukation

3.1 Arbeitsgemeinschaften

Ein fester Bestandteil im Freizeitbereich dieser Gesamtschule ist seit elf Jahren die Computer-AG für Mädchen, die meist in der 6. Jahrgangsstufe angeboten wird. Da es im 6. Jahrgang noch Pflicht ist, eine AG zu wählen, und das Thema zweimal im Schuljahr gewechselt wird, haben 50–60 Prozent der Mädchen eines Jahrgangs die Möglichkeit zur Teilnahme. Etliche Mädchen schalten hier immer noch zum ersten Mal selbst den Computer ein, wenngleich die Zahl derer, die schon einmal zu Hause einen Rechner bedient haben, nach meinen Beobachtungen in den letzten beiden Jahren erheblich zugenommen hat; meistens gehört dieser aber dem Bruder, dem Vater oder einem anderen Verwandten.

3.2 Informatik

Im Wahlpflichtbereich II-Informatik, der ab der 9. Jahrgangsstufe gewählt werden kann und in dem immer zwei Kurse parallel stattfinden, läuft der Versuch, alle Mädchen, die sich für dieses Fach entschieden haben, in einem Kurs zusammenzufassen. Um den Anteil von Mädchen in diesem Fach zu erhöhen, war in den letzten Jahren von den TutorInnen verstärkt daran gearbeitet worden, interessierte Mädchen zu ermuntern, Informatik zu wählen.

Genauso wie die Praxiskurse im WPII-Bereich – Kaufmännischer, Labortechnischer oder Handwerklicher Grundkurs – schon eine berufliche Orientierung aufweisen, so stehen auch im Fach Informatik in der Sekundarstufe I mehr die berufsbezogenen Anwendungsmöglichkeiten des Computers im Mittelpunkt, und unter diesem Gesichtspunkt ist es eben besonders notwendig, darauf zu achten, dass die Mädchen in diesem Bereich nicht an die Seite gedrängt werden. Denn wie Untersuchungen ergeben haben, besitzen die Jungen immer noch einen Vorsprung im praktischen Umgang mit dieser neuen Technologie gegenüber ihren Mitschülerinnen.

3.3 Berufswahlvorbereitung

Ein weiterer Bereich, in dem gezielt Mädchen angesprochen werden, ist die Berufswahlvorbereitung. Seit einigen Jahren nehmen Schülerinnen des 8. Jahrgangs auf freiwilliger Basis an Kursen des Handwerkerinnenhauses in Köln teil. Die Mädchen fertigen dort z.B. Werkstücke aus Holz und Glas an und verbinden damit Elektroarbeiten. Typische Produkte sind z.B. Schubladenkästchen, CD-Regal, Windlicht, Lampe. Der Unterricht wird von Fachfrauen durchgeführt, die die Schülerinnen theoretisch und praktisch mit dem Handwerk vertraut machen. Dadurch sollen den Mädchen Berufe vorgestellt werden, die immer noch als so genannte »Männerberufe« gelten, die aber im Gegensatz zu den traditionellen Frauenberufen meistens bessere Verdienstmöglichkeiten, Aufstiegschancen und Weiterbildungsmöglichkeiten bieten. Ziel der Kurse im Handwerkerinnenhaus ist es, das Selbstbewusstsein der Mädchen zu stärken, indem sie Zutrauen in ihre eigenen Fähigkeiten bekommen und Erfahrungen im handwerklichen und technischen Bereich sammeln, sodass sie später bei der Berufswahl auch den Mut haben, sich für einen Beruf zu entscheiden, mit dem sie etwas »aus der Rolle« fallen.

Die Rückmeldung auf diese Kurse ist durchweg positiv. Allen, auch denjenigen, die sich nur nach langem Zögern zu einer Teilnahme durchringen konnten, hat die Arbeit Spaß gemacht. Sie traten den Heimweg immer sehr zufrieden und in fröhlicher Stimmung an und waren am Ende stolz auf ihre Produkte, die sie mit nach Hause nehmen konnten. Was hat den Mädchen besonders gut gefallen oder wenigstens besser als in dem koedukativen Unterricht, den sie bisher im Fach Technik erfahren hatten? Einige Punkte hierzu:

- Die Betreuerinnen, die die Schülerinnen anleiteten, wurden als sehr nett wahrgenommen.
- Die Ausstattung und Einrichtung der Werkstatt und die Atmosphäre, die diese ausstrahlten, wurden als angenehm empfunden.

Mädchen als Schreinerinnen im Projekt »Handwerkerinnenhaus«

- Die erstellten Produkte wurden als Gegenstände angesehen, die im privaten Bereich sinnvoll weiterverwendet werden können.
- Die Mädchen haben in einem vorher festgelegten Zeitraum ein Produkt von Anfang bis Ende mit allen anfallenden Arbeiten fertig gestellt.

Dieses Projekt war dann auch der Anlass dafür, dass »Berufswahlorientierung für Mädchen« als ein Teilaspekt der Mädchenförderung von der Schulkonferenz ins Schulprogramm aufgenommen wurde (s. hierzu auch die Ausführungen unter Punkt 2.2).

Der Bereich Berufswahlvorbereitung muss jetzt curricular weiter ausgebaut werden, indem in jeder Jahrgangsstufe von 5 bis 10 in den Fächern Gesellschaftslehre oder Arbeitslehre/Wirtschaftslehre eine Unterrichtseinheit zu diesem Thema festgelegt wird. Notwendig ist ferner, dass auch die Belange der Jungen in Zukunft mehr berücksichtigt werden und sie ebenso wie die Mädchen die Möglichkeit erhalten, einen Einblick in bisher als unmännlich geltende Berufe zu bekommen; dazu eine Aussage aus dem Schulprogramm:

> *»Die Berufswahl unserer SchülerInnen erfasst immer noch zu wenig Berufsfelder. Schnuppertage in Betrieben der verschiedenen Branchen (Gewerblich-technisch/ Dienstleistung, IT, Medien …) in Jahrgang 8 könnten hier den Horizont erweitern.«*

3.4 Mädchenraum

Ein Projekt, das unter dem Titel Mädchenförderung läuft, hat den Aufbau eines »Mädchencafés« zum Ziel. Dieses Angebot für die Mittagspause wird im Augenblick hauptsächlich von den jüngeren Mädchen des 5. und 6. Jahrgangs angenommen. Problematisch bei diesem Projekt ist, dass von Halbjahr zu Halbjahr die eingesetzten Lehrerinnen wechseln und somit keine Kontinuität in der Betreuung zu Stande kommt. Um die Attraktivität dieses Raumes zu erhöhen, wäre es wichtig, ein Konzept mit regelmäßig stattfindenden Aktivitäten zu erarbeiten. Inzwischen fordern Oberstufenschülerinnen für sich einen Raum, den sie selbst verwalten wollen.

3.5 Geplante Projekte und Maßnahmen in einzelnen Fächern

> Wie im Schulprogramm festgestellt wird, sind *»vor allem in naturwissenschaftlichen Berufen und Studiengängen Mädchen immer noch deutlich unterrepräsentiert«.*

Da die Benennung der Schule nach Lise Meitner eigentlich Verpflichtung sein sollte, müssen vor allen Dingen in den nächsten Jahren Maßnahmen zur Erhöhung der

Anzahl der Mädchen in den naturwissenschaftlichen Fächern angestrebt werden. In diesen Kursen stellen die Jungen bisher noch die Mehrheit.

Auch der Sportunterricht ist ein Bereich, in dem alt Eingefahrenes neu überdacht werden muss. In einem Beitrag des Faches Sport zum Schulprogramm heißt es zu dem Punkt »Besondere Formen der Koedukation«:

> *»Der Sportunterricht in den Klassen 7 bis 9 wird dem Prinzip der Reflexiven Koedukation folgend zu einem Teil in getrenntgeschlechtlichen Gruppen unterrichtet. Hierbei entsteht die Möglichkeit, beide Gruppen auf Grund ihrer unterschiedlichen Defizite und ihrer spezifischen Stärke im Sport besonders zu fördern. Diese Maßnahme findet in einer Zeit statt, in der sich die körperliche Identität der Jugendlichen entwickelt.«*

Ein zurzeit noch unbearbeitetes Feld ist das der Jungenarbeit. Es hat sich bisher noch kein einziger Kollege gefunden, der bereit wäre, diesen Teil des Bausteins »Chancengleichheit von Mädchen und Jungen« zu verwirklichen.

> *»Gleichzeitig haben wir über Leitbilder nachzudenken, die wir in der Erziehung von Jungen und jungen Männern zu Grunde legen«*, heißt es im Schulprogramm.

Aber ein Konzept, das die Förderung der Kommunikation- und Konfliktfähigkeit für Jungen beinhaltet, fehlt noch.

4. Eltern werden aktiv

Ein halbes Jahr nach der in Punkt 2 beschriebenen Schulkonferenz fand dann im März 2000 die von der Schulpflegschaft initiierte Veranstaltung unter dem Titel »Chancengleichheit der Geschlechter – aktuelles Thema für die Schule oder Schnee von gestern?« statt. Der Abend wurde von Eltern, LehrerInnen und SchülerInnen gemeinsam geplant und vorbereitet. Die ganze Bandbreite des Spektrums Mädchen- und Jungenförderung wurde in kurzen Vorträgen, Dialogen, Interviews und abschließender Diskussion abgehandelt. Aus dem Schulalltag wurden Beispiele offensichtlich gelungener Koedukation und Maßnahmen aus Bereichen, in denen es sinnvoll erscheint, Reflexive Koedukation anzuwenden, beschrieben. Gastreferenten und Fachfrauen berichteten über geschlechtsspezifisches Verhalten bei der Berufswahl und über Frauen in Männerdomänen. Die Frage, welchen Einfluss haben Wertvorstellungen (z.B. auch in Schulbüchern) und Erziehung auf das unterschiedliche Verhalten von Mädchen und Jungen beim Übergang von der Schule in den Beruf, wurde aufgeworfen und anschließend lebhaft diskutiert. Ein Sozialpädagoge berichtete über die Jungenarbeit an seiner Schule.

Die für diese Veranstaltung zusammengetragenen Fakten und Daten zum Anteil der Geschlechter in den verschiedenen Fachbereichen zeigen, dass in den letzten zehn Jahren der prozentuale Anteil der Mädchen in den von den Jungen dominierten Wahlpflichtfächern ein wenig angestiegen ist (s. Grafik). Die größte Zunahme gibt es in Informatik, was vielleicht darauf zurückzuführen ist, dass hier gezielt daran gearbeitet wurde, die Mädchen für dieses Fach zu ermutigen.

Vergleich: Anteile von Mädchen und Jungen in ausgewählten Wahlpflichtfächern 1989/1999 in %

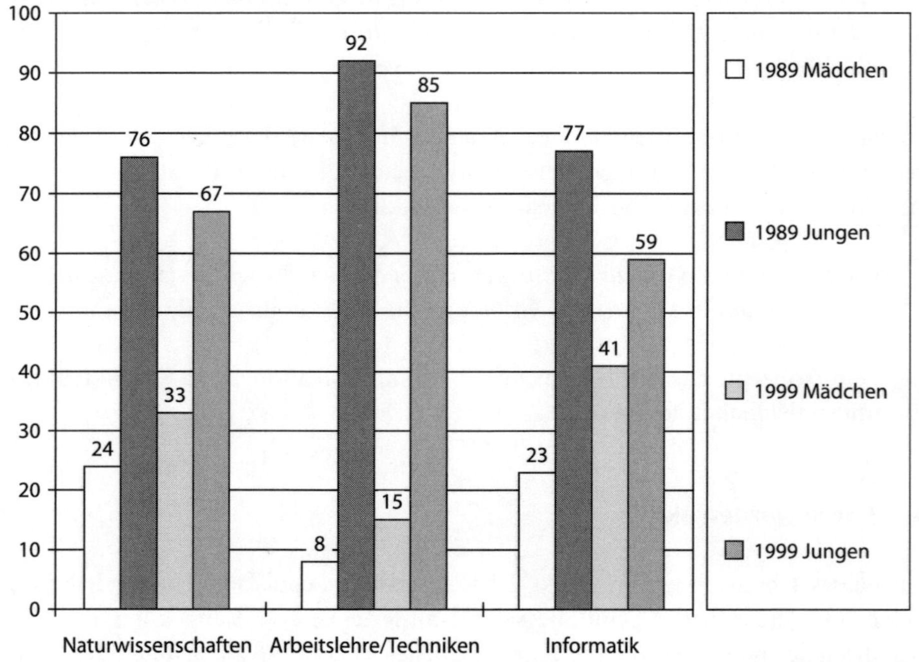

Diese Grafik wurde für die Veranstaltung der Schulpflegschaft benutzt

Für andere Wahlpflichtfächer wie Französisch oder Arbeitslehre/Hauswirtschaft, für die es auch sehr geschlechtsspezifische Präferenzen gibt, stehen keine Vergleichszahlen aus dem Jahr 1989 zur Verfügung, da die damalige Diskussion mehr unter dem Gesichtspunkt stand, welche Benachteiligungen die Einführung der Koedukation für die Mädchen mit sich gebracht hatte.

Betrachtet man alle Wahlpflichtfächer, so sind heute die Unterschiede in den Anteilen von Mädchen und Jungen am auffallendsten im Fach Arbeitslehre/Hauswirtschaft, wohin sich nur ganz vereinzelt Jungen verirren; hier beträgt ihr Anteil 4 Prozent. In Französisch, im Sprachenbereich, der als weibliche Domäne gilt, sind die Mädchen mit 66 Prozent vertreten.

5. Reflexive Koedukation im Schulprogramm

In die im Dezember 2000 von der Schulkonferenz verabschiedeten Fassung des Schulprogramms wurde dann endgültig der ganze Bereich der Mädchen- und Jungenförderung als ein eigener Baustein aufgenommen.

Modell des Schulprogramms *Leitorientierungen: Verantwortung, Emanzipation und Chancengleichheit*	
Bausteine	
Baustein 1: Umwelt und Entwicklung: Verantwortung für die Natur, Global denken	**Baustein 2:** Fächerübergreifendes Arbeiten: in Zusammenhängen denken lernen
Baustein 3: Konfliktfähigkeit durch Gewaltprävention und Kultur der Streitschlichtung	**Baustein 4:** Chancengleichheit für Mädchen und Jungen
Baustein 5: Medienkompetenz: Herausforderung der beruflichen Zukunft	**Baustein 6:** Ganztag mit Kunst, Musik, Kabarett, Theater, Tanz & Sport

Der vollständige Text des Schulprogrammbausteins »**Chancengleichheit für Mädchen und Jungen**« lautet:

> *»Lebensplanung, Berufswahlentscheidung und Bildungsqualifikation stehen in einem engen Zusammenhang.*
> *Vor allem in naturwissenschaftlichen Berufen und Studiengängen sind Mädchen immer noch deutlich unterrepräsentiert.*
> *Wir müssen geeignete Fördermaßnahmen und Organisationsformen finden, die Mädchen ermutigen, auch in traditionell männliche Bildungsdomänen einzudringen. Gleichzeitig haben wir über Leitbilder nachzudenken, die wir in der Erziehung von Jungen und jungen Männern zu Grunde legen.*
> *Vor allem wird es darauf ankommen, die ersten Erfahrungen mit geschlechtshomogenen Kursen zu evaluieren und daraus Konsequenzen für geeignete Organisationsmodelle zu ziehen.«*

Dieser Baustein wurde so, wie er vom Schulprogrammausschuss formuliert worden war und ohne Änderungswünsche, von den Mitgliedern der Schulkonferenz angenommen.

6. Schwierigkeiten bei der Durchführung und Durchsetzung der Maßnahmen zur Reflexiven Koedukation

Die Reaktionen auf das Reizwort »Mädchenförderung« sind weit gefächert. An dem Beispiel, wie der Antrag, Mädchenförderung ins Schulprogramm aufzunehmen, behandelt wurde, lässt sich gut aufzeigen, wie unterschiedlich die einzelnen zur Schule gehörenden Gruppen mit diesem Thema umgehen.

Im Gegensatz zu den kontroversen Auseinandersetzungen im Jahr 1989 werden die Diskussionen zu diesem Bereich im Allgemeinen ruhiger und sachlicher geführt, obwohl auch immer wieder offenkundig wird, wie emotionsgeladen dieses Thema noch ist. Mit den Maßnahmen, die zur Berufswahlvorbereitung speziell für Mädchen angeboten werden, können sich inzwischen viele KollegInnen abfinden, da die Statistiken und Untersuchungsergebnisse zu dem unterschiedlichen Verhalten bei der Berufswahl und den unterschiedlichen Chancen der Geschlechter in der Berufswelt doch überzeugend sind. Bei anderen Projekten, wie z.B. in bestimmten Fächern zeitweilig geschlechtshomogene Gruppen zu bilden, gehen die Meinungen erheblich weiter auseinander.

In den einzelnen Fachgruppen sind die Einstellungen und Beschlüsse oft zusätzlich noch von der gerade im Augenblick existierenden personellen Zusammensetzung abhängig, was sich sehr gut am Beispiel der Fachgruppe Informatik verdeutlichen lässt. Als die Mädchen- und Jungenkurse in diesem Wahlpflichtfach eingerichtet wurden, gab es keinen Kollegen, der Einwände gegen diese Maßnahme erhob, sondern dieser Versuch wurde von allen, die die Kurse unterrichteten, mitgetragen. Aber dadurch, dass inzwischen einige dieser Kollegen die Schule verlassen haben und andere dafür den Unterricht in diesem Fach übernommen haben, besteht nun kein Konsens mehr in dieser Frage. Von den neu hinzugekommenen Kollegen wird grundsätzlich in Abrede gestellt, dass es auf dem Gebiet »Computer und Internet« irgendwelche Unterschiede zwischen den Geschlechtern gebe.

Es sind aber nicht nur die Männer im Kollegium, die diese Maßnahmen oder andere Überlegungen, Mädchen und Jungen in Schule und Unterricht gleichermaßen gerecht zu werden, rundherum ablehnen, sondern auch Frauen. Vermutlich haben sie sich nicht ausreichend damit befasst, dass die Voraussetzungen für einige Fächer geschlechtsspezifisch unterschiedlich sind und dass Mädchen eine andere Herangehensweise an manche Bereiche haben als Jungen, wie zum Beispiel die neuen Technologien. Daher sehen sie keinen Bedarf, etwas zu verändern.

Die Reaktionen der SchülerInnen scheinen altersabhängig zu sein. Die Mädchen der unteren Jahrgangsstufen kommen gerne und zahlreich in die Computer-AG und Internet-Projekte für Mädchen, ohne sich weitere Gedanken zu machen, warum diese nur für Mädchen stattfinden und welche Einstellung andere MitschülerInnen dazu haben könnten.

Als die SchülerInnenvertreter – meist ab Klasse 9/10 und aus der Oberstufe – in der Schulkonferenz das erste Mal mit dem Thema Mädchenförderung offen konfrontiert wurden, zeigten sich einige von ihnen sehr entrüstet. Sie bräuchten keine spezielle Förderung und könnten sich sehr wohl auch in der Anwesenheit von Jungen behaupten und gegen diese durchsetzen. Dabei wurde offensichtlich von diesen Schülerinnen übersehen, dass sie sich schon in privilegierter Stellung befinden, da sie es ja geschafft haben, als Vertreterinnen von ihren MitschülerInnen in die Schulkonferenz gewählt zu werden, und somit eigentlich auch gar nicht dem Durchschnitt der Schülerschaft entsprechen. Auch der Begriff »zeitweilige Trennung der Geschlechter« war für sie sehr negativ besetzt. In diesem Zusammenhang ist festzustellen, dass es anscheinend vorteilhafter ist, immer die Bezeichnung »Reflexive Koedukation« zu verwenden, auch wenn dieser Begriff erst näher erläutert werden muss.

Auch in den Mädchenkursen des Wahlpflichtfaches Informatik ist die Haltung vieler Schülerinnen gegenüber dieser Einrichtung zu Beginn des Unterrichts in Klasse 9 reserviert. Aus den Äußerungen lässt sich heraushören, dass zunächst einmal die Jungen als belebendes Element vermisst werden, was auch nicht verwunderlich ist, da die Mädchen bisher keine Erfahrung mit monoedukativen Lerngruppen über einen längeren Zeitraum haben. Nur ganz vereinzelt wird die Befürchtung geäußert, in einem Mädchenkurs unterrichtet zu werden, bedeute vielleicht, als leistungsschwächer eingestuft zu werden und weniger zu lernen. Mit zunehmender Dauer verschwindet bei den meisten der anfängliche Argwohn.

Dagegen wünschen sich, zieht man die Aussagen in Gesprächen als Beleg heran, auch viele Jungen eine Trennung im Sportunterricht, da diese glauben durch den gemeinsamen Unterricht mit den Mädchen nicht richtig ihren Interessen und Bedürfnissen in diesem Bereich nachgehen zu können.

Auch von den Eltern werden die gegensätzlichsten Meinungen vertreten. Um die Diskussion verstärkt in die Schule hineinzutragen, wurde einerseits von der Schulpflegschaft der Abend »Chancengleichheit der Geschlechter« veranstaltet, an dem offensichtlich in der Mehrzahl Eltern teilnahmen, die sich schon vorher mit der Thematik beschäftigt hatten. Andererseits gehen etliche sofort aus Angst, ihre Söhne könnten benachteiligt werden, in Abwehrhaltung, wenn Projekte der Mädchenförderung in Angriff genommen werden sollen. Überhaupt scheint der Standpunkt, der in Auseinandersetzungen um »Mädchen-/Jungenförderung« von den Erwachsenen – Eltern sowie LehrerInnen – vertreten wird, von den Erfahrungen geprägt zu sein, die ihre eigenen Kinder in der Schule gemacht haben. Väter von Töchtern neigen eher dazu, positive Ansätze in der »Mädchenförderung« zu sehen als Mütter von Söhnen, die Projekte der »Mädchenförderung« ablehnen, weil es noch kein von Kollegen erarbeitetes Konzept für die »Jungenförderung« gibt.

7. Einfluss von Erlass und Schulprogrammarbeit

Das Erstellen von Konzepten zu dem Thema »Chancengleichheit der Geschlechter« und die Forderung nach ihrer Umsetzung in der Praxis ist immer die Aufgabe nur einiger Kolleginnen gewesen, die mal mehr, mal weniger Unterstützung im Kollegium erfahren haben. Zudem ist dies nach den geschilderten Erfahrungen ein Bereich, in dem sich Erfolge nur ganz langsam abzeichnen, sodass viel Ausdauer erforderlich ist, bis endlich ein Fortschritt zu erkennen ist.

Der Erlass zur Schulprogrammarbeit hat sich insofern positiv ausgewirkt, dass dadurch alle Mitglieder der Schule verpflichtet sind, über Aktivitäten und Vorhaben an ihrer Schule nachzudenken und wenn diese in den dafür zuständigen Gremien mehrheitlich beschlossen worden sind, sie zu akzeptieren.

Es dürfte ab jetzt nicht mehr ganz so leicht sein, die geschlechtshomogenen Lerngruppen in Informatik durch Mehrheitsbeschluss der Fachkonferenz einfach wieder abzuschaffen, da in das Schulprogramm eine bindende Aussage zum Umgang mit traditionell männlichen Bildungsdomänen aufgenommen worden ist. Daher wird eine Evaluation erst einmal Klarheit bringen müssen, wie die betroffenen Mädchen und Jungen den Versuch monoedukativer Kurse beurteilen, um dann anschließend die weitere Vorgehensweise zu planen, die auch eine Fortbildung der LehrerInnen zu dem Thema geschlechterbewusster Erziehung beinhalten könnte.

Hans-Peter Neumann

Geschlechterbewusste Schule als System von Unterricht, Ganztag, Projekten, Beratung und Erziehung

Die Gesamtschule des Ennepe-Ruhr-Kreises in Sprockhövel wurde 1987 gegründet. Schulleiterin, Stellvertreterin und insgesamt 14 KollegInnen begannen ihre Arbeit in einem 6-zügigen 5. Jahrgang. Neben vielen didaktisch-methodischen, allgemein-pädagogischen und organisatorischen Ansätzen war die geschlechterbewusste Schule mehr oder weniger unausgesprochen eine programmatische Absicht, wobei zunächst die informellen, oft solidarischen Absprachen im Kollegium die Arbeit auf diesem Feld bestimmten. Die Mädchenförderung stand verständlicherweise deutlich im Vordergrund. Anfangs wurde vergleichsweise wenig kontrovers diskutiert, da die Schule natürlich vor allem nach außen ein einheitliches Bild abgeben wollte und dies auch um ihrer künftigen Existenz willen musste. Die LehrerInnen des Gründungsjahrgangs setzten z.T. in ihren Lerngruppen sehr schnell Zeichen für ein mädchenförderndes Vorgehen, teilweise tolerierten sie aber auch Vorhaben, Projekte und Unterrichtseinheiten anderer, ohne dass sie mit vollem Engagement dahinter standen.

Schon in der Mitte des zweiten Jahrgangs wurden die »Fronten« durch offenere und kontroversere Diskussionen deutlicher. Man begann – zum Vorteil der Schule – sich zu streiten. Wenn z.B. die anzuschaffenden Schulbücher daraufhin untersucht wurden, ob möglicherweise rollentypischer oder gar frauenfeindlicher Lehrstoff in ihnen enthalten war, dann waren zumindest die unterschiedlichen Positionen innerhalb des mittlerweile gewachsenen Kollegiums zu erkennen. Je nach Fachbereich spiegelten die Unterrichtseinheiten des schulinternen Curriculums natürlich die Intentionen der jeweiligen Autoren wider. So wurde z.B. das Thema »Mittelalter« im Fachbereich Gesellschaftslehre u.a. am Beispiel der Hexenverfolgung behandelt. Zweifelsohne war dies ein klares Zeichen in Richtung Mädchenförderung. Es fand allerdings noch keine wirkliche Positionsbeschreibung statt und eine programmatische Diskussion wurde noch nicht geführt. Eine solche Diskussion hätte sicherlich zu einer adäquaten Definition von Mädchenförderung beitragen können. Dazu war der Zeitpunkt noch nicht gekommen. Die KollegInnen waren mehrheitlich beseelt von dem Reiz einer »anderen« Schule – und dazu gehörte auch, die Anliegen der Emanzipation der Frau unterrichtlich und erzieherisch mit einzubeziehen. Es gab in den ersten Jahren des Schulaufbaus viele Bereiche, in denen Ansätze von geschlechterbewusster Erziehung, überwiegend als Mädchenarbeit angelegt, zu erkennen waren.

Der Versuch einer Standortbestimmung im Zusammenhang mit konzeptionellen Überlegungen zu einer geschlechterbewussten Schule lässt nun durchaus den Schluss zu, dass die Gesamtschule des Ennepe-Ruhr-Kreises bereits erste Schritte auf einem richtigen Weg gemacht hat. Denn inzwischen sind Mädchenförderung und Jungenarbeit fester Bestandteil unseres Schulprogramms:

> *»Mädchenförderung und Jungenarbeit sind im Rahmen einer geschlechtsbewussten Erziehung fester Bestandteil des Schulprogramms. Neben definierten Maßnahmen und Veranstaltungen, wie Arbeitsgemeinschaften, Lebensplanung, Berufsorientierung und geschlechtsspezifischem Unterricht (z.B. im WPF-II-Informatik), soll die Thematik in Erziehung und Unterricht aller Jahrgänge Berücksichtigung finden. Ständige Evaluation und eine fortlaufende theoretische Begleitung sind anzustreben.«*

Allerdings – und dies ist ein entscheidender Aspekt im Hinblick auf die zukünftigen Entwicklungen – lag die Entscheidung für diesen Weg vor allem in der Erkenntnis begründet, dass Mädchenförderung notwendig sei, um die Benachteiligung von Frauen und Mädchen gegenüber Männern und Jungen zu verringern bzw. aufzuheben. Auf diesem Hintergrund haben wir uns entschieden, die folgenden Bereiche der Reflexiven Koedukation genauer zu betrachten:

- Unterricht;
- Ganztag: Arbeitsgemeinschaften und Offene Angebote;
- Projekte und Vorhaben;
- Beratung und Erziehung.

1. Unterricht

Hier muss unterschieden werden zwischen unterrichtlicher Arbeit, in der eine Geschlechtertrennung auf Dauer vorgenommen wird, und curricularen, verbindlichen Unterrichtsreihen, in denen die Geschlechtertrennung thematisiert wird. So wird beispielsweise der Informatikunterricht im Rahmen des Wahlpflicht-II-Unterrichtes (ab Klasse 9) geschlechtsspezifisch durchgeführt, und zwar von Beginn des Wahlpflicht-II-Unterrichtes an. Eine anstehende Evaluation könnte jedoch ergeben, dass eine solche Trennung von Mädchen und Jungen auf Grund der zwischenzeitlich erfolgten möglichen Angleichung im Informatikbereich aufgehoben werden sollte. Die Schule hat im Übrigen im Fachbereich Technik ebenfalls den Versuch der Geschlechtertrennung durchgeführt, diese Organisationsform jedoch inzwischen wieder aufgegeben.

Als Beispiel für ein Curriculum zum Thema sei hier die Reihe »Jungen – Mädchen« im Fachbereich Deutsch, angesiedelt im 7. Schuljahr, genannt. Die Fachkonferenz Deutsch hat dazu eine verbindliche Behandlung dieses Themas im Rahmen ihres schulinternen Curriculums beschlossen, wobei deutlich die Intention einer geschlechterbewussten Erziehung im Vordergrund stand. Inwieweit das Thema nur

Mittel zum Zweck eines Deutschunterrichtes ist, in dem es um Sprache, Grammatik oder Literatur geht, hängt natürlich vom jeweiligen Bewusstsein des unterrichtenden Lehrers bzw. der unterrichtenden Lehrerin ab und muss in den nächsten Jahren immer wieder überprüft werden.

Genau dieser Bewusstseinsstand und das entsprechende Engagement einzelner Lehrer und Lehrerinnen lässt natürlich auch einen Unterricht ohne verbindliche Vorgaben zusätzlich zu. Wenn z.B. die Fachkonferenz Gesellschaftslehre bewusst ein Lehrbuch eingeführt hat, das konzeptionell die Problematik der Geschlechterrolle an vielen Beispielen aufarbeitet, dann bleibt es letztlich der Lehrkraft überlassen, wie intensiv sie diese Themenbereiche unterrichtlich aufgreift und in welcher Weise sie das Lehrwerk einsetzt. Die Einführung dieses Lehrbuches gibt aber dennoch einen klaren Hinweis auf den beabsichtigten Stellenwert der Frage nach einem geschlechterbewussten Unterricht, auch wenn der Grad der Verbindlichkeit relativ gering ist.

Es zeigt sich, dass gerade in der Durchführung von Unterricht noch ein wesentlicher Handlungsbedarf besteht. In die Mehrheit der Unterrichtsstunden hat die Fragestellung nach einer geschlechterbewussten Erziehung noch keinen Eingang gefunden. Die klassische Wissensvermittlung, z.T. mit modernen Methoden und unter Berücksichtigung des aktuellen didaktischen Diskussionsstandes, steht nach wie vor im Vordergrund. Die Frage nach der Geschlechterrolle in den verschiedenen Unterrichtssituationen wird noch nicht genügend gestellt.

Die Gesamtschule des Ennepe-Ruhr-Kreises hat einen Handlungsbedarf in diesem Bereich erkannt, allerdings konnte bisher die Stufe einer »Bestandsaufnahme« durch die Schulleitung noch nicht überwunden werden. Klar geworden ist: Ein großer Teil unterrichtlicher Konflikte ist u.a. auf die unzureichende Berücksichtigung geschlechtsspezifischer Verhaltensweisen von Schülern und Schülerinnen sowie von Lehrern und Lehrerinnen zurückzuführen.

Das naturwissenschaftliche Schwerpunktfach Physik in der Sekundarstufe II wird weitgehend von Jungen angewählt, nur zögernd entscheiden sich auch Mädchen, hier eine Alternative zu Biologie oder Chemie zu sehen. Eine schulscharfe Ausschreibung für das Fach Physik (S II; Rekrutierung einer neuen Lehrkraft) formulierte demzufolge als Kriterium die Befähigung, Mädchen in diesem Bereich zu fördern. Erste Erfolge sind im Blick auf den kommenden 11. Jahrgang zu verzeichnen.

Die Wahlpflicht-II-Angebote »Darstellen und Gestalten« sowie »Kunst/Design« werden überwiegend von Mädchen angenommen. Jungen hindert offenbar ihr überkommenes Männlichkeitsbild an der Wahl solcher Inhalte. Sie entscheiden sich mehrheitlich für Informatik, Sport und Technik. In beiden Fällen wird zurzeit über die Gestaltung der entsprechenden Beratung diskutiert, etwa inwieweit die so genannten »Schnupperstunden«, Stunden, in denen die Schülerinnen und Schüler am Unterricht des Faches stundenweise teilnehmen können, anregender für Mädchen bzw. für Jungen durchgeführt werden können. Entscheidend ist, dass den Schülerinnen und Schülern signalisiert wird, dass die Lehrkräfte die Ängste, Hemmungen, Gefühle und Verhaltensweisen beider Geschlechter kennen und zu berücksichtigen gedenken.

Seit Jahren wird unter den Sportlehrern und Sportlehrerinnen sowie innerhalb der Schulleitung die Aufhebung der Koedukation vor allem in den Jahrgängen 7 bis 10 diskutiert. Auch hier ist der Hintergrund die Benachteiligung der Mädchen, z.B. bei den Ballspielen. Unterrichtsreihen, die den Mädchen entgegenkommen, wie z.B. »Gymnastik/Tanz« oder »Turnen«, werden von Jungen z.T. massiv boykottiert und gestört. Andererseits fühlen sich natürlich auch die Jungen in ihrem so stark ausgeprägten Bewegungsdrang sehr eingeschränkt und verlieren oft die Lust und auch die Leistungsbereitschaft im Fach Sport. Dieses Dilemma, das mit Sicherheit kein schulspezifisches ist, konnte bisher, vor allem auch aus organisatorischen Gründen (Fachlehrer und Fachlehrerinnen, Hallenbelegung usw.), nicht gelöst werden. Ob letztlich durch eine Auflösung der Koedukation das Problem im Kern überwunden werden kann, bleibt fraglich. Anzustreben ist wohl ein Angebotscharakter der Inhalte des Sportunterrichtes. Die schwerpunktmäßige Wahl der verschiedenen Sportarten unter Einbeziehung eines geringeren Anteiles der jeweils anderen Sportarten würde zu einer größeren Akzeptanz führen und damit die Effizienz des Unterrichts und auch der sozialen Befindlichkeit und dem Selbstvertrauen entgegenkommen.

2. Ganztag: Arbeitsgemeinschaften und Offene Angebote

Die Gesamtschule des Ennepe-Ruhr-Kreises bietet eine vergleichsweise breit gefächerte Palette von Arbeitsgemeinschaften an, von Krafttraining über Schach bis hin zum Fußball, von Theater über die Schülerband bis zur Mitarbeit in einer Sonderschule. Hier findet sich ein großes Feld, auf dem die Ideen und Konzepte einer geschlechterbewussten Schule wachsen können. Im gesamten AG-Bereich engagieren sich die beiden an der Schule tätigen Sozialpädagoginnen sehr stark. Speziell für Mädchen wird von einer der beiden Sozialpädagoginnen eine Arbeitsgemeinschaft unter dem Thema »Auf den Spuren starker Mädchen« angeboten. Dabei geht es um das Einüben von Selbstvertrauen in Form eines Mädchen-Gesprächskreises. Die teilnehmenden Mädchen sind im Durchschnitt alle zwischen 12 und 14 Jahre alt. Zwar ist die Teilnahme an einer Arbeitsgemeinschaft grundsätzlich freiwillig, aber es werden dennoch in konkreten Fällen Mädchen gezielt angesprochen, wenn beispielsweise die KlassenlehrerInnen es als wichtig bzw. notwendig ansehen, dass eine Teilnahme für die Persönlichkeitsentwicklung der Schülerin hilfreich sein könnte.

Eine Lehrerin, die das Fach Technik unterrichtet, hat darüber hinaus eine Arbeitsgemeinschaft zum Thema »Mädchen und Technik« eingerichtet. Die Beteiligung hält sich noch in Grenzen, zumal es ja u.a. um technisches Verständnis und um den Abbau von Ängsten im Umgang mit der Technik geht und nicht um klassisches »Werken«. Es besteht jedoch die berechtigte Hoffnung auf verstärkten Zulauf, da die Schülerinnen natürlich ihre AG-Wahl sehr personengebunden vornehmen und insofern die Empfehlungen der Teilnehmerinnen künftig Wirkung zeigen sollten.

Entsprechende Angebote für Jungen gibt es (noch) nicht. Selbstverständlich werden die Fußball-AG und die Technik-AG bisher noch ausschließlich von Jungen frequentiert, aber sie wurden auch nicht mit dem Ziel einer geschlechtsspezifischen Arbeit angeboten. Die Einrichtung eines Jungen-Gesprächskreises im Rahmen der AG-Angebote wurde immer wieder diskutiert, scheiterte aber letztlich sowohl an der Zurückhaltung der meisten männlichen Kollegen als auch an den noch sehr unklaren konzeptionellen Vorstellungen, die einer solchen Arbeitsgemeinschaft zu Grunde liegen könnten.

Seit ungefähr einem Jahr wird auch eine Arbeitsgemeinschaft »Streitschlichtung«, geleitet von einer Lehrerin und einem Lehrer, angeboten. In ihr werden Schülerinnen und Schüler des 9. Jahrgangs auf ihre Aufgabe als Streitschlichter vorbereitet. Auffallend ist, dass sich dazu bisher ausschließlich Mädchen gemeldet haben. Es scheint, dass Mädchen, ihrem rollentypischen Verhalten entsprechend, eher dazu neigen, als ausgleichende Kraft zu wirken und Verantwortung in diesem Bereich zu übernehmen, als dies bei Jungen der Fall ist. Dennoch denken die Beteiligten darüber nach, wie sie auch Jungen mit in ihre Arbeit einbeziehen können. Jungen im Alter von 15 bis 17 Jahren sehen erfahrungsgemäß im Gegensatz zu Mädchen Streit als nützliches Instrument der Konfliktbewältigung an und stehen dem Einsatz von Streitschlichtung eher skeptisch gegenüber. Dies zeigt zumindest die Vielzahl von Konfliktgesprächen mit Jungen, die der Verfasser in den letzten Jahren geführt hat. Offensichtlich muss in der im Aufbau befindlichen Jungenarbeit der Aspekt der Wahrnehmung von Streit stärker als bisher Berücksichtigung finden.

Offene Angebote in Ganztagsschulen, die normalerweise von Gesamtschulen angeboten werden, sollten in der Regel nicht nur der Beschäftigung und der Unterhaltung dienen, sondern gleichzeitig auch einen erziehenden Charakter haben. Die betreuende Lehrkraft sollte also, wenn möglich, soziales Lernen als Auftrag ihrer Arbeit im Offenen Angebot ansehen.

Die Offenen Angebote werden sehr unterschiedlich angenommen. Dort, wo es um spielerische und mehr kreative Inhalte geht, sind eindeutig die Mädchen in der Überzahl. Dort, wo Sport und Bewegung im Mittelpunkt stehen, finden sich mehrheitlich Jungen wieder. Insgesamt aber ist festzustellen, dass die Mädchen dieses Freizeitangebot stärker wahrnehmen als die Jungen. Jungen empfinden offenbar die Mittagspause als ihre persönliche freie Zeit und wollen sich nur ungern auch dann noch der Ordnung einer Gruppe unterwerfen. Unter der Voraussetzung, dass dies so ist und dass weniger die Art der Angebote das Verhalten der Schülerinnen und Schüler bestimmt, sollte auf steuerndes Einwirken durch die Schule verzichtet werden. Grundsätzlich sind bei SchülerInnen des 5. und 6. Jahrgangs die aufgezeigten Unterschiede nicht festzustellen. Allerdings stehen z.B. die Lehrkräfte, die das Offene Angebot im Toberaum betreuen, ein Angebot, das vorwiegend von jüngeren SchülerInnen genutzt wird, vor den gleichen Problemen wie die LehrerInnen, die das Fach Sport unterrichten. Die Jungen verhalten sich in den gemischten Gruppen sehr viel robuster und unkontrollierter als die Mädchen. Ob es jedoch eine Möglichkeit ist, das Angebot geschlechtsspezifisch durchzuführen, muss in Frage gestellt werden, da dann die ohnehin schon knappen zeitlichen und personellen Ressourcen weiter eingeschränkt werden müssten.

3. Die Verankerung von geschlechterbewussten Projekten im Schulprogramm

Projekte und Vorhaben eignen sich in der Regel besonders gut, um Erziehungsziele und Wissensvermittlung in Einklang zu bringen. Die starre Unterrichtsorganisation wird aufgelöst und bei Gelingen wird ein deutlicher Motivationsschub bei SchülerInnen erwirkt. Geschlechtertrennung und Reflexive Koedukation entsprechen von daher dieser Unterrichtsform in geradezu hervorragender Weise. Die Projekttage und -wochen, die an der Gesamtschule des Ennepe-Ruhr-Kreises durchgeführt werden, sind durchweg im Schulprogramm ausgewiesen und somit auch von der Schulkonferenz genehmigt worden. Das Schulprogramm beinhaltet beispielsweise unter dem Titel »Gestaltung und Öffnung von Schule« das Vorhaben »Lebensplanung« und unter dem Titel »Schule als Lebensraum und Ort von Identifikation« eine »Schulkulturwoche« sowie verschiedene Sportwettbewerbe.

Der geschlechtsspezifische Aspekt findet besondere Berücksichtigung im Projekt »Lebensplanung und Berufswahl«, das jeweils im 8. Schuljahr über drei Tage läuft. Da sich gerade der Bereich der Berufsorientierung als sehr sensibel für Mädchen wie für Jungen erwiesen hat, lag es nahe, im genannten Projekt die Geschlechter jeweils klassenweise zu trennen. Das bedeutet, dass für die Durchführung des Projektes sechs Mädchen- und sechs Jungengruppen gebildet werden, die jeweils geschlechtsspezifisch durch die KlassenlehrerInnen und FachlehrerInnen geleitet werden. Ausgangspunkt für eine solche Organisationsform war natürlich auch hier zunächst die Erkenntnis, dass Mädchen mit sehr viel größeren Schwierigkeiten bei der Wahl ihres Berufes zu kämpfen haben, als das bei Jungen der Fall ist. Inzwischen wurde aber im Kollegium auch der Blick für die entsprechende Jungenproblematik gestärkt, sodass die Jungengruppen zunehmend ihr eigenes Profil erhalten haben. Allerdings muss zugegeben werden, dass sich die verantwortlichen Initiatoren lange Zeit sehr schwer getan haben, dieses Profil zu sehen und zu entwickeln. Lebensplanung bedeutet eben auch für Jungen, dass sie sich über Familien- und Erwerbsarbeit im Klaren sein müssen, dass Beruf und Familie in Einklang gebracht werden müssen usw. Vor jeder Projektwoche zu diesem Thema wird eine eintägige Fortbildungsveranstaltung durchgeführt, auf der die Inhalte und Methoden vorgestellt und aufeinander abgestimmt werden. Dabei hat sich herausgestellt, dass die weiblichen Lehrkräfte die Problematik sehr viel gezielter und bewusster angegangen sind als die männlichen Lehrkräfte. Es sei noch angemerkt, dass vor allem die Mädchen in den Nachbesprechungen deutlich gemacht haben, dass sie die Form des »Unter-sich-Seins« als ausgesprochen positiv empfunden haben. Der Wunsch nach Wiederholung dieses Arrangements zu einem anderen Thema war stets sehr groß.

Sowohl für Mädchen als auch für Jungen wird im Jahrgang 7 ein ebenfalls dreitägiges Selbstsicherheitstraining unter Leitung von Fremdmoderatoren bzw. -moderatorinnen durchgeführt. Da jeweils nur eine Zahl von ca. 15 Schülern oder Schülerinnen teilnehmen können, werden die KlassenlehrerInnen gebeten, SchülerInnen zu benennen, bei denen sie Defizite im Bereich des Selbstvertrauens zu erkennen glauben. Dieses Verfahren ist zweifellos ein Nachteil, denn einerseits fühlen sich die »Auserwählten« als therapiebedürftig etikettiert und andererseits würden gerne viele andere SchülerInnen ebenfalls daran teilnehmen wollen. Im Übrigen kann diese Maßnahme nur weitergeführt werden, wenn das Ministerium für Schule, Wissenschaft und Forschung auch künftig die notwendigen Mittel dafür zur Verfügung stellt.

Von der Förderung durch staatliche und kommunale Stellen hängt es letztlich immer ab, ob gezielte Projekte oder Vorhaben durchgeführt werden können. Die einzelnen Schulen sind in der Regel finanziell nicht so ausgestattet, dass sie die Möglichkeit haben, solche Projekte dauerhaft zu wiederholen. Bedingungen, wie Seminarcharakter außerhalb von Schule, wie Moderation durch fachlich kompetente Trainer usw., würden bei einer Fortführung im Anschluss an ein Pilotprojekt fortfallen, wenn keine zusätzlichen Gelder zur Verfügung gestellt werden könnten. Die Gesamtschule des Ennepe-Ruhr-Kreises ist bemüht, auf Grund des jeweiligen Auftaktprojektes die erkannten positiven Elemente aus eigener Kraft, allerdings zumeist unter eingeschränkten Bedingungen, umzusetzen und in den Folgejahren projektmäßig anzubieten. Die Teilnahme von Schülerinnen des 5. Jahrgangs an einer eintägigen Veranstaltung mit dem Internetbus (Linie 1, Internet für Mädchen)[1] wird dagegen eine einmalige Angelegenheit bleiben, denn die Nutzung des Busses ist zwar kostenlos, kann aber natürlich nur durchgeführt werden, wenn der Veranstalter den Bus zur Verfügung stellt.

Auch innerhalb der Jungenarbeit, deren Konturen noch nicht sehr klar und übersichtlich gezeichnet sind, werden für das kommende Schuljahr gezielt einige Vorhaben konzipiert. Zu diesem Zweck hat sich ein Arbeitskreis »Jungenarbeit«, der aus fünf Lehrern besteht, gegründet. Im Kern sollen die Schüler ihr Männlichkeitsbild reflektieren, um dann Ängste, Aggressionen und Gewaltbereitschaft abbauen bzw. beherrschen zu können. Gedacht ist z.B. an eine Patenschaft mit einem Kindergarten, wobei es vorwiegend um die Übernahme von Verantwortung gehen soll. Die Schüler einer Klasse 6 werden dabei innerhalb des Technikunterrichtes Spielzeug für den Kindergarten herstellen, aber auch kleinere Reparaturen übernehmen. Darüber hinaus sollen sie bei der Vorbereitung und Organisation von Festen und Feiern innerhalb des Kindergartens Aufgaben übernehmen und anschließend aktiv an den Feiern teilnehmen. Ein weiteres Vorhaben mit Schülern der Klasse 6 wird in Verbindung mit dem Wuppertaler Kindermuseum durchgeführt. Hier wird es um die Erfahrung von Ängsten und Gefühlen gehen. Durch Musizieren mit einfachen Rhythmusinstrumenten, die zum größten Teil von Kindern hergestellt wurden, werden Klangräume geschaffen, in denen die Schüler beispielsweise Gefühle von Angst bis

1 »Linie 1« ist ein Modellprojekt des Ministeriums für Frauen, Jugend, Familie und Gesundheit, Referat »Frau und Beruf«, das wissenschaftlich begleitet wird. Die Gesamtschule des Ennepe-Ruhr-Kreises sieht im Einsatz dieses Seminarbusses die Möglichkeit der programmatischen Einbindung von Mädchenarbeit (hier: frühzeitige und systematische Erfahrung der Mädchen im Umgang mit dem Internet) in eine geschlechterbewusste Erziehung.

Glück, von Unsicherheit bis Geborgenheit erleben können. Fortgeführt werden soll das Vorhaben durch Trommelbau und Trommelkurse in der Schule. Für den Jahrgang 7 ist ein gemeinsames Projekt mit Schülern aus anderen Kulturkreisen und deutschen Schülerinnen mit dem Thema »du brauchst keine Angst vor mir zu haben« geplant. Hier ist das Ziel, dass einerseits die Jungen aus anderen Kulturkreisen ihre Verhaltensweisen den Mädchen gegenüber überdenken und andererseits die Mädchen Mut und Selbstsicherheit erlernen, ihre Befindlichkeit den Jungen gegenüber auch zu äußern und deutlich zu machen. Dieses Projekt wird in Form eines zweitägigen Seminars unter Leitung eines fachkompetenten Sozialarbeiters (Fremdmoderator) durchgeführt.

Innerhalb des 8. Jahrgangs soll schließlich noch der Versuch eines Väter-Söhne-Seminars gewagt werden, wobei es darum gehen soll, dass Väter und ihre Söhne ihre rollentypischen Eigenschaften und Verhaltensweisen reflektieren und ihre jeweilige Beziehung aus diesem Blickwinkel betrachten lernen.

Grundsätzlich erfährt die spezielle Arbeit mit Jungen noch nicht die Akzeptanz, wie es notwendig wäre, wobei berücksichtigt werden muss, dass das Bewusstsein für geschlechtsbewusstes Arbeiten auch mit Jungen sowohl in der Gesellschaft als auch in der Schule noch in den Kinderschuhen steckt. Insofern geschieht die Jungenarbeit besonders in diesem Bereich innerhalb von Projekten, Vorhaben und Einzelmaßnahmen. Das erklärte Ziel der engagierten männlichen Lehrkräfte an der Schule ist es, die Jungenarbeit in das Schulprogramm mit aufzunehmen, um Eltern und LehrerInnen ihre entsprechende Verantwortung als Verpflichtung deutlich machen zu können.

4. Beratung und Erziehung

Dieser Bereich ist wohl der sensibelste, wenn es darum geht, Schule geschlechterbewusst zu gestalten. Spätestens an dieser Stelle müssen LehrerInnen, aber auch Eltern, die Entscheidung treffen, ob sie eine solche Schule wollen. Auf der Basis eines Lernzieles, das heißt: »SchülerInnen sollen in einer Schule lernen und Erziehung erfahren, in der die Geschlechterrollen stets Berücksichtigung finden«, können dann auch sinnvolle Methoden der praktischen Umsetzung entwickelt und angewandt werden. Dass dennoch immer wieder der zweite Schritt vor dem ersten getan wird, ist kaum zu vermeiden und vielleicht sogar notwendig. Die Überzeugungsarbeit innerhalb eines Kollegiums und innerhalb der Elternschaft ist ein so zäher und langwieriger Prozess, dass ein Warten auf das Erreichen dieses »Idealzustandes« vorhandene Ideen, Energien und methodische Experimente einer gewissen Verkümmerung preisgeben würde. Gelungene Maßnahmen dienen der Bewusstseinsbildung und grundsätzliche erziehungstheoretische Gedanken motivieren zum Handeln. Der sich aus diesem Spannungsfeld ergebene Diskussionsbedarf macht Schule lebendig und führt letztlich dazu, dass Mädchen wie Jungen, Frauen wie Männer in ihrer je eigenen Geschlechtlichkeit ernst genommen werden.

Die Gesamtschule des Ennepe-Ruhr-Kreises nutzt in diesem Zusammenhang die Tatsache, dass an ihr zwei oben bereits erwähnte engagierte Sozialpädagoginnen tätig sind. Sie sorgen mit einigen LehrerInnen dafür, dass eine Ideologisierung vermieden wird, helfen aber in konkreten Erziehungsfragen durch praxisbezogene Hinweise und entsprechendes »Mittun und Vormachen«.

So hat sich beispielsweise bei überschaubaren Erziehungskonflikten in einzelnen Lerngruppen die zeitweise Trennung der Geschlechter als durchaus erfolgreich gezeigt. Das heißt, dass KlassenlehrerInnen entweder den geplanten Fachunterricht mit der Hälfte der Gruppe unter den veränderten Bedingungen durchführen, während die Sozialpädagoginnen mit der anderen Hälfte am Konflikt arbeiten, oder aber die KlassenlehrerInnen beteiligen sich auch in ihrer Gruppe an der vorher abgesprochenen Konfliktbewältigung. Auch innerhalb des »sozialen Lernens« hat sich diese Vorgehensweise recht gut bewährt. Die Bereitschaft, eigene Defizite und persönliches Fehlverhalten einer kritischen Überprüfung unterziehen zu lassen, ist in geschlechtshomogenen Gruppen, die auch zahlenmäßig kleiner sind, erheblich größer, als wenn die Konflikte in der Gesamtgruppe behandelt würden.

Wenn Schule geschlechterbewusst ausgerichtet sein will, dann muss sie, sofern sie die Möglichkeit dazu hat, für ein ausgewogenes Verhältnis zwischen den Geschlechtern sowohl beim Lehrkörper als auch bei der Schülerschaft (z.B. Klassenbildung) sorgen. So besteht zum Beispiel ein deutlicher Bedarf an männlichen Beratungslehrern. Dies mag vielleicht auch daran liegen, dass die Funktion eines Beratungslehrers einer »Karriere« möglicherweise weniger dienlich ist, als wenn man sich in die Leitungsschiene begibt. Dort, wo Jungen auffällig sind, wo Jungen mit entwicklungsbedingten oder gruppenspezifischen Konflikten zu kämpfen haben, ist meist der männliche Kollege gefordert, so wie es umgekehrt bei den Mädchen der Fall ist.

Gute Schule heißt nicht nur fach- und sachgerechter Unterricht, heißt nicht nur straffe und effiziente Organisation, sondern heißt auch Berücksichtigung der individuellen Sozialisation und der sich daraus ergebenden Persönlichkeit der einzelnen Schüler und Schülerinnen. Geschlechterbewusstes Vorgehen ist in diesem Zusammenhang von entscheidender Bedeutung.

Die Gesamtschule des Ennepe-Ruhr-Kreises bemüht sich darum, dem Problem, wenn auch mit Hindernissen, Rechnung zu tragen, indem sie möglichst viele Ideen und Aktionen ins Schulprogramm aufnimmt und umsetzt.

5. Fazit

Schule geschlechtsbewusst zu gestalten, darf nicht dazu führen, dass ein solches Programm den Charakter einer Versuchsschule impliziert. Das Problem ist ein gesellschaftliches, und die Schule muss am Prozess der Geschlechtererziehung teilnehmen, so wie sie, wenn auch meist mit zeitlicher Verzögerung, auch andere gesellschaftliche Prozesse zur Kenntnis nimmt und umsetzt. Von daher kann die geschlechterbewusste Schule kein »Versuchsthema« sein.

Die Reflexion über Entwicklung, Maßnahmen und Denkanstöße an der Gesamtschule des Ennepe-Ruhr-Kreises zeigt deutlich, dass hier – wie wahrscheinlich auch an vielen anderen Schulen – genügend kreative Ideen zur Problematik vorhanden sind, dass aber diese Ideen noch vergleichsweise isoliert und ohne programmatische Vernetzung im Raum stehen. Insofern müssen m.E. fünf Faktoren die Vorgehensweise an der einzelnen Schule bestimmen:

- Evaluation bereits durchgeführter Maßnahmen;
- Einbeziehung aller KollegInnen in die Diskussion;
- Schulinterne Fortbildung;
- Fixierung prinzipieller – und konsensfähiger – Aussagen im Schulprogramm;
- Fixierung von Themen und Inhalten im schulinternen Curriculum.

Voraussetzung für eine entsprechende Realisierung ist allerdings sowohl der klare Wille von Schulleitungen und Kollegien zur Umsetzung geschlechterbewusster Erziehung als auch eine ständige Begleitung des Prozesses innerhalb der Gremien der Schule. Dabei dürfen Eltern- und Schülerschaft keinesfalls ausgenommen werden.

Meine Vision: Erziehung geschieht automatisch geschlechterbewusst, ohne dass Fremdimpulse oder auch bürokratische Verordnungen dies initiieren. Das hieße zugleich, dass sich der erziehende Mensch ernsthaft und selbstkritisch seiner geschlechtsspezifischen Rolle bewusst ist.

Christian Gembus

Ein geschlechtergerechtes Schulprogramm ist mit Leben gefüllt – und bezieht die Jungenarbeit mit ein

Erfahrungsbericht aus der Gesamtschule Stieghorst, Bielefeld

Der besondere Erfolg der Gesamtschule Stieghorst in Bielefeld im Hinblick auf ein geschlechterbewusstes Schulprogramm (s. unten) ist vermutlich auf Synergie-Effekte zurückzuführen, die vor allem aus der Kooperation mit der Bielefelder Universität, der Bielefelder Laborschule und dem pädagogisch-psychologischen Dienst der Schule erwachsen sind. Mit dem folgenden Erfahrungsbericht kann überprüft werden, ob diese These nachvollziehbar ist.

1. »Gestatten?« – Unsere Schule stellt sich vor

Zur Vorstellung der Schule eignet sich das erste Kapitel unseres Schulprogramms:

> *»Die Gesamtschule Stieghorst (GESTI) ist eine 6-zügige städtische Ganztagsschule und umfasst die Sekundarstufen I und II. Sie wurde 1983 als Stadtteilschule in Stieghorst gegründet. Zurzeit arbeiten dort 110 LehrerInnen sowie 6 MitarbeiterInnen plus JahrespraktikantInnen des pädagogisch-psychologischen Dienstes (voll- und teilzeitbeschäftigt) mit etwa 1.100 SchülerInnen.*
> *Ein besonderes Profil hat die Schule seit dem Schuljahr 1992/93 durch die Teilnahme am Modellversuch ›Gemeinsamer Unterricht behinderter und nichtbehinderter Kinder des Landes NRW‹ gewonnen. Die Nachfrage nach Schülerplätzen in den jeweiligen 5. Klassen ist so groß, dass ein Aufnahmeverfahren durchgeführt werden muss und jährlich ca. 100 SchülerInnen nicht aufgenommen werden können ...«*
> (Schulprogramm 2000 Gesamtschule Stieghorst, Bielefeld 2000, S. 6).

Zur Ergänzung der Charakterisierung unserer Schule im Hinblick auf die geschlechterbewusste Erziehung ist noch wichtig zu erwähnen, dass jede Klasse von einer Lehrerin und einem Lehrer geleitet wird. In den Klassen wählen alle Kinder in der Regel ein Mädchen und einen Jungen als Klassensprecherteam. In unmittelbarer Umgebung der Schule liegt das Freizeitzentrum Stieghorst, in dem viele Projekte der Mädchen- und Jungenarbeit stattfinden können.

In unserer Schule arbeiten außer LehrerInnen auch SozialarbeiterInnen/SozialpädagogInnen, ein Psychologe und PraktikantInnen der Sozialarbeit und Sozialpädagogik in der pädagogischen Arbeit mit. Dieser Bereich der pädagogischen Arbeit heißt »Pädagogisch-Psychologischer Dienst« (PPD).

Das Einzugsgebiet der Schule ist sozial gemischt. Viele Kinder eines nahen sozialen Brennpunktes kommen zu uns. Zudem haben wir auch einen großen Anteil von SchülerInnen aus eher ländlich geprägten Außenbezirken Bielefelds.

Im Schulprogramm werden pädagogische Leitlinien aufgezählt, die auch in unserer Mädchen- und Jungenarbeit eine große Rolle spielen:

»Ziele der Erziehungsarbeit:

- *Selbstständigkeit und Eigenverantwortung,*
- *Aufbau eines angemessenen Selbstbewusstseins,*
- *Verantwortung gegenüber den Mitmenschen, der Umwelt und der Gesellschaft,*
- *Kritisches Urteilsvermögen und kreatives, problemlösendes Handeln,*
- *Teamfähigkeit und Kompromissbereitschaft,*
- *Gewaltfreiheit, Toleranz und gegenseitige Akzeptanz ...«*

(Schulprogramm 2000 Gesamtschule Stieghorst, Bielefeld 2000, S. 8).

Weitere Leitlinien der pädagogischen Arbeit sind:

- *»Förderung und Forderung durch angemessene Angebote und Herausforderungen sowie durch Bestätigung und Ermutigung der persönlichen Möglichkeiten unserer SchülerInnen.*
- *Förderung der Sprachfähigkeit als Entwicklung von Kommunikationskompetenz.*
- *Enge Zusammenarbeit, bestimmt von Gedanken der Partnerschaft und Solidarität ...«*

Und schließlich:

»... Wir begreifen die geschlechterbewusste Bildung als Chance und Möglichkeit, die Ich-Stärkung, die Sozialfähigkeit, den Handlungsspielraum zu erweitern und die Entwicklung von Mädchen und Jungen in allen Bereichen zu fördern ...«
(Schulprogramm 2000 Gesamtschule Stieghorst, Bielefeld 2000, S. 10)

2. Von kleinen Anfängen und langem Atem – Die Entwicklung der Mädchen- und Jungenarbeit in der GESTI

Die Vorgeschichte der Mädchen- und Jungenarbeit begann mit einem Projekt der Universität Bielefeld zum Thema »Mädchen und Berufsfindung«. Eine Forschungsgruppe für »erziehungs- und sozialwissenschaftliche Geschlechterforschung« unter der Leitung der Professorin Frau Lemmermöhle-Thüsing wollte ein Konzept der Mädchenförderung und Mädchenstärkung in der Praxis ausprobieren. 1988 beschäftigte sich der damalige 8. Jahrgang daraufhin mit dem Thema »Traumberufe«: »Wir werden, was wir wollen«, Schulische Berufsorientierung (nicht nur) für Mädchen.

Mit universitärer Unterstützung wurden zwei Projekttage in verschiedenen 8. Klassen verwirklicht, in denen sich die Mädchen mit ihren Vorstellungen von einem idealen Beruf beschäftigten und daraus eine Ton-Dia-Schau anfertigten.

Und die Jungen? Für sie gab es zunächst keine Vorplanung; es sollte für sie »... auch sinnvoller Unterricht stattfinden, eventuell auch in Projektform ...«, wie es im Antrag an die Schulkonferenz hieß. Die LehrerInnenkonferenz und die Schulkonferenz stimmten im Januar bzw. Februar 1989 zu.

Die Gruppen arbeiteten geschlechtsgetrennt, die Klassenlehrerin war eine Teamerin für die Mädchen; der Klassenlehrer übernahm die Arbeit mit den Jungen.

Im ersten Durchgang waren die Mädchen begeistert, es gab ein gut durchdachtes, praktisch sinnvolles Konzept, das auch noch Spaß machte. Für die Jungen wurde »irgendetwas« gearbeitet, gerade das, was der Klassenlehrer konnte. Die Folge: Frust bei den Männern und Jungen! Im zweiten Jahr – das Forschungsprojekt sollte in zwei Jahrgängen evaluiert werden – entwickelten einige Lehrer ein Konzept für die Jungen. »Das Bild vom Mann« war das Leitthema, sinnvolle Unternehmungen wurden um diesen Titel gruppiert, die zwei Tage projektartig verbracht. Dieses Projekt gelang schon ein wenig besser. Gleichwohl war für alle spürbar: Das Projekt für die Mädchen verlief glatt und mit viel Spaß, das Angebot für die Jungen war dürftig, ein Konzept erst in Ansätzen erkennbar.

1990 haben einige Kolleginnen aus der Überlegung heraus, dass es sinnvoll sei, schon im 5. Schuljahr mit Mädchenarbeit zu beginnen, über die Robert-Bosch-Stiftung Gelder für die Einrichtung eines Selbstbehauptungsprojektes für Mädchen beantragt und genehmigt bekommen. Aus den vorausgegangenen Erfahrungen wurde klar, dass

- der 8. Jahrgang für einen Beginn von Mädchen- und Jungenarbeit zu spät ist. Die Geschlechtsrollen sind am Ende der Pubertät schon zu fest, v.a. ist in diesem Alter der Gruppendruck zu groß, als dass Überlegungen außerhalb der Peergruppen-Norm eine Chance hätten,
- Mädchenarbeit auch Jungenarbeit nach sich ziehen muss, um sinnvoll zu sein.

So wurden zwei Männer mit dem Auftrag gewonnen, Überlegungen zu einem Jungenprojekt zu starten und dieses zu betreuen.

Auf Antrag einigten sich LehrerInnen und die Schulkonferenz im November 91 bzw. Februar 92, dieses Mädchen- und Jungenprojekt im 5. Jahrgang verbindlich einzuführen. Das Thema des Projektes: »Selbstbehauptung, Selbst- und Fremdwahrnehmung für Jungen und Mädchen«. Die SchülerInnen arbeiteten in geschlechtsgetrennten Gruppen.

Durch die großzügige auswärtige Finanzierung der Robert-Bosch-Stiftung konnten für die Mädchen Trainerinnen des »Vereins für Selbstverteidigung von Frauen und Mädchen« (heute heißt diese Organisation »Bell Z«) und für die Jungen zwei Mitarbeiter von »pro familia« Bielefeld gewonnen werden, das Projekt durchzuführen.

Den KlassenlehrerInnen wurde die Funktion der BegleiterInnen zugewiesen. Teilweise war ihnen untersagt, bei den Übungen zuzuschauen oder teilzunehmen; die TeamerInnen wollten keine Kontrolle durch Lehrpersonen, die anschließend den Unterricht bestimmen und Zensuren verteilen. Es gab dadurch erste Konflikte. So mussten wir schon im ersten Jahr das Konzept des Mädchen- und Jungenprojektes verändern. Auf Druck der KlassenlehrerInnen wurden die Projekttage geteilt: An einem Tag konnten die LehrerInnen teilnehmen, der andere Tag war den TeamerInnen vorbehalten. Außerdem übernahm im Mädchenprojekt eine Sozialpädagogin des PPD die Funktion der Teamerin. Nach und nach konnten die LehrerInnen auch selbstständig einen Projekttag übernehmen. Das war durchaus im Sinne des Konzeptes, das außer den Projekttagen eine Weiterführung der Mädchen- und Jungenarbeit in der Klassenarbeitsgemeinschaft und im Fachunterricht vorsah.

Parallel zu der Mädchen-Jungenarbeit entstand auf Initiative zweier Mitarbeiter eine informelle Frauen- und Männergruppe. Diese traf sich im Schnitt monatlich, um Fragen der geschlechterbewussten Erziehung genauer zu durchdenken und für sich selbst sowie für die Schule neue Ideen zu entwickeln. Diesen Gruppen ist es zu verdanken, dass das Konzept der Mädchen- und Jungenarbeit ständig weiterentwickelt wurde. Wir entwarfen ein Curriculum zur Mädchen- und Jungenarbeit, das auch die folgenden Jahrgänge mit einbezieht. Es enthält für jeden Jahrgang einen Schwerpunkt für die Arbeit aus den Bereichen Geschlechterrollen/Soziales Lernen/Kommunikationsförderung/Gewaltprävention.

Dieses Curriculum wurde im September 1994 von der LehrerInnen- und Schulkonferenz mehrheitlich genehmigt und wird seitdem in unserer Schule durchgeführt. Natürlich ist es ständigen Veränderungen unterworfen. Durch die Rückmeldung der TeamerInnen nach einem Projekt werden die Themen und Übungen vervollständigt oder verändert, die KlassenlehrerInnen berichten von den Reaktionen aus den Klassen.

Weit reichende Veränderungen wurden auch bald nach Einführung von den KlassenlehrerInnen angeregt. Durch die weiter gehende Diskussion der geschlechterbewussten Bildung, durch persönliche Weiterentwicklung und durch die Fortbildungsveranstaltung bekamen viele KollegInnen die Sicherheit, eigenverantwortlich einen Projekttag zu gestalten. Außerdem haben wir in der Gesamtschule Stieghorst inzwischen eine Gruppe von ausgebildeten TeamerInnen, bestehend aus LehrerInnen und Sozialarbeiterinnen, die für den zweiten Projekttag zur Verfügung stehen. So kann das Projekt meistens mit eigenen Kräften durchgeführt werden.

Als in unserer Schule die Diskussion um das Schulprogramm begann, wurde die Mädchen- und Jungenarbeit als ein Schwerpunkt der pädagogischen Arbeit mit aufgenommen und gehört jetzt zum Profil der Schule. Die Schulprogrammarbeit war eine gute Gelegenheit, die bisherigen curricularen Aktivitäten zusammenzufassen und sich zu vergewissern, ob dieses Konzept von der Mehrheit der LehrerInnen gewünscht wird.

3. Inhalte und Organisation – Beschreibung der Mädchen- und Jungenarbeit in der Gesamtschule Stieghorst

Zur weiteren Beschreibung zitiere ich ausführlich den entsprechenden Punkt in unserem Schulprogramm, der alle wesentlichen Ziele wiedergibt:

»Geschlechterbewusste Bildung:
Unser Ziel ist es, Mädchen und Jungen gleichermaßen zu fördern

Grundgesetzforderung der Gleichberechtigung

Mädchen und Jungen kommen bereits mit Unterschieden von *männlichen* und *weiblichen* Verhaltensweisen in die Schule und machen dort von Anfang an gleiche, aber auch ganz unterschiedliche Erfahrungen. Unsere Schule setzt an diesen Erfahrungen an und bereitet die SchülerInnen sowohl auf gleiche als auch auf unterschiedliche Zukunftsperspektiven vor. Dieses gilt in gleichem Maße für Mädchen und Jungen mit Behinderungen. Sie werden häufig als Geschlechtsneutren gesehen und entsprechend behandelt. Ein Unterschied zu anderen Menschen bleibt außerdem bestehen: Mädchen und Jungen mit Behinderungen entsprechen noch weniger als alle anderen den Normen, Werten und Vorstellungen, die in unserer Gesellschaft Gültigkeit haben. Geschlechterbewusste Bildung richtet sich gegen Diskriminierung (die den behinderten Mädchen hier in doppelter Weise widerfährt), enge Rollenzuschreibung, Unterdrückung und Ausgrenzung. Daher stellt sich nicht die Frage, ob diese Arbeit auch für Menschen mit Behinderungen notwendig ist, sondern schließt diese ein. Eine Erziehung, die sich der Förderung von Mädchen und Jungen gleichermaßen verpflichtet fühlt, bedeutet nicht Gleichmacherei. Sie nimmt in Zielsetzung und Form ihren Ausgang bei den individuellen Fähigkeiten und vermittelt, unabhängig von der Geschlechtszugehörigkeit, gegenseitige Wertschätzung und partnerschaftliche Formen des Umgangs miteinander. Wir schaffen in unserer Schule dafür Handlungsräume, die Mädchen und Jungen sowohl Identitätsfindung als auch individuelle Entwicklungschancen einräumen. Ziel ist die Entwicklung ganzer Persönlichkeiten jenseits einengender Geschlechterstereotypien.
Fortbildungen werden sowohl schulintern als auch -extern veranstaltet, um Lehrerinnen und Lehrer für einen (Fach-)Unterricht zu qualifizieren, der den Bedürfnissen und Zugangsweisen der Schülerinnen und Schüler gerecht wird.

Schwerpunkte der Mädchen- und Jungenarbeit

Daraus ergeben sich folgende mögliche und erweiterbare Schwerpunkte für die Arbeit an unserer Schule:

Fachunterricht

- Im **Deutsch**unterricht z.B. achten wir bei der Auswahl der Unterrichtslektüren auf die ProtagonistInnen und auf einen geschlechterbewussten Sprachgebrauch,
- **Gesellschaftslehre** behandelt nicht nur Männergeschichte, sondern Alltagsgeschichte, das Leben von Frauen und Männern, die Erziehung von Mädchen und Jungen,
- im **Sprachenunterricht** – vor allem im Wahlpflicht-Bereich – werden Mädchen *und* Jungen gefordert und gefördert,
- im **naturwissenschaftlichen Bereich** werden auch Beispiele aus dem Alltagsleben gegeben, so z.B. das Prinzip der Pumpe am menschlichen Körper, nicht nur an Maschinen erklärt,

- der **Sexualkundeunterricht** in der Biologie geschieht ohne Festlegung auf eine heterosexuelle Orientierung,
- Aufgabenstellungen in **Mathematik** orientieren sich an Jungen- *und* Mädchenbedürfnissen,
- **Informatik**grundkurse werden geschlechtergetrennt angeboten, um beide Geschlechter gleichermaßen zu fordern und zu fördern,
- im **Sportunterricht** legen wir Wert auf Kooperation und eine Erweiterung der Bewegungserfahrungen auf Bereiche wie Tanz, Massage, Yoga usw.
- Wir arbeiten dabei im Unterricht nach Prinzipien, die den Mädchen- und Jungenbedürfnissen entgegenkommen, z.B. durch Gruppenarbeit oder Handlungsorientierung.

Stammgruppenarbeit

An unserer Schule werden Klassenleitungsteams weiblich und männlich besetzt. Das ermöglicht uns u.a. Arbeitsgemeinschaften anzubieten, die die Interessen von Mädchen und Jungen berücksichtigen (Fußball/Tanz für Mädchen/Jungen). Es finden Mädchen- und Jungenkonferenzen statt, d.h., wir trennen in bestimmten Zeitabständen Jungen und Mädchen der Stammgruppe und besprechen mit ihnen alle Dinge, die uns oder/und ihnen wichtig sind. Die Themen erstrecken sich dabei von Gesprächen über die MitschülerInnen, Cliquenbildung, Ausgrenzung, über Gefühle zum jeweils anderen oder eigenen Geschlecht, Sexualität, Pubertät bis hin zu allgemeiner Lebensplanung und -bewertung.

Interaktion

Wir achten darauf, dass
- ein Lernklima erzeugt wird, das Kooperation und nicht Konkurrenz fördert,
- im Sprachgebrauch beide Geschlechter sichtbar werden,
- durch die Sitzordnung in den Klassen arbeitsfähige Teams entstehen,
- Mädchen und Jungen, Frauen und Männer in den Gremien der Schule vertreten sind (als KlassensprecherInnen, SV-SprecherInnen und -LehrerInnen …)
- und dass Sexismus und Gewalt an unserer Schule keinen Platz finden.

Vorbildfunktion

Wir sind uns bewusst, dass wir als erwachsene Frauen und Männer ein ständiges Vorbild für unsere SchülerInnen sind. Deswegen achten wir darauf, dass wir durch unser persönliches Verhalten unsere pädagogischen Ziele widerspiegeln.

Projektarbeit

Nach Beschluss der Schulkonferenz findet im 5. Jahrgang in jeder Stammgruppe ein Projekt zur Selbstbehauptung sowie Selbst- und Fremdwahrnehmung statt. In den folgenden Jahrgängen kann weiterhin jeweils ein zweitägiges Projekt zur Mädchen- und Jungenarbeit stattfinden. Den Arbeitsschwerpunkt und den Organisationsrahmen legt die jeweilige Jahrgangskonferenz fest … – … Die Auswahl der KooperationspartnerInnen ist abhängig von der Bewilligung finanzieller Mittel. Darüber entscheidet zu Beginn des Schuljahres die Schulkonferenz …«

(Schulprogramm 2000, Gesamtschule Stieghorst, Bielefeld 2000, S. 18–20)

Weitere Themen und ergänzende Informationen finden Sie im Anhang.

4. Praktische Erfahrungen mit diesem Konzept

Beim aufmerksamen Lesen der letzten Zeilen ist bestimmt aufgefallen, dass unser Konzept eher eine Zielvorstellung beschreibt als die Wirklichkeit in unserer Schule. Das Konzept der Mädchen- und Jungenarbeit ist das Ergebnis von Verhandlungen und Kompromissen, die jedes Kollegium eingehen muss.

An dem oben erwähnten Beispiel des Konfliktes um die Teilnahme von KlassenlehrerInnen an den Übungen der Mädchen-Jungen-Projekte wird dieses vielleicht deutlich. Hier musste das Konzept verändert werden, obwohl die auswärtigen TeamerInnen gute Gründe für ihre Forderung hatten, die KlassenlehrerInnen von ihren Übungen auszuschließen. Natürlich sind noch bessere Bedingungen vorstellbar, in denen Mädchen- und Jungenarbeit stattfinden kann. Dennoch ist in diesen Fragen der geschlechterbewussten Bildung wichtiger, dass die große Mehrheit der KollegInnen ein Konzept mit trägt, als wenn ein ideales Konzept lediglich auf dem Papier steht. Außerdem hat sich der oben erwähnte Kompromiss in mehrerer Hinsicht als wertvoll erwiesen. Die Einbeziehung der KlassenlehrerInnen fördert die Weiterarbeit am Thema der geschlechterbewussten Erziehung. Zwei Tage Projekt im Schuljahr allein bewirken gar nichts, erst die Einbeziehung des Themas in die Interaktionsstrukturen der Klasse, in die Themenauswahl im Unterricht, in das Schulleben und in die Einführung neuer Organisationsformen, wie z.B. die zeitweise Trennung der Geschlechter, kann einen Erfolg bewirken. Die Einbeziehung der KlassenlehrerInnen konnte v.a. deshalb gelingen, weil eine Fortbildungsveranstaltung als Qualifizierung für das Projekt vorangeht. So werden allen LehrerInnen die Gedanken der geschlechterbewussten Bildung nahe gebracht.

Und schließlich: Die Einbeziehung der KlassenlehrerInnen spart Geld. Inzwischen sind TeamerInnen nur zu hohen Honorarkosten zu haben. Wenn diese Honorare auch jeden Euro wert sind, für eine Schule stellen sie eine große finanzielle Belastung dar. So spart es sehr, wenn eigene Kräfte eingesetzt werden können. In unserer Schule steht für den TeamerInnen-Tag eine Gruppe aus LehrerInnen und SozialarbeiterInnen zur Verfügung, die jedes Jahr eingesetzt werden. Auch die Fortbildung wird von KollegInnen der Schule durchgeführt.

Ein weiterer Punkt, der das Konzept in der Praxis relativiert, ist der Beschluss der Jahrgangskonferenz, ein Mädchen- und Jungenprojekt im jeweiligen Jahrgang durchzuführen. Während das Mädchen- und Jungenprojekt im 5. Jahrgang, abgesichert durch einen Schulkonferenzbeschluss, jedes Jahr von allen 5. Klassen durchgeführt wird, kommt in manchen Fällen ein Beschluss für dieses Projekt in den weiteren Jahrgängen nicht zu Stande, weil die Mehrheit der KollegInnen andere pädagogische Schwerpunkte bevorzugt. In der Praxis ist es aber noch nicht vorgekommen, dass einer Klasse, dessen Lehrerteam ein derartiges Projekt durchführen wollte, dieses verweigert wurde. Ein Prinzip der Zusammenarbeit ist immer noch: Wenn ich auch dagegen bin, will ich es doch denen gestatten, die diese Arbeit machen wollen.

Auf der anderen Seite gibt es Weiterentwicklungen, die ich als Erfolg einschätze. Seit zwei Jahren findet das Mädchen- und Jungenprojekt im 6. Jahrgang v.a. im

Fachunterricht der Arbeitslehre statt. Dieses Fach wird für alle Kinder der 6. Klasse integrativ unterrichtet und besteht aus den Bereichen Technik, Wirtschaft und Haushaltslehre. Diese Arbeitslehre führt ein Thema durch, das »Haushalts- und Werkstattpass« genannt wird. Die Idee dazu stammt aus der Bielefelder Laborschule[1], wir haben das Konzept etwas modifiziert:

Ziel des Themas ist, dass alle Kinder sowohl in Tätigkeiten des Haushalts als auch denen der Werkstatt unterrichtet werden und dass sie beide als wichtig und wertvoll erachten. Bei vielen Jungen müssen deshalb besonders Tätigkeiten im Haushalt trainiert werden, bei manchen Mädchen ist oft Überzeugungsarbeit zu leisten, damit sie sich zutrauen, mit der Bohrmaschine ein Loch in die Wand zu bohren. Die Vorbereitung für die Projekttage des »Haushalts- und Werkstattpass« findet im Fachunterricht statt. Das garantiert die Unterweisung durch Fachleute. Im Projekttag werden dann in Stationen die einzelnen Fähigkeiten und Kenntnisse geprüft und der Erfolg im Pass vermerkt. Darüber hinaus prüfen auch die Eltern einige Tätigkeiten im Haushalt/in der Werkstatt.

Es ist meines Erachtens hier ein Weg beschritten, der die Themen der geschlechterbewussten Bildung von der besonderen Veranstaltung, wie Projekte, in die Normalität des alltäglichen Unterrichts führt.

Weitere Beispiele, in denen geschlechterbewusste Strukturen in Fachthemen einbezogen werden, sind:

- Das AIDS-Projekt im 9. Jahrgang, vom Fach Biologie geführt und mit wichtigen Aspekten der geschlechterbewussten Bildung versehen.
- Die Berufs- und Lebensplanung, die in unserer Schule mit dem erweiterten Arbeitsbegriff die Themen der geschlechterbewussten Bildung mit aufgreift. (Der Wortlaut des Schulprogramms in diesem Punkt findet sich im Anhang.)

Dieses sind wertvolle Verbesserungen unseres Konzeptes. Das Thema der geschlechterbewussten Bildung wird trotzdem nicht »von selbst« laufen. Es braucht bewusste, engagierte KollegInnen, die immer wieder aktiv sind. Die kräftigsten Impulse für die Arbeit gingen und gehen von einer informellen Gruppe aus, die sich regelmäßig trifft und die verschiedene Schwerpunkte diskutiert. Aus diesem Kreis der aktiven KollegInnen finden sich immer wieder Personen als TeamerInnen oder als GesprächspartnerInnen für neue Überlegungen. Leider gibt es in unserer Schule keine regelmäßigen Treffs der Frauen- und Männergruppe mehr. Im Schuljahr 1999/2000 fehlte dann die Zeit, sich außerhalb des Unterrichts zu treffen. Es soll jedoch ein neuer Anfang gemacht werden.

Eine weitere Bedingung, die zum gleichmäßigen Erfolg in der geschlechterbewussten Arbeit führt, ist die Hilfe durch Personen und Institutionen außerhalb des

1 Biermann, C.: Haushalts(s)paß für Jungen und Mädchen. Ein Projekt in der Primarstufe der Laborschule Bielefeld. In: Brehmer, I. (Hrsg.): Schule im Patriarchat – Schulung fürs Patriarchat? Weinheim/Basel 1991.

Lehrerkollegiums. Die Mädchen- und Jungenarbeit ist weit von einem Fachunterricht alter Prägung entfernt. Die große Mehrzahl der LehrerInnen hat in ihrer Ausbildung nie lernen können, wie sie eine solche Arbeit leisten können. Deshalb ist nach wie vor ein großes Hindernis für die Praxis der Mädchen- und Jungenarbeit, dass viele KollegInnen sich diese Arbeit nicht zutrauen. Hier greift die Hilfe von SexualpädagogInnen, SozialpädagogInnen usw., also von Fachleuten, die in anderen Institutionen arbeiten. Sie übernehmen teilweise oder gelegentlich vollständig die Durchführung der Projekte. In der Anfangszeit war das Projekt im 5. Jahrgang ganz auf die Hilfe von außerhalb angewiesen. Erst allmählich trauten sich einzelne KollegInnen zu, die Mädchen- und Jungenarbeit anzuleiten. In kollegiumsinternen Fortbildungen wurden sie qualifiziert oder bildeten sich eigenständig weiter. Diese Fortbildungsveranstaltungen sind nach meiner Einschätzung ein weiterer wichtiger Baustein, um KollegInnen an die Mädchen- und Jungenarbeit heranzuführen. An ein bis zwei Fortbildungstagen erhalten die KollegInnen eine theoretische Einführung in Themen der geschlechterbewussten Erziehung. Außerdem erlernen und trainieren sie viele verschiedene Übungen, die in der Mädchen- und Jungenarbeit wichtig sind. Sie erwerben damit eine Methodenkompetenz, die ihnen hilft, das Projekt anzuleiten, oft sogar auszuwählen, was für sie persönlich annehmbar ist. Die eigene Erfahrung, der handlungsorientierte Ansatz steht in der Fortbildung im Vordergrund.

Das nordrhein-westfälische Ministerium hat das Thema geschlechterbewusste Bildung seit einiger Zeit wichtig genommen. Auf Anlass des ministeriellen Runderlasses vom 29.09.1986 (BASS 21-11 Nr. 27) sind im Landesinstitut für Schule und Weiterbildung in Soest Handreichungen zum Thema »Reflexive Koedukation und Schulentwicklung« erarbeitet worden. Außerdem stehen in jedem Bezirk von NRW ausgebildete ModeratorInnen zur Verfügung, die auf Antrag der Schule an die Bezirksregierung kollegiumsinterne Fortbildungen zur geschlechterbewussten Erziehung und Schulentwicklung durchführen können. Eine solche Fortbildung als Einstieg in die Mädchen- und Jungenarbeit ist damit schon einigen Schulen gelungen.

In der Gesamtschule Stieghorst konnte die Zusammenarbeit der SozialpädagogInnen und PraktikantInnen des PPD langfristig den Erfolg der Mädchen- und Jungenarbeit sichern. Das Mädchenprojekt im 5. Jahrgang wird ganz unter der Leitung der Sozialpädagogin durchgeführt. Der PPD steht auch für Fortbildungsmoderation zur Verfügung und ist ein wertvoller Kooperationspartner, ohne den die Mädchen- und Jungenprojekte nicht realisierbar wären. Außerdem werden für einzelne Projekttage TeamerInnen aus anderen Institutionen engagiert, die in inhaltlicher und organisatorischer Absprache mit den KlassenlehrerInnen Projekte leiten. Diese Zusammenarbeit ist in zweifacher Hinsicht wertvoll: Sie lässt das Projekt kompetent ablaufen und ermöglicht es den KollegInnen, von Fachleuten zu lernen.

Als eine letzte, aber nicht abschließende Hilfe zum Erhalt der Mädchen- und Jungenarbeit hat sich der formale Rahmen erwiesen, den unsere Arbeit ganz schnell bekommen hat. Die Beschlüsse von LehrerInnen- und Schulkonferenz hatten einen großen Verbindlichkeitscharakter, der es möglich machte, dass etwa alle LehrerInnen eines Jahrgangs am Mädchen- und Jungenprojekt 5 teilnehmen. Dazu gehört auch eine Schulleitung, die diese Verbindlichkeit einfordert. Unsere Schulleitung hat die Mädchen- und Jungenarbeit immer unterstützt. Dabei ist dennoch nicht garantiert, dass die KlassenlehrerInnen die Ziele der geschlechterbewussten Bildung im Unterricht verwirklichen. Ein Anfang ist jedoch in jeder 5. Klasse gemacht; diesen Anfang gilt es auszubauen. Inwieweit das Schulprogramm eine ähnliche Verbindlichkeit erreicht, wird sich erst in Zukunft zeigen.

5. Anhang: Zitate aus dem Schulprogramm

Punkt 6. »Berufsorientierung und Lebensplanung

Grundgedanken und Zielsetzungen

Angesichts der Flexibilisierung und Verknappung von bezahlten Arbeits- und Ausbildungsverhältnissen ist die *Berufswahl* für heutige Jugendliche keine einmalige Entscheidung für den einen oder anderen Beruf. Berufswahl ist ein Prozess, der in der Kindheit beginnt und bis in das Erwachsenenalter andauert, der aber am Übergang von der Schule in den Beruf erstmals konkret wird und unmittelbare Bedeutung für unsere SchülerInnen erlangt. Vor diesem Hintergrund sprechen wir von *Berufsorientierung und Lebensplanung,* wenn wir den Mädchen und Jungen Schlüsselqualifikationen vermitteln wollen, die sie befähigen, die subjektiven und objektiven Voraussetzungen von Lebensplanung bzw. -gestaltung zu erkennen und mit ihnen konstruktiv umzugehen. Durch den Gemeinsamen Unterricht gewinnt zusätzlich die Arbeitssituation von Menschen mit Behinderungen in unserer Gesellschaft an Aufmerksamkeit. Obwohl Mädchen und Jungen gleichermaßen sowohl Berufsausbildung und -ausübung als auch Familie in ihre Zukunft einplanen, finden sie sich später tatsächlich in unterschiedlichen Berufen mit unterschiedlichen Chancen wieder:

- Trotz besserer Schulabschlüsse haben **Mädchen** auf dem Ausbildungsmarkt immer noch schlechtere Chancen als Jungen und müssen sich häufiger bewerben, um einen Ausbildungsplatz zu bekommen. Die Aufgabe schulischer Berufsorientierung kann – auch angesichts der abnehmenden Zahl von *Mädchen in* den sog. *Männerberufen* – nicht eine einfache *Umlenkung* der Berufswünsche der Mädchen sein. Vielmehr soll der Umgang mit Technik und Naturwissenschaften zum selbstverständlichen Erfahrungsbereich der Mädchen gehören. Noch wichtiger scheint es jedoch zu sein, sie bei der Entwicklung eines angemessenen Selbstbewusstseins zu unterstützen.
- In der doppelten Orientierung auf Beruf und Familie steht bei den **Jungen** der Beruf ganz klar im Vordergrund. Auch Berufsorientierung und Lebensplanung von Jungen können indes nicht mehr von alten Selbstverständlichkeiten wie der lebenslangen Rolle als Familienernährer ausgehen. Sie müssen daher lernen, mit anderen biografischen Modellen umzugehen, ohne sich in ihrer Identität bedroht zu fühlen. Auch Jungen benötigen neben der Stärkung ihrer Kompetenzen im Bereich der Haus- und Familienarbeit Unterstützung im Umgang mit Veränderungen im Erwerbs- und Familienleben.

Berufsorientierung in der Schule ist mehr als Berufswahlvorbereitung, die Eignung und Neigung der SchülerInnen erfasst und in Beziehung zu einem Beruf setzt. Sie schließt den so genannten *privaten Bereich der Zukunftsplanung* der Jugendlichen mit ein, ohne sie auf ein bestimmtes Modell zu verpflichten. Auch deshalb ist es notwendig, in der schulischen Berufsorientierung von einem **erweiterten Arbeitsbegriff** auszugehen, der die einseitige Orientierung auf erwerbsmäßig organisierte Arbeit aufgibt und die **Haus- und Familienarbeit sowie die Arbeit im gesellschaftlichen und sozialen Bereich** mit umfasst (vgl. *Lehrpläne für die Arbeitslehre).* Alle Bereiche gesellschaftlich notwendiger Arbeit müssen Bestandteil eines Curriculums zur Berufsorientierung und Lebensplanung sein.
Bei den SchülerInnen mit Behinderungen wird in diesem Zusammenhang das Nachdenken über die eigene Behinderung und deren Auswirkungen auf die (Berufs-)Biografie zum ersten Mal bedeutsam. Vor dem Hintergrund dieser Überlegungen entwickeln wir unser schuleigenes Curriculum zur Berufsorientierung.«

(Schulprogramm 2000, Gesamtschule Stieghorst, Bielefeld 2000, S. 15–17)

Elisabeth Gemein

Auf dem Weg zur geschlechterbewussten Schule

Konzept der Mädchenförderung am Mädchengymnasium Essen-Borbeck – Verbindung mit der Arbeit am Schulprogramm

Der folgende Beitrag beschreibt die schrittweise Entwicklung eines pädagogischen Konzepts für Mädchen am Städtischen Mädchengymnasium Essen-Borbeck (MGB). Dabei werden zunächst einige Daten und Entwicklungen der Schule herausgestellt, wobei die Debatten zur Koedukation bzw. zur Reflexiven Koedukation und die daran anschließenden Diskussionen zum Prinzip der Mädchenschule besondere Berücksichtigung finden. Die »Sonderstellung« einer Mädchenschule in einer überwiegend koedukativen Schullandschaft und das daraus resultierende Interesse der Schulforschung bilden einen weiteren Schwerpunkt des Beitrages. Anschließend verdeutlichen die Ausführungen zum Schulprofil und zur Verankerung von Mädchenförderung im Schulprogramm die Verbindung des Konzepts der Mädchenförderung mit der Schulprogrammarbeit. Neben der konzeptionellen Arbeit erscheint es uns ebenso wichtig und notwendig, Überprüfungen des Mädchenkonzepts in Form von interner oder externer Evaluation durchzuführen.

1. Rückblick: Die Geschichte des Mädchengymnasiums Essen-Borbeck

Das Mädchengymnasium Essen-Borbeck entstand 1967 als monoedukatives Gymnasium für den Essener Nordbereich, nachdem es im Rat der Stadt lange Diskussionen über die engere Standortfrage (Altendorf oder Borbeck) gegeben hatte. Mädchen aus den nördlichen Stadtbezirken mussten in das Zentrum der Stadt fahren, wenn sie ein Gymnasium besuchen wollten. Sie sollten ein näher gelegenes Gymnasium erhalten.

Zu Beginn der 70er-Jahre, als alle anderen öffentlichen Essener Gymnasien in koedukative umgewandelt wurden, blieb das Mädchengymnasium durch eine Initiative Borbecker Bürger unter Leitung der Gründungsdirektorin als monoedukatives Gymnasium erhalten. Dieser Erfolg führte zu einem gestärkten Selbstbewusstsein der LehrerInnen und einer Identifikation mit ihrem Gymnasium. Die Vorstellung von Mädchenschule war dabei weitgehend traditionell und bildungsbürgerlich geprägt: Mädchen sollten umfassend gebildet werden, ohne dass ihre spätere gesellschaftliche Rolle grundsätzlich problematisiert wurde. Mit der zunehmenden Größe der Schule, der Zuweisung vieler junger LehrerInnen und den Auswirkungen politischer Umbrüche löste sich diese Homogenität auf, statt einer Eindeutigkeit der Vorstellung von dem Konzept einer Mädchenschule kam es zu einer breiten Vielfalt von Vorstellungen – bis hin zur Ablehnung der Monoedukation durch einzelne LehrerInnen. Diese Widersprüche und Gegensätze führten zu zahlreichen Diskussionen und bewirkten Fraktionierungen im Kollegium.

Nach der Pensionierung der Gründungsschulleiterin und Übernahme der Schulleitung durch einen Schulleiter im Jahre 1982 wurde in den darauf folgenden Jahren die Kooperation mit dem benachbarten koedukativen (ehemaligen Jungen-)Gymnasium eingeführt, um im Leistungskursbereich den Mädchen eine größere Fächerwahl zu ermöglichen. Dieser Kooperation war eine Diskussion in Lehrerkonferenzen und Schulkonferenzen vorausgegangen, die die Frage des Schulprofils thematisierte, die Eigenständigkeit der Mädchenschule betonte, gleichzeitig aber die Notwendigkeit der Zusammenarbeit im Rahmen der bestmöglichen Förderung berücksichtigte. Zu dieser Zeit erreichte die Schule auch die in Wissenschaft und Öffentlichkeit erneut entfachte Diskussion um die die Mädchen benachteiligenden Folgen einer zwar weitgehend flächendeckenden, aber nicht weiter reflektierten Koedukation, die zu einem deutlich offensiveren Diskurs im Kollegium führte und vieles von der später verordneten Schulprofil- und Schulprogrammdebatte schon vorwegnahm. Theoretischen Anstoß gab dazu der Beitrag von Sigid Metz-Göckel (1987) »Licht und Schatten der Koedukation. Eine alte Debatte neu gewendet«, der Untersuchungen an unserer Schule einleitete, durchgeführt von Kauermann-Walter und Kreienbaum. Daher wurde das Mädchengymnasium Essen-Borbeck zum Medienereignis. SPIEGEL, ZEIT und Vertreter der örtlichen Presse gaben sich die Klinke in die Hand. Metz-Göckel hatte festgestellt, dass der Anteil der Städtischen Mädchenschulen an den Gymnasien in NRW im Jahr 1984 4 Prozent betrug. Aber ein Drittel der im Jahr 1985 an der Universität Dortmund eingeschriebenen Frauen, die Informatik und Chemie studierten, hatten Mädchenschulen besucht, für Aachen und Paderborn waren diese Quoten noch höher.

Die Diskussionen im Kollegium führten zu einer bewussteren Auseinandersetzung mit dem Prinzip der Mädchenschule. Als konsensfähig erwies sich sinngemäß folgende Auffassung: »In der Unter- und Mittelstufe vermitteln wir den Mädchen Fachkenntnisse und stärken ihr Selbstbewusstsein, sodass sie in der Oberstufe in allen Fachbereichen mit den Schülern des koedukativen Gymnasiums zusammenarbeiten können.«

Da die Kooperation die Frage des Konzepts und Profils angestoßen hatte, bildete sich eine informelle Gruppe im Kollegium, bestehend sowohl aus eher traditionell ausgerichteten als auch eher als fortschrittlich zu bezeichnenden LehrerInnen, die eine Art Bestandsaufnahme vornahm. In lockeren Treffen wurden Befunde der Unterrichtsforschung rezipiert, Untersuchungen zur Koedukation herangezogen, Förderungsmöglichkeiten von Mädchen diskutiert. Konsens bestand bei allen TeilnehmerInnen in der Zielsetzung, Mädchen allseitig zu stärken und nicht einseitig auf bestimmte Rollen festzulegen. Bezüglich der Wege und Konkretisierungen gab es freilich große Unterschiede. Immer wieder wurde aber betont, dass es zwischen den LehrerInnen einen »Minimalkonsens« in Bezug auf Erziehungsfragen geben müsse. Im Alltag erwies sich aber gerade diese Arbeit am »Minimalkonsens« als schwierig, auch gelang es der informellen Konzeptgruppe weniger, ihre Vorstellungen vom Profil des Mädchengymnasiums Essen-Borbeck dem Gesamtkollegium nahe zu bringen. Zu viele Alltagsbelastungen erschwerten pädagogisch sinnvolle Diskurse.

Um dieser notwendigen Diskussion Raum zu geben, wurde an einem pädagogischen Tag über das Thema Vorteile der Mädchenschule diskutiert – zusammen mit der Referentin Frau Dr. Kreienbaum. Die weiterführende Frage nach einem mädchengerechten Schulprogramm war im Rahmen einer Tagung des Vereins Frauen und Schule »Was ist eine gute Schule?« 1992 im Mädchengymnasium erörtert worden. Den Einführungsvortrag mit dem Thema »Welche Macht haben Lehrerinnen?« hielt Frau Professor Metz-Göckel (1992), in dem sie Lehrerinnen mit ihrer doppelten Sozialisation und Qualifikation in den Lebensbereichen Beruf und Familie dazu ermunterte, Mädchen und jungen Frauen Macht zu verleihen, damit alte Machtstrukturen zwischen den Geschlechtern aufgebrochen werden. Das Bewusstsein, an einer besonderen Schule zu unterrichten, einem Unikat in der Schullandschaft NRW, wurde im Laufe des letzten Jahrzehnts deutlicher – hervorgerufen durch viele unterschiedliche Faktoren: abnehmende Schülerzahlen, die sich auch am Mädchengymnasium Essen-Borbeck zeitweise auswirkten, Gewaltdiskussionen an vielen Schulen, an denen das Mädchengymnasium Essen-Borbeck sich nicht zu beteiligen brauchte, positive Rückmeldungen von FachleiterInnen zu den Leistungen und zu der Motivation der Mädchen, Erfolge der Mädchen bei vielen Wettbewerben (Sprachen, Sport, Firmengründungen). Die Ergebnisse der Schulforschung – die Absolventinnenstudie von Kreienbaum (1995) – führten ebenfalls zu einer Klärung der Standortbestimmung.

2. Externe Evaluation: Ergebnisse einer Wirkungsuntersuchung am MGB

Alle ehemaligen Absolventinnen des MGB (1.569 haben in dem Zeitraum zwischen 1974 und 1992 Abitur gemacht) wurden im Rahmen der Studie von Kreienbaum (1995) nach ihren Lebens- und Berufsentscheidungen, ihren Bildungsgängen, Familien- und Wohnformen, Vereinbarkeitsmodellen, ihrer räumlichen Mobilität, dem Bildungsgrad und Beruf der Eltern und nach ihren Zukunftsplänen befragt. 600 MGB-Absolventinnen haben an der Befragung teilgenommen.

Um einen Vergleichsmaßstab zu erhalten, wurde ein weiteres Gymnasium in die Untersuchung einbezogen: eine ebenfalls 1967 gegründete, koedukative Schule in Mülheim (1.169 Abiturientinnen, davon nahmen 411 an der Befragung teil).

3. Einige Ergebnisse

Die **Studierquote** der Absolventinnen der Mädchenschule liegt bei 57 Prozent und ist damit etwas geringer als die Studierquote der Absolventinnen der koedukativen Schule (KS), die bei 60 Prozent liegt. Die detaillierte Betrachtung zeigt jedoch die besonderen Differenzen zwischen den beiden Schulformen auf:

- **Unterschiedliche Verwertungen des Studiums**
  Erfolg – auch durch eine hoch qualifizierende Ausbildung – ist nicht gleichbedeutend mit Selbstvertrauen. Auch promovierte Medizinerinnen und examinierte Lehrerinnen trauen sich eine adäquate Berufstätigkeit nicht immer zu, scheuen den Schritt in die Selbstständigkeit und in die verantwortliche Berufsausübung.
  89 KS-Absolventinnen wählten ein Lehramtsstudium (insgesamt 35,7% der Studentinnen) und 31,5% von ihnen übten auch den studierten Beruf anschließend aus. Bei den Mädchenschulabsolventinnen dagegen wählten »nur« 31,5% (104) das Lehramtsstudium, aber lediglich 13% (14) haben das Ziel **nicht** erreicht. Damit liegt die Quote der Mädchenschulabsolventinnen, die nach dem Lehramtsstudium den Beruf tatsächlich ausüben, deutlich über der Quote der KS-Absolventinnen. Auch bei den Medizinerinnen fällt auf: **MGB-Absolventinnen zeigen eine höhere Berufsmotivation**. Bis auf 14 **(26%)** arbeiten sie im studierten Beruf. Die Quote derjenigen Koedukationsabsolventinnen, die nach dem Medizinstudium keine Arbeitsstelle fanden oder die wegen der eigenen Familie den Berufseinstieg bislang verschoben haben, liegt dagegen bei mehr als **68%.**
  Schule muss erkennen, dass ihr aktuelles heimliches Curriculum zu einem geringeren Selbstbewusstsein beitragen kann. Das Mädchen-Gymnasium Borbeck zeigt, dass Schule jungen Frauen helfen kann, ihre Potenziale zu entdecken und ihren Weg im privaten und im beruflichen Leben mit Stolz zu gehen.
- **Studienabschlüsse**
  Eine Tendenz zu höheren Schulabschlüssen zeigt sich durchgängig bei den Mädchenschulabsolventinnen. 22 von 226 Frauen mit Studienabschluss haben promoviert (fast 10%), während nur 5 von 154 Koedukationsabsolventinnen einen Doktortitel tragen (3,2%). Eine Mädchenschulabsolventin ist die Höchstqualifizierte: Sie ist habilitiert, hat einen Lehrstuhl für Chemie und ist überdies Mutter.
- **Mobilität**
  Auffällig ist: Bis auf 14 haben alle Absolventinnen der koedukativen Schule (zum Teil nur zwischenzeitlich) ihren Heimatort verlassen. 162 der 600 Mädchenschulabsolventinnen sind in Essen wohnen geblieben. Knapp die Hälfte der mobilen Essenerinnen ist nach der Ausbildung oder nach dem Studium in die Heimatstadt zurückgekehrt.
- **Schulabschlüsse der Eltern**[1]
  Auch die Daten aus der Studie von Kreienbaum (1995) zeigen: Das MGB ist keine Schule für die Töchter aus Akademiker-Familien. Der Anteil der Arbeitertöchter ist mit rund 40 Prozent eher ungewöhnlich hoch.

1 Gegen die von Metz-Göckel 1987 zusammengestellten Daten über die hohen Anteile der Studentinnen mit natur- und ingenieurwissenschaftlichen Fächern, die ihr Abitur an einer Mädchenschule erworben hatten, war eingewendet worden (vgl. Baumert 1992, S. 89), dass dies auf einem Artefakt beruhe: Die Mädchen stellten durch ihre soziale Herkunft (hoher Bildungsabschluss von Vater und Mutter) eine positive soziale Auslese dar. Die Fächerwahl sei nicht so sehr durch den Schultyp (Mädchenschule), sondern durch die Herkunft aus einer hohen sozialen Schicht bedingt. Allerdings widerlegt Baumert (1992, S. 94) diese Annahme.

- **Arbeitszeit und Vereinbarkeit von Beruf und Familie**
  Für Mädchenschulabsolventinnen ist es selbstverständlicher zu arbeiten und Geld zu verdienen. Nur 10,8% verfügen über kein eigenes Einkommen, sieht man einmal von rund 600,– DM Erziehungsgeld oder von Arbeitslosenhilfe ab. Bei den Koedukationsabsolventinnen liegt dieser Prozentsatz bei 15%. Dies bezieht Frauen mit und ohne Kinder ein.

4. Inhalte unseres Schulprofils

Im Rahmen eines pädagogischen Tages wurde das Thema »Mädchen« als ein fachbezogenes und fächerübergreifendes in den Fachkonferenzen (neben den beiden anderen thematischen Schwerpunkten »Stadtteil Borbeck« und »Europa«) diskutiert und inhaltlich differenziert.

An diesen drei thematischen Schwerpunkten werden die Eckpunkte des Schulprofils deutlich: **Mädchen** stehen immer im Mittelpunkt; sie sind Gegenstand und Ziel aller pädagogischen Arbeit am Mädchengymnasium Essen-Borbeck.

Gleichzeitig bezieht sich die Schule auf ihr näheres Umfeld, den **Stadtteil Borbeck**, arbeitet bei zahlreichen Projekten mit den Betrieben, den kulturellen und sozialen Einrichtungen sowie nicht zuletzt mit der Kooperationsschule zusammen. Die Öffnung für den **Europagedanken** erfolgte im Hinblick auf die Zukunft der Arbeitsmärkte, die Chancen für junge Frauen, ihre Berufs-, und Lebensplanung auf diesen Bereich einzustellen und sie im Lernen der Fremdsprachen zu bestärken. Seitdem das Mädchengymnasium Essen-Borbeck Mitglied im **Verbund der Essener Europaschulen** ist, wird in gemeinsamen Projekten der europäische Gedanke realisiert (z.B. Auslandspraktika, Teilnahme an der Expo mit dem Thema »Esskultur im Ruhrgebiet und anderswo«; Kooperation mit Partnern aus Frankreich, Russland).

Auch bei den Schülerinnen konnte man eine Identifikation mit der Schule feststellen, vor allem lernten sie das insgesamt freundliche und ruhige Unterrichtsklima schätzen, nachdem sie in Kooperationskursen auch einen anderen Stil kennen gelernt hatten. Freilich ist diese Einschätzung mit Einschränkungen zu versehen: Viele Mädchen der Mittelstufe sehnen häufig Jungen herbei, wünschen sich eine Belebung des Unterrichts durch das andere Geschlecht. Dieser Wunsch lässt allerdings nach, sobald der erste Freund außerhalb gefunden worden ist. Als LehrerIn kann man beobachten, dass in den Unter- und Mittelstufenklassen die Mädchen durch die Abwesenheit der Jungen ein breit gefächertes Verhalten entwickeln: vom »**Sandkastenrocker**« bis zur »**Heulsuse**« ist die ganze Bandbreite vertreten. In diesem Rollenspiel liegt eine der Chancen des monoedukativen Unterrichts. Eine frühe und einseitige Festlegung findet nicht statt, man kann viele verschiedene Rollen erproben, ohne durch die Anwesenheit des anderen Geschlechts eingeschränkt zu werden.

Nach einer Ausschreibung, die sich an alle SchülerInnen, LehrerInnen und Eltern wandte, wurden die eingegangenen Entwürfe von einem Gremium gesichtet, das schließlich das Logo auswählte. Auch bei diesen Diskussionen, die z.T. sehr kontrovers verliefen, ging es nicht nur um die ästhetische Frage, sondern vielmehr um die Bedeutung als »Botschaft«: »Welche Auffassung von Mädchensein/Frausein verbindet sich mit dem gewählten Zeichen?«

5. Aus unserem Schulprogramm und erste Evaluationen

Seit Mitte der 90er-Jahre findet – angestoßen durch die Schulprogrammdebatte – ein ausdrücklicherer, nicht nur punktueller Diskurs zum Konzept der Mädchenschule statt. In diesem Zusammenhang hat eine Bestandsaufnahme bei LehrerInnen und Eltern stattgefunden, die insgesamt zu einer Bestätigung des Mädchenprofils und somit einer Art identitätsstiftender Selbstvergewisserung geführt hat. Anerkennung und Ansporn von außen (z.B. durch die Aufnahme in das **Netzwerk innovativer Schulen** der Bertelsmann-Stiftung, durch den **Europa-Preis für die Junior-Firma cre-o-la 1999** in Göteborg und den **Deutschland-Preis für die Junior-Firma metallic-art 2000** in Hannover) bestärkten LehrerInnen, Schülerinnen und Eltern in der Auffassung, auf dem richtigen Weg zu sein. Die explizite Arbeit am Schulprogramm erhielt so neue Anstöße.

Eine Steuergruppe von fünf LehrerInnen übernahm für etwa zwei Jahre die Aufgabe der Bestandsaufnahme, Koordinierung und Publizierung der verschiedenen Teile des Schulprogramms. Als zentrales Motto des Schulprogramms wurde »Mädchen***stärken***« im Sinne der doppelten Bedeutung als Voraussetzung und Aufgabe gewählt. Diese Stärken und das Stärken wurden in den unterschiedlichen Bausteinen des Schulprogramms verdeutlicht.

Mit Bezug auf die drei Stufen lässt sich dieses Motto beispielhaft wie folgt darstellen:

- In der **Erprobungsstufe** erfahren die Mädchen eine spezifische Lernförderung durch Angebote im Bereich von Arbeits- und Lernstrategien, durch eine Grundbildung am Computer und neuerdings durch das Angebot, Französisch als zweite Fremdsprache bereits mit Beginn der Jahrgangsstufe 5 zu erlernen. Durch das Initiativprogramm »Selbstbehauptung für Mädchen« wird ihr Selbstbewusstsein gestärkt, sie lernen Geschlechtsrollen zu reflektieren.
- In der **Mittelstufe** werden diese Fördermaßnahmen zur Grundbildung am Computer sowie Angebote zum Sprachenlernen (Russisch als 3. Fremdsprache) fortgesetzt; Formen selbstständigen Arbeitens, z.B. in Form von Projekten und als Facharbeiten werden erprobt. Um die Mädchen an die neuen und häufig noch frauenuntypischen Berufsfelder der Informationstechnologie, des Handwerks und der Medien heranzuführen, finden in diesen Bereichen Schnupperpraktika statt.
- In der **Oberstufe** findet ein mehrtägiger Methodenkurs statt, der die Schülerinnen an das wissenschaftspropädeutische Arbeiten heranführen soll. Ein zweiwöchiges Praktikum, das auf die individuelle Berufs- und Lebensplanung bezogen

ist, wird durch gezielte berufs- und studienwahlbegleitende Angebote vorbereitet. Fächerverbindende Projekte fördern das selbstständige und wissenschaftsorientierte Arbeiten.

Diese Aspekte des SP zeigen, dass das Mädchengymnasium Essen-Borbeck auf seine besondere Weise die Anregungen zur reflektierten Auseinandersetzung mit der Koedukation aufgreifen kann.

Mädchen*stärken*
in den verschiedenen Schulstufen

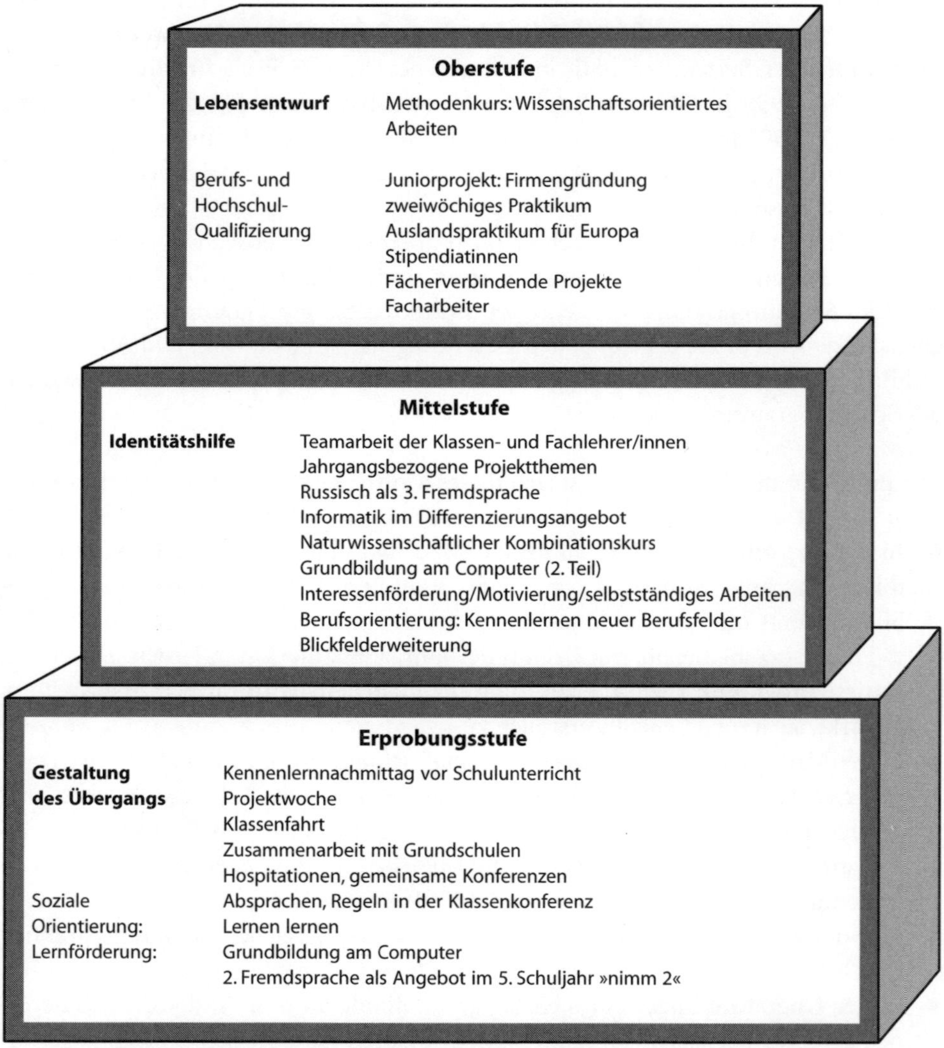

Mädchenstärken in den verschiedenen Schulstufen

6. Externe Evaluation: Untersuchung der Leistungskurswahlen und eine Längsschnittstudie

Eine aktuelle und noch nicht abgeschlossene Evaluationsuntersuchung von Nyssen/Lumer zur Leistungskurswahl an den vier monoedukativen Gymnasien in Essen ergab folgende erste Trends:

- 70 Prozent der SchülerInnen sind mit der Wahl ihrer Leistungskurse zufrieden,
- das Fachinteresse entscheidet über die Wahl des Leistungskurses,
- die Leistungskurse werden weniger deutlich als im Bundesdurchschnitt geschlechtsstereotyp gewählt.

Dies betrachten wir als Erfolg. Zusätzlich evaluieren wir unser SP mit einer von Kreienbaum an unserer Schule begonnenen Langzeitstudie. Seit 1996 werden Schülerinnen des jetzigen Jahrgangs 9 mit Interviews begleitet, ihre Schullaufbahn wird verfolgt, und es wird dokumentiert, wie sich ihre Lebenspläne entwickeln (Kreienbaum 1994, 1995).

Der Untersuchung liegt die Annahme zu Grunde, dass die Angebote, die eine Schule macht, für das Leben der Schülerinnen, für ihre beruflichen und privaten Lebenswegentscheidungen bedeutsam sind. Wie erfolgreich eine Schulzeit verläuft und wie sehr die (späteren) Absolventinnen von ihrer Schule profitieren, hängt mit dem Klima einer Schule, dem Zusammenhalt in einer Klasse, dem Engagement der Lehrerinnen und Lehrer, den Eltern und Lernenden zusammen und auch damit, was in einer Schule außerhalb von Unterricht passiert und auch mit der Intentionalität der Erziehungsprozesse.

Daher sollen Schülerinnen, die im Schuljahr 1997/98 die 5. Klasse das Mädchengymnasium Essen-Borbeck besuchen, für die gesamte Dauer ihrer Schulzeit begleitet werden. Über Fragebögen und in Gesprächen mit den Schülerinnen, ihren Eltern und ihren Lehrerinnen und Lehrern werden Informationen gesammelt, um zu erkunden, welche Wünsche und Bedürfnisse die Kinder und später Jugendlichen in der Schulzeit entwickeln, wie leicht oder schwer ihnen das Lernen oder das Teilnehmen am Schulleben fällt, welche Pläne sie für ihr späteres Leben haben, welche Motive für ihre jeweiligen Entscheidungen ausschlaggebend sind und wie sie das, was sie in der Schule lernen und erleben, in ihrem Leben aufnehmen und nutzen.

- Intensiv wird **das 5. Schuljahr** begleitet, denn in dieser Zeit lernen die Kinder die Schule und ihre Besonderheiten kennen, sie finden ihre Rolle im Klassenverband, gewöhnen sich an die Leistungsstandards und die Anforderungen (oder haben damit Schwierigkeiten).
- Ein zweiter Schwerpunkt wird in der **10. Klasse** gesetzt. Hier entscheiden sich die Jugendlichen für die gymnasiale Oberstufe oder den Berufseinstieg. Wichtige Entscheidungen für die spätere berufliche Laufbahn werden durch die Wahl der Leistungskurse vorbereitet.

- Die dritte Phase der Untersuchung erfolgt nach neun Jahren, wenn für die heutigen Fünftklässler das **Abitur** ansteht. Hier wird es spannend sein, Bilanz zu ziehen. Wie viele erreichen dieses Ziel auf direktem Wege? Wer oder was hat sie gefördert? Wo stehen die anderen? Was hat sie gehindert, das Ziel zu erreichen?
- Abgeschlossen wird die Untersuchung, wenn die Teilnehmerinnen ihren **28. Geburtstag** gefeiert haben, das heißt etwa 18 Jahre nach Untersuchungsbeginn und neun Jahre nach dem Abitur (sofern es in »Normalzeit« erreicht wurde). Welche Bildungswege haben sie dann durchschritten, wie sehen ihre Lebens- und Karrierepläne aus? Lässt sich daran ein auf das Schulprogramm zurückzuführender Einfluss ablesen? Gibt es einen beobachtbaren Zusammenhang von Schulprogramm und Schulerfolg?

Wir sind gespannt auf eine demnächst zu erwartende Zwischenbilanz.

7. Fortsetzung unserer Diskussionen über Konzept und Visionen von unserer Schule

Das Mädchengymnasium Essen-Borbeck ist einer »reflexiven Monoedukation« verpflichtet, d.h., es kann nicht nur tradiert werden, was als gesichert für die Bildung und Ausbildung der Mädchen gilt (z.B. die Stärken der Mädchen beim Erlernen der Fremdsprachen, ihre Bereitschaft zum Lernen, ihre soziale Kommunikationsfähigkeit) und was seit einigen Jahren erprobt ist (z.B. die Grundbildung am Computer, das Training des Selbstbewusstseins, die Selbstlernstrategien, die selbstständige unternehmerische Tätigkeit in JUNIOR-Projekten), sondern es muss auch Visionen geben, die den Standort der uns anvertrauten Mädchen und jungen Frauen in einer zukünftigen Gesellschaft skizzieren, auf deren humane Konturen sich diese Vision beziehen sollte. Die Kraft für eine solche Vision kann LehrerInnen nur aus der Freude am Beruf erwachsen, aus einer Überschussenergie, die sich nicht im Alltag verbraucht. Die Dimensionen der Vision ergeben sich aus dem lebendigen Dialog der Beteiligten: zwischen den LehrerInnen, mit den Schülerinnen und Eltern.

Die Arbeit am Schulprogramm war Anlass, über die Ziele und Wertvorstellungen eines Gymnasiums für Mädchen zu sprechen. »Wie bereiten wir die Mädchen auf ihre zukünftigen Rollen vor?«; »Welche Schlüsselqualifikationen soll die Schule ihnen vermitteln?«; »Welche Vorbilder bieten wir ihnen an?« Diese Fragen sind gestellt, werden aber nicht eindeutig und auch nicht immer übereinstimmend beantwortet. Bei aller grundsätzlichen Zustimmung zum Konzept der Mädchenschule, zu ihrem Motto und zu ihrem selbstbewussten Logo gibt es eine große Bandbreite möglicher Antworten auf die zentralen Fragen, was nicht nur mit der Offenheit und Unbestimmtheit der Zukunft dieser Gesellschaft und dieser Mädchen und jungen Frauen zusammenhängt, sondern auch mit dem persönlichen Verständnis des jeweiligen Lehrers/der Lehrerin von Weiblichkeit und Männlichkeit. Die je eigene Identität ist hier angesprochen, mit der Geschlechtsidentität ist ein zentraler Persönlichkeitsbereich berührt, die persönlichen Erlebnis- und Verarbeitungsprozesse wirken sich auf die Vorstellung von Mannsein und Frausein aus und prägen auch den Umgang mit den Mädchen, und zwar bei Lehrern wie bei Lehrerinnen.

Literaturverzeichnis

Baumert, J.: Koedukation und Geschlechtertrennung. In: Zeitschrift für Pädagogik 38/1992, Heft 1, S. 83–110.

Kreienbaum, M.A.: Lebens- und Karrierepläne – eine Absolventinnenstudie. In: GEW (Hrsg.): Koedukation. Frankfurt a.M. 1995.

Kreienbaum, M.A.: Schulerfolg und Schulprogramm. Forschungsantrag 1994. Unveröffentlichtes Manuskript.

Lumer, B./Nyssen, E.: Umfrage zu Leistungskurswahlen an den vier monoedukativen Gymnasien in Essen. (Auszüge aus den ersten Untersuchungsergebnissen; unveröffentlichtes Manuskript).

Metz-Göckel, S.: Licht und Schatten der Koedukation. Eine alte Debatte neu gewendet. In: Zeitschrift für Pädagogik 33/1987, Heft 4, S. 455–474.

Metz-Göckel, S.: Welche Macht haben Lehrerinnen? Vortrag auf der Tagung »Was ist eine gute Schule?« des Vereins »Frauen und Schule«. In: nds 12/1992.

Ilse Schrittesser / Heidi Schrodt / Roswitha Tschenett

Von der Mädchenförderung zur geschlechtergerechten Schule – Das Gymnasium Rahlgasse in Wien

Reflexionsgespräch über die Entwicklung eines Schulschwerpunkts

Das Gymnasium »Rahlgasse« wurde 1892 von Frauenrechtlerinnen als erstes österreichisches Gymnasium für Mädchen gegründet. Die Schule wurde 1948 verstaatlicht und seit 1977 wird diese koedukativ geführt. Sie hat eine lange Tradition als Reformschule (Soziales Lernen, Neue Lernkultur, Offene Lernformen etc.) und beschäftigt sich derzeit schwerpunktmäßig mit neuen Formen der geschlechtssensiblen Koedukation und Schulentwicklung. Die innerstädtische Schule mit vorwiegend bürgerlich-alternativem Publikum wird derzeit von 580 SchülerInnen besucht und hat ein Kollegium von 60 LehrerInnen.

Das folgende Reflexionsgespräch wurde von Roswitha Tschenett, einer externen Beobachterin und Begleiterin des Entwicklungsprozesses der Schule, aufgenommen. Das Gespräch zwischen ihr, der Lehrerin Ilse Schrittesser und der Schulleiterin Heidi Schrodt soll der Reflexion über den Entwicklungsprozess der letzten zehn Jahre dienen sowie der Klärung der nächsten Schritte und Schwerpunkte dieser Arbeit.

1. Von den Anfängen feministischer Aktivitäten an der Rahlgasse zu Beginn der 90er-Jahre

Wo bleiben die Mädchen?

Roswitha Tschenett: Ilse, seit wann gibt es eine aktive, sensibilisierte Frauengruppe an eurer Schule?

Ilse Schrittesser: Für mich hat es gleich in meinem ersten Jahr an der Schule begonnen, als ich bemerkt habe, dass es da eine spezielle Sensibilität für Interaktionen im Unterricht gibt. 1988 bin ich in die Rahlgasse gekommen, 1989/90 gab es die ersten Aktivitäten im Sinne von den Blick bewusst auf die Mädchen zu richten. Es gab zum Beispiel eine Kollegin, die Interaktionsstudien über Mädchen- und Bubenaktivitäten im Unterricht durchgeführt und die Ergebnisse in der Hundertjahrfestschrift der Schule (1992) dokumentiert hat. Oder eine weitere Lehrerin, die angeregt hat, einen Selbstverteidigungskurs für Mädchen anzubieten. Gleich darauf waren die Personalvertretungswahlen und darauf hat sich eine Frauengruppe gebildet – das war 1991. Vorher hatte die Schule das Prinzip »Soziales Lernen« entwickelt, dessen oberster Leitgedanke »Störungen haben Vorrang« war. Da sind Buben sehr stark im Vordergrund gestanden, wenn auch im negativen Sinn. Und dann begann es sich zu verlagern. Wo bleiben die Mädchen bei diesem ganzen Fokussieren auf die Störungen und auf die Buben, fragten wir uns.

Roswitha Tschenett: Das heißt, schon vor zwölf Jahren war also der Fokus bewusst auf die Mädchen gerichtet?

Ilse Schrittesser: Ja. Ich selber hatte damals zwei Parallelklassen, von denen eine einen ganz großen Mädchenanteil hatte, die andere hatte hingegen nur zwei Mädchen, sonst lauter Buben. Da gab es vom Kommunikationsverhalten, vom Kooperationsverhalten her einen so großen Unterschied, dass ich angefangen habe nachzudenken. Es könnte ja wohl nicht an mir liegen, dass ich in der einen Klasse so gut vorankomme und die Themen so freudig aufgenommen werden, während in der anderen Gruppe so viel Widerstand herrscht sowie eine ganz andere Kommunikationsstruktur. Es war übrigens auch die Klasse mit den vielen Mädchen die erste Oberstufenklasse, die einen Selbstverteidigungskurs für Mädchen in Anspruch genommen hat.

Roswitha Tschenett: Hingen diese ersten Aktivitäten also hauptsächlich von Einzelpersonen ab?

Ilse Schrittesser: Ja. Einzelne Personen haben Aktivitäten initiiert und damit andere mitgenommen im neuen Bewusstsein. Wir waren damals etwa fünf, sechs Frauen, maximal. Männer waren am Anfang überhaupt nicht mit diesen Fragen befasst.

Eine frauenfreundliche Schule entwickeln …

Roswitha Tschenett: Zu jener Zeit habt ihr ja auch eine eigene Frauenliste bei den Personalvertretungswahlen gegründet. Was waren eure Motive?

Ilse Schrittesser: Es ist uns zunächst darum gegangen, so etwas wie eine »frauenfreundliche Schule« zu entwickeln. Wir erkannten, dass wir als Lehrerinnen nicht so viel Gewicht hatten, wie uns zukommen sollte, und dass wir sehr viel Zuarbeit leisteten. Das Verhältnis von Lehrerinnen und Lehrern war ähnlich wie heute, nämlich ca. 50 Lehrerinnen und zehn Lehrer.

Roswitha Tschenett: Dennoch hattet ihr das Gefühl, euch stärken zu müssen?

Ilse Schrittesser: Ja, und eigentlich ist es immer noch so …

Eine neue Direktorin …

Ilse Schrittesser: Jedenfalls kam zu dieser Zeit Heidi als neue Direktorin und hat sich eindeutig deklariert, wie wichtig ihr Mädchen- und Frauenthemen waren.

Heidi Schrodt: Schon in meiner Grundsatzrede zum Amtsantritt war das ein zentrales Thema. Ich wollte mich von Anfang an dazu eindeutig positionieren. Ich übernahm die Leitung der Schule mit einem klar deklarierten feministischen Standpunkt.

Verschiedene Reaktionen und »männliche« Positionen von Frauen im Kollegium …

Ilse Schrittesser: Für unsere Frauengruppe war das natürlich sehr motivierend. Es war wie ein Aufschwung in ein anderes Zeitalter, vor allem, was Mädchen betrifft. Vorher hatte das, was wir machten, ja keine sonderlich große Breitenwirkung. Viele sind schweigend daneben gestanden und haben angefangen, Abwehrhaltungen zu entwickeln. Diese Abwehr hat v.a. auch damit zu tun, dass einige Frauen bei uns »männliche Positionen« einnehmen bzw. verteidigen.

Roswitha Tschenett: Wie äußert sich das – was versteht ihr darunter?

Ilse Schrittesser: Dass Kolleginnen Buben verteidigen und z.B. gegen eine Kandidatur von mir bei den Personalvertretungswahlen argumentieren, dass dann das Mädchenthema noch wichtiger an dieser Schule werden würde und dabei seien die Mädchen hier ohnehin schon bevorzugt.

Heidi Schrodt: Es sind unterschiedliche Frauentypen und nicht unbedingt die konservativen. Ich würde sagen, es sind Frauen mit einem sehr schwachen Ich-Verständnis als Frau. Das sind zum Beispiel auch Feministinnen, die so zwischen 50 und 60 Jahre alt sind, die selber als Frau »den besseren Mann stellen« wollen. Und dann gibt es die wertkonservativen Frauen, die von einer »Bewussten Koedukation« sowieso nichts halten. Oder es sind Lehrerinnen, die ganz stark aus der antiautoritären Richtung kommen und die von daher stark mit dem grenzüberschreitenden Bubenverhalten identifiziert sind. Von diesen wird z.B. das kooperative Verhalten der Mädchen assoziiert mit »angepasst tun«. Dann gibt es Kolleginnen, die gerne die ganz lieben, braven Mädchen haben und für die ist es eine totale Irritation, wenn Mädchen nicht so sind.

Ilse Schrittesser: Wie ich diesen Mädchen entgegentreten kann, hat wahrscheinlich etwas damit zu tun, wie ich mich als Frau fühle und wie ich mich als Mädchen erlebt habe – welche Konzepte – auch Erfolgskonzepte – ich für mich als Frau entwickelt habe. Und wenn ein Erfolgskonzept war: »Wir sind die besseren Männer«, dann ist das natürlich für diese Frauen sehr abschreckend, wenn plötzlich »Weiblichkeit« und »Frau-Sein« einen neuen Stellenwert bekommen, das ist ein Rückschritt für sie.

Eine bewusst geführte Mädchenklasse und eine Bubenklasse (1994–1996) – Erfahrungen und Erkenntnisse: Konflikte und Stärken der Mädchen wurden erst durch die Mädchenklasse sichtbar!

Roswitha Tschenett: Abwehrhaltungen tauchten ja dann insbesondere auch bei eurem Projekt »Mädchenklasse« auf. Rückblickend gesehen, was sind zunächst einmal die positiven Erkenntnisse aus diesem Projekt? Welche Schlussfolgerungen lassen sich ziehen?

Heidi Schrodt: Aus der Sicht einer feministischen Direktorin, welcher der Mädchenschwerpunkt ein besonderes Anliegen ist, war für mich die wichtigste Erkenntnis, dass der Blick auf die Mädchen normalerweise in der betreffenden Altersstufe, also der 10- bis 12-jährigen, gar nicht möglich ist. Also auf alles, was Mädchen so bewegt, auch auf ihre Konflikte und ihre spezifische Art der Konfliktaustragung. Da hatte ich schon 17 Jahre unterrichtet und war bereits drei Jahre lang Schulleiterin, und es war das erste Mal, dass Mädchenkonflikte für mich wirklich sichtbar wurden. Sie konnten thematisiert sowie auf ihre Eigenheiten hin untersucht werden. Es war ein Aha-Erlebnis für uns und damit zusammenhängend die Erkenntnis, dass in der Sekundarstufe Mädchenwelten einfach verdeckt sind durch die massiven Konflikte, die Buben haben. Sehr positiv wurde mir auch bewusst, wie Mädchen miteinander arbeiten, über alle Konflikte hinweg. Selbst in der Phase, als es sehr schwierig war in der Klasse und ich selbst intervenieren musste, machten sie immer sehr konstruktive Vorschläge. Zu dieser grundsätzlich kooperativen Einstellung kam noch ein ganz anderer Umgang mit dem Klassenraum, mit ihren eigenen Sachen, mit dem Inventar. Es waren ja ganz unterschiedliche Mädchen drinnen, also auch ganz »schlampige«, aber es war nie so verdreckt oder lieblos wie in vielen anderen Klassen.

Ilse Schrittesser: Auch für mich war die Mädchenklasse zunächst eine unglaublich positive Erfahrung, die ich immer noch mitnehme und für die ich mittlerweile in der Wahrnehmung sehr sensibilisiert bin: die Kooperationsbereitschaft, die Arbeitsorganisation, die gute Arbeitshaltung und die konstruktive Art miteinander umzugehen, all das habe ich in der Mädchenklasse erfahren, und das war einfach angenehm. Es war angenehm, dort zu unterrichten, es ging wirklich immer ums Thema. Es bestand auch ein großes Näheverhältnis zwischen Schülerinnen und Lehrerinnen. Sie konnten ihre Konflikte und ihre Gefühle relativ schnell aussprechen, wenn sie sich in einer Störung befunden haben. Diese Arbeitshaltung war einfach exzellent.

Roswitha Tschenett: Nun könnte man ja meinen, dass diese Mädchen sich auf Grund der besonderen Zuwendung so verhalten haben, vielleicht sich auch wegen der negativen Außenreaktionen zusammengeschlossen haben.

Ilse Schrittesser: Nein, das sehe ich nicht so. Wir hatten im Jahr darauf eine erste bewusst koedukativ geführte Klasse. Diese SchülerInnen sind jetzt in der vierten Klasse, also 13 und 14 Jahre alt, und arbeiten vorwiegend in geschlechtlich getrennten Gruppen.[1] Und auch da sind Unterschiede zu sehen: Die Mädchen sind schneller, in ihren Botschaften reifer und in ihrer Zusammenarbeit effektiver und konstruktiver.

»Wenn ihr so ein Projekt noch einmal starten würdet …«

Roswitha Tschenett: Hättet ihr Lust, so ein Projekt wieder zu machen? Und wenn ja, in welcher Form?

Heidi Schrodt: Von mir aus gesehen, ja. Doch erfordert das eine lange Vorausplanung. Am liebsten würde ich eine Mädchenklasse, eine Bubenklasse und eine bewusst geführte koedukative Klasse parallel führen wollen, zwei Jahre lang bis zur Typenteilung in der 7. Schulstufe.[2] Das wäre die Idealform. Wenn das nicht geht, möchte ich trotzdem wieder einmal eine reine Mädchenklasse anbieten und daneben zwei koedukative Klassen, mit Einbeziehung des ganzen Jahrgangsteams und

1 Aber in einem koedukativen Klassenverband.
2 Die Schulform »Allgemein bildende höhere Schule« (AHS) gliedert sich in der 7. Schulstufe in einen sprachlich orientierten Zweig (»Gymnasium«) und in einen naturwissenschaftlich ausgerichteten Zweig (»Realschule«).

mit ständiger Reflexion darüber, was da passiert. Ich bin übrigens völlig überzeugt davon, dass geschlechtshomogene Klassen in diesem Alter gut sind. Ich plädiere dafür, in dieser Altersstufe Mädchen- und Bubenklassen anzubieten. Doch können wir Bubenklassen seriöserweise erst dann anbieten, wenn es wirklich gute Konzepte dafür gibt.

Ilse Schrittesser: Auch aus meiner Sicht wäre es sehr wichtig, dass es eine entsprechende Vorlaufzeit gibt, in der wir das Konzept erarbeiten und mit dem wir dann in die Anmeldungsphase gehen. Wir hätten ein Jahrgangsteam, damit wären die Parallelklassen mit einbezogen. So könnten wir als Pilotprojekt starten und es müssen nicht immer alle voll dafür sein. Also ein gutes Team müsste sich im Vorhinein finden und sich auch der Widerstände bewusst sein, die auf dieses Projekt zukommen werden. Kurz gesagt: eine gute Projektplanung hinlegen und eine gute Teamsituation herstellen und dann die Widerstände nicht wie das Kaninchen die Schlange anstarren, sondern sagen: Es ist ein innovatives Projekt, und es wird Widerstände geben, aber wir machen es trotzdem.

Heidi Schrodt: Aus der Sicht der Direktorin ist auch die Frage sehr wichtig, wie die Schulleitung zu dem Projekt steht. Trägt die Schulleitung so ein Projekt mit, dann kann man es angehen. Wenn aber die Schulleitung dem neutral bis ablehnend gegenübersteht, dann sollte man es lieber bleiben lassen.

Widerstände gegen die Mädchenklasse – Erkenntnisse daraus?

Roswitha Tschenett: Noch einmal zum Thema »Widerstände«. Welche Erkenntnisse habt ihr da gewonnen?

Ilse Schrittesser: Was v.a. auch deutlich geworden ist: Starke Mädchen irritieren enorm! Und es ist erstaunlich, wie sehr ihr Verhalten sanktioniert wird im Verhältnis zu den Buben, die sich oft unvergleichlich viel mehr herausnehmen und deutlich mehr Grenzen überschreiten. Das wird oft augenzwinkernd akzeptiert – »es sind halt Buben«. Mädchen müssen eine sehr harte Zensur durchlaufen. Auch diese Erkenntnis muss man bei einem solchen Projekt mit berücksichtigen.

Heidi Schrodt: Eine ganz wichtige Erkenntnis für mich war: Wenn man ein feministisches Projekt macht, dann hat man mit enormen Widerständen zu rechnen. Das macht Angst. Ich hatte mit diesem Ausmaß an Widerständen nicht gerechnet, war offenbar damals viel zu naiv diesbezüglich.

Ilse Schrittesser: Die Widerstände kamen von überall, aus der Peergruppe genauso wie von den OberstufenschülerInnen und aus dem LehrerInnenkollegium. Inzwischen bin ich zu dem Schluss gekommen, wenn wir wieder so ein Projekt machen würden, hartnäckige WiderständlerInnen kann man nur ignorieren und weiter seinen Weg gehen. Sind sie dabei, ist es gut, sind sie nicht dabei, ist es auch gut.

Heidi Schrodt: Heftige Widerstände gab es auch von meinen Vorgesetzten, und zwar bis in die höchste politische Ebene, also bis zum Präsidenten des Wiener Landesschulrats.

Roswitha Tschenett: Wenn ihr so ein Projekt noch einmal starten würdet, wäre die Akzeptanz und Anerkennung heute größer? Wurde etwas daraus gelernt?

Ilse Schrittesser: Im Kollegium gäbe es weniger Widerstand. Unser erster Mädchentag war zwar schwierig zu organisieren, obwohl er dann letztlich ein Erfolg war. Der zweite und der dritte Mädchen- und Bubentag war dann schon ein großer Erfolg. Es hat sich personell im LehrerInnenkollegium einiges verändert, es gibt viele junge Frauen, die dazugekommen sind seit den Anfängen und die dem eindeutig positiv gegenüberstehen.

Heidi Schrodt: Ob die Behörden daraus etwas gelernt haben, weiß ich nicht, doch ist es inzwischen politisch korrekt, so etwas zu akzeptieren. Von gewissen Personen in meiner vorgesetzten Behörde gibt es diese Akzeptanz inzwischen, andere machen sich nach wie vor lustig darüber. Das ist die Realität.

Bubenklasse: »Ohne Mädchen sind Burschen nun mal so« und »Die Buben sind in ihrer Machokultur gepflegt worden!«

Roswitha Tschenett: Noch kurz zu eurer Bubenklasse, die es ja parallel zur Mädchenklasse auch gegeben hat. Wie sind da die Erfahrungen?

Ilse Schrittesser: Die männlichen Lehrer in dieser Klasse, finde ich, sind gescheitert. Es ist der Bewusstseinsgrad der männlichen Lehrer in dieser Klasse auf einer Ebene gewesen, die das stereotype Bubenverhalten eher gefördert und toleriert hat. Insofern ist das Experiment gescheitert, weil ja kein anderes Bubenverhalten entstanden ist, sondern in gewissen Bereichen ein ausgeprägtes Machoverhalten. In mancher Hinsicht sind die Buben dieser Klasse zwar durchaus in der Lage, sehr gut zu verbalisieren und auch, wenn es um intellektuelle Themen geht, durchaus »weiche« Positionen einzunehmen oder auch ihre eigene Verletzlichkeit zuzugeben. Aber in dem Augenblick, wo es um Interaktion geht, sind sie sofort in diesem rempelnden, hyperaktiven, wenig nachdenkenden Muster, das man häufig und stereotyp an Buben erlebt.

Heidi Schrodt: Die Buben sagen heute zu mir – quasi als Entschuldigung – sie müssten so sein, weil ich (als Schulleiterin) ihnen die Mädchen vorenthalten habe. Und ohne Mädchen sind Burschen nun mal so.

Ilse Schrittesser: Dieses Abwehren von Verantwortung ist für ihr Verhalten typisch. Sie können grundsätzlich nicht auf sich selber schauen. Was Frauen oft viel zu stark haben, was sie auch manchmal hemmt, ein ständiges Sich-in-Frage-Stellen, das haben die Buben der ehemaligen Bubenklasse überhaupt nicht. Wenn du sie dazu zwingst, entwischen sie dir, und innerhalb von zwei Minuten sind sie bereits bei einem ganz anderen Thema, und die Themen werden immer absurder, nur, um abzuwehren.

Roswitha Tschenett: Aber hat es in dieser Bubenklasse keine Lehrer gegeben, die sich da bewusst überlegt haben, wie sie mit den Buben arbeiten können?

Ilse Schrittesser: Eine Gruppe von Lehrern hat damals ein Männer-Seminar mitgemacht zur Sensibilisierung für ihre eigenen Rollen, aber die Umsetzung war dann nicht vorhanden. Ich glaube, es hat etwas mit »Kosten/Nutzen« zu tun und dass die Männer noch nicht verstanden haben, dass der Nutzen für sie, eine andere Rolle auszufüllen, möglicherweise höher ist als die Kosten. Männer haben immer noch Angst, wenn sie in eine andere Rolle gehen und ihre momentane, scheinbar privilegierte Rolle verlassen.

Heidi Schrodt: Auch ich sehe es so: Die Männer, die drinnen unterrichtet haben, haben die Verhaltensweisen verstärkt, obwohl sie vorgegeben haben und vielleicht auch von sich selber überzeugt waren, das Gegenteil zu tun. Und dann kamen auch noch jene Lehrerinnen dazu, die die Buben augenzwinkernd und liebevoll in ihrem Raudiverhalten eigentlich unterstützt haben. Die Buben sind in ihrer Machokultur unglaublich gehegt und gepflegt worden.

Analysen und Perspektiven (1996 bis heute): Wo steht die Rahlgasse heute mit der Bubenarbeit?

Roswitha Tschenett: Stichwort Bubenarbeit: Wo steht die Rahlgasse heute mit der Bubenarbeit? Wie viel Männer gibt es, die sich da engagieren in die Richtung?

Ilse Schrittesser: Zwei.

Roswitha Tschenett: Nur zwei?

Ilse Schrittesser: Es gibt schon immer wieder Männer, die man ansprechen kann für bestimmte Themen – also zum Beispiel beim Mädchen- und Bubentag. Da gibt es durchaus Männer, die bereit sind, Beiträge zu leisten. Aber es gibt nur zwei, die wirklich regelmäßig dran sind.

Heidi Schrodt: Und die das Bewusstsein haben.

Ilse Schrittesser: Ein Beispiel: Bei einem einschlägigen Workshop an unserer Schule sagte ich vor kurzem, ich würde mir wünschen, dass mehr Männer mit einer geschlechtssensiblen Haltung mitmachen – wo sofort bei allen Männern, die am Tisch gesessen sind, innerhalb einer zehntel Sekunde zehn Gründe da waren, warum sie zurzeit nicht mitarbeiten könnten. Es würde sie zwar sehr interessieren, aber es ginge momentan überhaupt nicht, weil sie zeitlich anders in Anspruch genommen sind, weil … und so fort. Das war wirklich erstaunlich, wie schnell die Antwort da war: »Nein, ich kann überhaupt nicht.« Und das ist schon ein Grund, warum die Bubenarbeit nachhinkt – denn es ist auch eine Lieblosigkeit den Buben gegenüber, dass sich da keiner ihrer Sache annehmen will.

Verankerung des Schwerpunkts »Bewusste Koedukation« im Schulprofil?

An österreichischen Schulen besteht keine Verpflichtung, ein Schulprogramm zu erstellen. Dieses war zwar für 2001 geplant, wurden dann aber im Zuge von Verhandlungen mit der Gewerkschaft wieder fallen gelassen. Allerdings gibt es eine Reihe von innovativen Schulen, die in den letzten zehn Jahren im Zusammenhang mit ihren Schulentwicklungsprozessen Leitbilder und Schulprogramme erstellt haben, meist mit Unterstützung von professionellen BeraterInnen. Die Wege dorthin waren unterschiedlich.

Das Gymnasium Rahlgasse begann mit intensiver Schulentwicklung im Herbst 1993. Ab dem Frühjahr 1994 gab es jährlich mindestens einmal so genannte »Pädagogische Tage«, im wesentlichen Schulentwicklungstage, zweimal auch an zwei aufeinander folgenden Tagen. Für das Jahr 2002 will die Schule ihr Leitbild erstellen.

Das Schulprogramm ist in Foldern festgeschrieben, die jeweils die Schwerpunkte der Schule abdecken.[1] Außerdem gibt es ein so genanntes »Schulprofil«, das die Grundsätze und das Angebot der Schule umfasst. Die Verdichtung zu einem kürzeren, griffigeren Text ist ebenfalls für 2002 geplant.

Insgesamt könnte man den Weg der Schule so zusammenfassen: Es wurde im Schulentwicklungsprozess versucht, das Profil möglichst breit im Kollegium zu verankern. Die Festschreibung des Leitbilds wird – so nimmt man jedenfalls an – auf Grund der sehr hohen Identifikation und Akzeptanz problemlos und schnell erfolgen.

Seit einem Jahr gibt es auch einen staatlichen Auftrag zur geschlechtssensiblen Koedukation, welcher im gültigen Lehrplan für allgemein bildende Höhere Schulen »bewusste Koedukation« als Bildungsziel festschreibt.

Roswitha Tschenett: Jetzt würde mich noch kurz interessieren, wie ihr euren Schwerpunkt öffentlich sichtbar macht. Ist er beispielsweise im Schulprogramm verankert?

Ilse Schrittesser: Im Schulprofil ist der Schwerpunkt verankert und wird sowohl auf unserer Schul-Homepage sichtbar als auch demnächst auf unserer Homepage zum Comeniusprojekt zum Thema »Maßnahmen zur Gleichstellungserziehung«. Da sind wir jetzt sehr präsent, da stehen diverse Texte von Heidi und mir und einigen anderen Lehrerinnen. Es handelt sich um Reflexions- und Erfahrungstexte zu den laufenden Aktivitäten.

Heidi Schrodt: Und die verschiedenen Publikationen – Artikel in Zeitschriften und Büchern – darf man nicht unterschätzen.

Ilse Schrittesser: Und die violette Broschüre[2]!

»Direktorinnen, die sagen: Das möchten wir auch?«

Roswitha Tschenett: Jetzt würde mich speziell noch interessieren, gibt es Direktorinnen, die bei euch anfragen und sagen, das möchten wir auch – wir möchten auch so einen Schwerpunkt entwickeln?

Heidi Schrodt: »Wie komme ich zu einem derartigen Schwerpunkt?« – das bin ich noch nicht direkt gefragt worden. Aber es interessieren sich oft Kolleginnen in meiner Supervisionsgruppe.

1 Vgl. dazu die nächste Fußnote zur violetten Broschüre.

2 Die violette Broschüre ist ein Folder, in welchem ausschließlich die »Bewusste Koedukation« als tragende Säule des Schulprofils des Gymnasiums Rahlgasse Wien dargestellt wird.

»Seit es die Lernwerkstatt gibt, wird das Realgymnasium besser von Mädchen akzeptiert!«

Roswitha Tschenett: Zur Lernwerkstatt: Kann die These aus eurer Erfahrung bestätigt werden, dass durch das projektorientierte fächerübergreifende Arbeiten in der Lernwerkstatt die Mädchen einen besseren Zugang zum naturwissenschaftlichen und handwerklichen Bereich finden?

Heidi Schrodt: Die Lernwerkstatt ist bei Mädchen sehr beliebt. Seit es sie gibt, wird das »Realgymnasium«[1] von den Mädchen besser akzeptiert. Das heißt, es muss auch offensichtlich von den Mädchen, die da teilgenommen haben, weitererzählt werden: »Das ist gut«, sonst würden sich nicht jedes Jahr so viele Mädchen anmelden. Das war früher nicht so. Eine Werklehrerin ist gerade stark dabei, den Geschlechteraspekt vermehrt in die Lernwerkstatt hineinzubringen. Und ich möchte, wenn die Koordinatorin wieder aus dem »Mutterschutz« zurück ist, mit den zwei das Thema in Angriff nehmen. Wir planen ein Wahlpflichtfach »Lernwerkstatt« für die Oberstufe und würden da gerne mit einer Professorin von der TU zusammenarbeiten, um Anknüpfungspunkte für die größeren Mädchen zu bieten, mehr schon in Richtung Forschung, spezielle Angebote nur für die Mädchen.

Mädchensprechstunden: Es geht um Freundschaften und Konflikte …!

Roswitha Tschenett: Kommen wir zum Thema »Mädchen- und Bubensprechstunden«. Ihr bietet diese ja bereits seit einigen Jahren an. Mit welchen Themen und Anliegen kommen die Mädchen und kommen sie eher alleine oder in Gruppen?

Ilse Schrittesser: Sie kommen in erster Linie mit Freundschafts- und Gefühlsthemen. Oft geht es z.B. darum, dass sie sich in der Klasse nicht wohl fühlen. Dabei geht es häufig um Konflikte mit Buben. Es geht ihnen z.B. schlecht, weil sie von Buben beschimpft worden sind, z.B. mit »du fette Sau«, »Hure« oder Ähnliches. Andererseits kommen sie mit Konflikten, die sie mit LehrerInnen haben. Sie kommen selten allein, sie kommen oft zu zweit oder zu dritt und manche kommen auch zwei-, dreimal in der Woche.

1 Das »Realgymnasium« in Österreich stellt eine Sonderform des Gymnasiums dar und bietet ein größeres Ausmaß an Stunden in naturwissenschaftlich-mathematischen Fächern.

Roswitha Tschenett: Wie gehen die Mädchen mit Übergriffen und Störungen seitens der Buben um?

Ilse Schrittesser: Mein Eindruck ist, sie weisen das schon viel heftiger zurück als noch vor einiger Zeit, und sie sind sehr empört, wenn solche Übergriffe passieren. Vor allem die kleineren Mädchen, die explodieren manchmal in solchen Situationen vor Wut.

Roswitha Tschenett: Ändert sich das dann im Laufe des zunehmenden Alters der Mädchen?

Ilse Schrittesser: In den Oberstufen scheint das kein großes Problem mehr zu sein, da geht es dann vor allem um Konflikte mit LehrerInnen und kaum um Probleme mit Buben.

Heidi Schrodt: Also ich beobachte in der Altersstufe der 13- bis 14-Jährigen aber auch, dass einige Mädchen anfangen, das auch cool zu finden, und sich hinter solche Buben stellen, die Mädchen runtermachen. Und die, die sich darüber aufregen, werden als »zickig«, »angerührt« oder als »uncool« bezeichnet.

Sprechstunden für Buben: »Meistens werden sie geschickt!«

Roswitha Tschenett: Und wie sieht das nun mit den Sprechstunden für die Buben aus? Werden die von Buben genutzt?

Ilse Schrittesser: Bei dem einen Kollegen, der sie anbietet, werden sie von den Buben schon genutzt, aber sie haben das Angebot weniger häufig zur Verfügung, weil es weniger Männer gibt, die das anbieten.

Roswitha Tschenett: Mit welchen Themen kommen die Buben?

Ilse Schrittesser: Die Buben kommen weniger aus eigenem Antrieb heraus, sondern sie werden häufig hingeschickt, etwa weil eine Lehrerin oder eine Schülerin sie nicht mehr aushält oder weil es Probleme gibt mit bestimmten Buben.

Roswitha Tschenett: Wie wird eigentlich eure Arbeit – das Halten von Sprechstunden – abgegolten?

Ilse Schrittesser: Seit diesem Schuljahr auf Grund der Kürzungen leider nicht mehr – bisher gab es dafür eine Abschlagstunde pro LehrerIn, wir waren zu dritt – d.h., es gab drei Abschlagstunden.

Gibt es unterschiedliche Mädchen- und Bubenkulturen?

Roswitha Tschenett: Zum Thema »Mädchen/Buben-Kulturen« – kann man davon überhaupt sprechen oder liegt in dieser Fokussierung auch schon wieder eine Gefahr, die Unterschiede und Vielfalt innerhalb eines Geschlechts nicht wahrzunehmen? Inwiefern würdet ihr von unterschiedlichen Kulturen, Haltungen oder Umgangsformen der Geschlechter sprechen?

Ilse Schrittesser: Oh ja – es werden schon geschlechtsspezifische Unterschiede und Tendenzen sichtbar, z.B. dass Mädchen in ihrer Arbeitshaltung grundsätzlich konstruktiver sind, dass sie an der Sache interessiert sind und dass sie die Autorität der LehrerInnen weniger hinterfragen bzw. bekämpfen müssen. Buben treten sehr schnell in Rivalität und Konkurrenz zum Lehrer oder zur Lehrerin – z.B. Aufgabenstellungen zu hinterfragen ist für die Buben eine Form der Selbstdarstellung. Die Buben sind oft so beschäftigt mit der Rivalität und der Konkurrenz untereinander, dass sie oft versuchen müssen, sich in irgendeiner Form in den Vordergrund zu spielen. Buben, wenn sie Probleme untereinander haben, tragen sie das häufig auf eine sehr untergriffige und verletzende Weise aus, sowohl verbal als auch körperlich. Allerdings sind diese Buben zahlenmäßig meist in der Minderheit, auch wenn sie oft den Ton in der ganzen Gruppe angeben und meinungsbildend sind – sowohl bei den Buben als auch bei den Mädchen. Und da müssen wir uns noch einiges überlegen, wie wir damit umgehen, weil da so viel an Konstruktivität und an Potenzial untergeht, nur weil man ständig mit diesen Störungen beschäftigt ist.

Heidi Schrodt: Für mich als Direktorin stellt sich das so dar, dass die Mehrzahl der Mädchen, die aus der Volksschule zu uns kommen, es »schön« haben will in der Schule, auch die nicht angepassten Mädchen. Ich kann das vorher Gesagte nur bestätigen. Für mich sind »Buben-Unkulturen« in der Schule beschränkt auf eine relativ kleine Schicht, die aber dann so nach dem Hordenprinzip andere an sich ziehen, und mitsamt den Mitläufern sind es dann letztlich doch ziemlich viele jeweils in den einzelnen Klassen. Diese Mitläufer wären aber aus meiner Sicht sofort auch für etwas anderes zu gewinnen, wenn die »Leader« etwas anderes vorgeben würden. Was jedoch häufig vorgegeben wird, ist eine prinzipiell destruktive Arbeitshaltung, die sich im Extremfall äußert in Vandalismus, in der Zerstörung von Schulsachen von Mitschülerinnen und Mitschülern, von Inventar und in »laut sein« und »spucken«. Also das Problem äußert sich für mich im schulischen Alltag unliebsamst und man ist dauernd mit ihnen beschäftigt. Sie raufen, sie müssen verarztet werden, sie müssen von der Rettung oder von den Eltern abgeholt werden. Es gibt jedoch immer mehr Burschen, die so überhaupt nicht sein wollen, vor allem kleine Buben, und auf die schauen wir viel zu wenig. Ich glaube, man müsste den Blick auch viel mehr auf die Mitläufer richten und mit denen arbeiten und die »Rädelsführer« nicht so sehr ins Zentrum stellen.

Mögliche Ursachen und Hintergründe für destruktives Bubenverhalten?

Roswitha Tschenett: Was glaubt ihr, was hinter diesem destruktiven Bubenverhalten steckt? Welche Ursachen seht ihr?

Heidi Schrodt: Also, auf jeden Fall die Absenz der Väter und die Absenz von konkreten männlichen Vorbildern und Bezugspersonen.

Ilse Schrittesser: Ja – es gibt wenig Identifikationsmöglichkeiten, es gibt offensichtlich niemanden, auf den sie schauen können, den sie als nachahmenswert empfinden. Da gibt es anscheinend eine große Leerstelle für viele dieser Buben. Und diese Absenz von männlichen Bezugspersonen führt dann offensichtlich dazu, dass diese Buben eine massive, oft grenzüberschreitende Art entwickeln, Aufmerksamkeit einzufordern und wenn du sie ignorierst, dann gehen sie noch einen Schritt weiter und noch einen Schritt.

Roswitha Tschenett: Und haben Vandalismus und die Orientierungslosigkeit von Burschen aus eurer Sicht zugenommen?

Ilse Schrittesser: Ich bin nicht der Meinung, ich glaube, dass wir das früher nicht so bewusst wahrgenommen haben.

Wie damit umgehen?

Roswitha Tschenett: Und wie versucht ihr nun, damit umzugehen?

Ilse Schrittesser: Ich finde, sie müssen den Eindruck gewinnen, dass sie damit nicht durchkommen. Momentan kommen sie damit noch bei vielen KollegInnen durch, und sie werden dadurch häufig auch noch bestärkt in diesem Verhalten, weil nicht klar gesagt wird: »Stopp, das geht jetzt nicht!«

Heidi Schrodt: Auch ich finde, dieses Bemühen, sich liebevoll und verständnisvoll hineinzufühlen in einen aggressiv störenden, männlichen Nachwuchs seitens der Mütter, aber auch seitens der Lehrerinnen und Erzieherinnen, das muss viel mehr zurückgewiesen werden. Aber es beginnt sich da in der Einstellung und Haltung gegenüber solchen Verhaltensweisen etwas zu ändern. Es sind jetzt mehr Leute differenzierter und es gibt eine Generation von jüngeren LehrerInnen, die da sehr klar sind.

Frauen- und Männerkulturen im Kollegium?

Roswitha Tschenett: Was fällt euch zum Thema »Frauen- und Männerkulturen im Kollegium« ein?

Heidi Schrodt: Das ist sehr vielschichtig, aber es gibt doch so geschlechtstypische Verhaltensmuster. Und wenn wir in der Schule den Anspruch einer geschlechterbewussten Pädagogik haben, dann müssen wir auch unsere eigenen Geschlechterkulturen in der Schule genauer anschauen. Ich habe vor, das jetzt auch einmal zum Thema einer pädagogischen Konferenz zu machen.

Ilse Schrittesser: Mir fällt dazu z.B. ein, dass es schon die Tendenz gibt v.a. bei älteren Frauen – das ist wahrscheinlich an anderen Schulen noch viel stärker –, den Männern und den Männerkarrieren sehr Vorschub zu leisten, obwohl das Lippenbekenntnis ein sehr frauenbewusstes ist. Das, was auch öfters zu beobachten ist – ein konkretes Beispiel –, dass etwa in Arbeitsgruppen, wo ein einziger Mann drinnen sitzt, wenn es etwas zu präsentieren gibt bzw. wenn ein öffentlicher Auftritt gefragt ist, sich sofort alle Frauen an diesen einen Mann in der Gruppe wenden: »Geh, mach du das, du kannst das so gut!« Das ist eine klassische Verhaltensweise und sie ist noch immer da, komischerweise. Mein Eindruck ist auch, dass Frauen, die sich selbstbewusst mit einer starken Frauenrolle identifizieren und die feministische Anliegen verfolgen, oft auf den verschiedensten Ebenen mit Abwehrhaltungen und Angstprojektionen anderer KollegInnen konfrontiert sind.

Heidi Schrodt: Zum Thema »Männerkulturen« fällt mir auch noch ein, wie einige Lehrer mit den Buben reden. Da habe ich z.B. jetzt Beschwerden von einem Vater, der seinen Sohn – ein ganz sanfter, lieber – extra wegen unserer Schwerpunkte »Bewusste Koedukation« und dem Angebot »KOKOKO« (*Ko*mmunikation, *Ko*nfliktlösung, *Ko*operation)[1] hier angemeldet hat

1 Der Unterrichtsgegenstand *KOKOKO* (*Ko*mmunikation, *Ko*operation, *Ko*nfliktbearbeitung) wird seit 1994 am Gymnasium Rahlgasse in der 5. Schulstufe unterrichtet. Ziel ist es, den SchülerInnen ein Instrumentarium an die Hand zu geben, mit dessen Hilfe sie zukünftige Kommunikationsprobleme und Konfliktsituationen erkennen, analysieren und beheben können. Außerdem ist KOKOKO Teil des Gewaltpräventionsprogramms der Schule.

und der sich nun beschwert, wie bestimmte männliche Lehrer speziell mit den Buben reden. Es gibt einige an der Schule, die sofort eine Deklaration »verbesserte Koedukation« unterschreiben würden, die aber unbewusst noch alte unreflektierte Rollenmuster in sich tragen. Ich glaube, um hier glaubhaft und wirkungsvoll Erziehungsarbeit leisten zu können, ist es notwendig, sich die Einstellungen und das, was wir den Kindern vorleben, anzuschauen.

Ilse Schrittesser: Was sich aber schon positiv verändert hat in den letzten Jahren, ist auf jeden Fall, dass sich v.a. unter den Frauen eine offenere Kommunikationskultur entwickelt hat, ein offenes Ansprechen von Konflikten. Vor einigen Jahren, als noch die Mädchenklasse gelaufen ist, war es z.B. eine Frauenunkultur, dass jeder Druck, der von außen gekommen ist, in untergriffigste Kämpfe gegeneinander ausgeartet ist. Das aber hat sich positiv verändert, es gibt zwar nach wie vor Ansätze von Mobbing, weil Frau es offen nicht sagen will. Aber es gibt plötzlich auch viel Offenheit und ich finde, das ist ein enormer Fortschritt.

Heidi Schrodt: Ja – auch ich finde, es gibt an unserer Schule eine Vielfalt an weiblichen Ausdrucksmöglichkeiten. Es gibt eine starke Frauenpräsenz, es gibt sehr viele selbstbewusste Frauen und angesichts dessen scheinen doch einige der wenigen Männer an der Schule in Wirklichkeit etwas unsicher zu sein.

Herausforderungen für die Zukunft?

Roswitha Tschenett: Welche Perspektiven gibt es für die Zukunft – was erscheint euch als größte Herausforderung?

Ilse Schrittesser: Für mich erscheint als größte Herausforderung, dass eine *neue* Männerkultur an der Rahlgasse entsteht im Sinne von selbst organisiert und im Sinne von neue Identifikationsmöglichkeiten schaffen für Buben. Dann hätten auch wir Frauen viel mehr Freiraum.

Heidi Schrodt: Für mich ist die größte Herausforderung, dass wir Strategien finden für die Bubenarbeit, das müsste natürlich parallel laufen zur Entwicklung einer neuen Männerkultur an der Schule.

2. Aus dem Schulprogramm

Folgende Schwerpunkte gibt es bis jetzt:

- Gezielte Ermunterung von Mädchen, sich für Funktionen zur Verfügung zu stellen (Klassensprecherinnen, Schulsprecherinnen, Vertreterinnen im Schulgemeinschaftsausschuss ...).
- In vielen Klassen und im SGA gibt es automatisch ein Mädchen und eine Buben als gleichberechtigte VertreterIn.
- Seit einigen Jahren gibt es Lehrerinnen, die als **Mädchenbeauftragte** tätig sind (Sprechstunden für Mädchen, Ansprechpartnerinnen für Probleme, Koordinatorinnen für Mädchenprojekte ...), und
- Lehrer als Bubenbeauftragte, die Buben stärken und Ventile für **Bubenaggressionen** suchen wollen (Sportpausen für Buben, Projekttage, Sprechstunden ...).
- Für Mädchen gibt es Selbstverteidigungskurse im Rahmen des Turnunterrichts.
- Phasenweise getrennter Unterricht (z.B. im Sexualkundeunterricht) soll eine bessere Gesprächsbasis schaffen.
- Es gibt eine Arbeitsgruppe im Rahmen der schulinternen Schulentwicklungsgruppen, die Erfahrungen diskutiert und weitere Schritte zur Umsetzung des Gleichstellungserlasses plant.
- Die in der AHS vorgesehene Trennung zwischen technischem und textilem Werken ist bei uns aufgehoben, d.h., der Werkunterricht findet – nach einem eigens dafür entwickelten fächerübergreifenden Lehrplan – für Mädchen und Buben gemeinsam statt.
- Als längerfristige Perspektive wollen wir den Mädchen die Zugänge zu den naturwissenschaftlich-technischen Fächern eröffnen und den Buben die Defizite in den Fremdsprachen abbauen helfen.
- Wichtig ist uns vor allem, ein Bewusstsein für die Notwendigkeit von Gleichberechtigung und für noch vorhandene Ungerechtigkeiten zu entwickeln und zu fördern.

Literaturverzeichnis

»Von der Geschlechterhierarchie zur Geschlechterdemokratie?«. Österreichische Frau und Schule Tagung, Videofilm mit Begleitheft (Regie und Redaktion: R. Tschenett), beinhaltet u.a. Ausschnitte aus einem Referat und aus Interviews mit Lehrerinnen und Schülerinnen einer Mädchenklasse im BRG/BG Wien VI, Rahlgasse. Video Nr. 86041 (Produktionsjahr: 1995). Ankauf: Firma Amedia, Tel. u. Fax: ++43 / 1 / 982 13 22 – DW 310 – amedia@cso.co.at.

Parnigoni, B./Schrittesser, I.: Gymnasium Rahlgasse/Wien VI: Geschlechtsdifferenzierender Unterricht und Koedukation. In: Bundesministerium für Bildung, Wissenschaft und Kultur (Hrsg.): Schulqualität und geschlechtssensible Lernkultur. Wien 1997. Bestellungen gegen Portokosten: Fa. AMEDIA – s. o.

Schrodt, H.: Mädchen-Räume: Neue Wege der Koedukation am Gymnasium Rahlgasse in Wien. In: Lassnig, L./Paseka, A. (Hrsg.): Schule weiblich – Schule männlich. Zum Geschlechterverhältnis im Bildungswesen. STUDIENVerlag, Innsbruck/Wien 1997.

Schrittesser, I.: Eine Mädchenklasse als Schulentwicklungsprojekt? In: journal für schulentwicklung 1/1998, Heft 1, S. 53–57.

Pertlik, S./Schrittesser, I./Schrodt, H.: Praxisbeispiele mädchengerechter Erziehung. Erfahrungen mit getrenntem Unterricht: Die Mädchenklasse in Wien. In: von Lutzau, M. (Hrsg.): Frauenkreativität macht Schule. XI. Bundeskongress Frauen und Schule. Dokumentation. Deutscher Studienverlag, Weinheim 1998.

Webseite des Gymnasiums Rahlgasse: http://www.grg6.asn-wien.ac.at.

Webseite zu dem im Beitrag erwähnten Comenius-Projekt: http://www.grg6.asn-wien.ac.at/eu.htm.

Birgit Klein-Uerlings

Im Dschungel der Widerstände

Vom Umgang mit Schwierigkeiten bei der Verankerung von Jungen- und Mädchenarbeit

Wenn man sich zu einer Veröffentlichung innerschulischer Projektarbeit entschließt, liegt es nahe, von Erfolgen zu berichten. Erfreulicherweise gibt es auf dem Gebiet der Mädchen- und Jungenarbeit tatsächlich eine große Anzahl erfolgreicher Projekte. Dennoch darf nicht übersehen werden, dass eine geschlechterbewusste Erziehung mit all ihren Konsequenzen für die Gestaltung des pädagogischen Alltags für viele Schulen noch Neuland ist.

> Meine **These** lautet:
> *Nur wenn es gelingt, sich ehrlich mit den Widerständen auseinander zu setzen, die dieses Thema in vielen KollegInnen weckt, und Wege zu finden, mit diesen Widerständen umzugehen, können langfristige Veränderungen bewirkt werden.*

In den ersten beiden Abschnitten meiner Ausführungen stelle ich die von mir als Ansprechpartnerin für Gleichstellungsfragen[1] an meiner *eigenen* Schule (Gymnasium Rodenkirchen/Köln) und als Moderatorin für »Reflexive Koedukation« an *anderen* Schulen beobachteten Schwierigkeiten bei der Umsetzung einer geschlechterbewussten Erziehung dar. Ich werde versuchen, einige der Konfliktlinien nachzuzeichnen, die wiederholt zu Reibungen innerhalb der Lehrerkollegien führen und die Verankerung einer Reflexiven Koedukation in Verbindung mit spezifischen Mädchen- und Jungenprojekten erschweren können. Meine Darstellung hat deshalb zunächst nicht den Charakter eines »Erfolgsberichts«. Wie man aber sicherlich dem dritten Teil des Aufsatzes (»Ziele und Wege«) entnehmen kann, bin ich guten Mutes, dass sich viel erreichen lässt, wenn man »klassische« Konfliktlinien kennt und in der eigenen Arbeit mit ihnen umzugehen lernt.

1 Das Landesgleichstellungsgesetz NRW vom 09.11.1999 sieht vor, dass die weiblichen Mitglieder der LehrerInnenkonferenz an Schulen eine Ansprechpartnerin für Gleichstellungsfragen bestellen, die die Interessen der LehrerInnen und SchülerInnen in allen schulischen Gremien vertritt. Die *Ansprechpartnerin für Gleichstellungsfragen* hat keine den *Gleichstellungsbeauftragten* der vorgesetzten Behörde vergleichbaren Rechte, beispielsweise bei personellen Entscheidungen, sondern ist in erster Linie beratend tätig. In anderen Bundesländern gibt es vergleichbare Maßnahmen zur Gleichstellung.

1. Zum aktuellen Stand von Jungen- und Mädchenarbeit

In den vergangenen Jahren ist die Anzahl der Schulen, die Projekte auf dem Gebiet der Mädchen- und Jungenarbeit anbieten, stetig gewachsen. Besonderer Beliebtheit erfreuen sich die *Selbstbehauptungstrainings*, die zunächst nur für Mädchen (»Wie lerne ich, NEIN zu sagen?«) konzipiert waren, inzwischen jedoch auch Jungen einbeziehen. Die Entwicklung von Projekten zur Mädchen- und Jungenförderung geht in der Regel auf die Initiative einzelner KollegInnen zurück, wobei die Jungenförderung bisher unterrepräsentiert ist. Meist sind Kolleginnen aktiv, die Mädchenarbeit initiieren und sich neuerdings, wo die Vergabe von Projektmitteln für Mädchenförderung an die Durchführung eines parallelen Jungenförderungsprogramms gebunden ist, auch für Jungenarbeit zuständig fühlen.

Ohne die Bedeutung dieser ersten Schritte schmälern zu wollen, muss darauf hingewiesen werden, dass diese Projekte oft nicht in ein geschlechterbewusstes Gesamtkonzept eingebunden sind, sondern im pädagogischen Alltag einen Sonderstatus (beispielsweise durch die an Gymnasien unübliche Verlegung der Stunden in den Nachmittag) einnehmen. Über das konkrete Angebot einer einzelnen Arbeitsgemeinschaft hinaus begreifen nur wenige Schulen die Analyse geschlechtsspezifischer Selbstkonzepte und Wahrnehmungen, die ja nicht nur den schulischen Alltag, sondern die individuelle Lebensgestaltung wesentlich bestimmen, als unverzichtbaren Teil pädagogischer Reflexion. Unter den allgemein bildenden Schulen scheinen Gesamtschulen die größte Offenheit für die Thematisierung von Gender-Aspekten entwickelt zu haben. Besonderen Widerständen begegnet man dagegen oft an Gymnasien, in denen das Fachprinzip stark betont wird: LehrerInnen begreifen sich in erster Linie als VertreterInnen ihrer jeweiligen Fachdisziplin und sehen sich in der Regel weniger unter allgemeinpädagogischen Gesichtspunkten gefordert. Dass geschlechtsspezifische Aspekte auch fachdidaktisch relevant sind, wird für die meisten Fächer geleugnet. Bestenfalls für den mathematisch-naturwissenschaftlichen Bereich wird ihre Bedeutung anerkannt, doch oft trifft man gerade hier auf beharrliches Festhalten an genetischen Determinanten. Neuere Untersuchungen, denen zufolge die mathematisch-naturwissenschaftlichen Leistungen von Mädchen mit der Haltung der Lehrperson (d.h. mit der Frage, ob sie an die Leistungsfähigkeit von Schülerinnen glaubt) korrelieren (vgl. Faulstich-Wieland 1999), werden nur selten angemessen zur Kenntnis genommen.

Was die Verankerung einer *geschlechterbewussten Erziehung* im Schulprogramm betrifft, so ist oft zu beobachten, dass andere Initiativen zur pädagogischen Schwerpunktbildung auf erheblich größere Akzeptanz stoßen. Im Unterschied zu pädagogischen Schwerpunkten wie *Streitschlichtung, Suchtprävention* oder *erlebnispädagogische Exkursionen*, die meist ohne lange Diskussion ins Schulprogramm aufgenommen werden, stößt der Versuch, Mädchen- und Jungenarbeit zu verankern, nicht selten auf erhebliche Widerstände. Projektvorschläge in diesem Bereich werden oft stark entwertet, lächerlich gemacht oder erst gar nicht als ernst gemeinter Versuch pädagogischer Konzeptentwicklung wahrgenommen.

2. Mögliche Ursachen für die Abwehr des Gender-Themas an Schulen

2.1 Das »Gender-Bewusstsein« an Schulen

Während sich im akademisch-universitären Bereich *Gender* als Forschungsgegenstand in den letzten Jahren etablieren konnte und der Geschlechterfrage in allen aktuellen bildungspolitischen Veröffentlichungen große Bedeutung beigemessen wird, setzen sich viele SchulpraktikerInnen nicht nur immer noch über die Erfordernisse einer geschlechterbewussten Erziehung hinweg, sondern ironisieren oft Bemühungen, die in diese Richtung gehen. Offensichtlich ist das Gender-Bewusstsein an vielen Schulen noch so gering, dass man sich nicht selten auf Bemerkungen »unterhalb der Gürtellinie« gefasst machen muss. So kommentierte beispielsweise ein Hauptschulleiter die Information, man wolle »Reflexive Koedukation« an den Schulen verankern, mit der Frage: »Reflexive Koedukation? Oh la la, was sind denn das für interessante Schweinereien?« In einem anderen Kontext meinte ein Informatiklehrer: »Koedukation … wenn ich das schon höre! In meinen Informatik-Kursen gibt es nach spätestens zwei Wochen keine Koedukation mehr – dann habe ich alle Mädchen draußen.« Es ist zumindest auffallend, welche Statements zu diesem Thema im schulischen Raum heute noch möglich sind, ohne dass der Betreffende befürchten müsste, in seinem Ansehen als Lehrer mit professioneller Kompetenz ernstlich Schaden zu nehmen.

Es muss eingeräumt werden, dass die nicht auf Anhieb verständliche Begrifflichkeit, in der das Anliegen einer geschlechterbewussten Erziehung aus dem universitären Bereich (»Reflexive Koedukation«) oder aus der politischen Sphäre (»Gender Mainstreaming«) in die Schulen getragen wird, bei vielen KollegInnen Widerstände weckt. Andererseits ist man in weniger affektiv besetzten pädagogischen Zusammenhängen durchaus bereit, neue Fachtermini aufzunehmen und zu akzeptieren.

2.2 Die Gleichsetzung der Geschlechterfrage mit der Frauenfrage

Ein wesentlicher Grund dafür, dass die Belange einer Reflexiven Koedukation oft so beharrlich ignoriert werden, liegt meines Erachtens darin, dass die *Geschlechter*frage an unseren Schulen nach wie vor primär als *Frauen*frage verstanden wird. LehrerInnen, die ihre Gender-Sozialisation mehrheitlich in den 60er- und 70er-Jahren durchlaufen haben, haben viel aufzuarbeiten, um sich dem Thema mit der erforderlichen professionellen Sachlichkeit nähern zu können. Verletzungen, die man in jungen Jahren als Frau wie als Mann in jenen hitzigen Auseinandersetzungen davongetragen hat, wirken nach. Viele LehrerInnen haben heute in ihren Vierzigern und Fünfzigern Frieden mit dem Geschlechterthema geschlossen – einen oft recht fragilen Frieden, den sie nur ungern durch erneute Diskussion in Frage stellen möchten. Eine häufige Abwehrstrategie liegt darin, die Relevanz einer geschlechterbewussten Erziehung in der heutigen Zeit einfach zu leugnen.

Wenn Kolleg*innen* (es sind nach wie vor meist Frauen, die eine erneute Reflexion fordern) trotz des Widerstands auf einer Thematisierung der Geschlechterfrage insistieren, gelten sie schnell als »Hardliner-Feministinnen«, denen man erheblichen Realitätsverlust unterstellt. Engagierte Lehrerinnen, die sich so reduziert wahrgenommen fühlen, haben es schwer, gelassen zu reagieren. Oft kommt es zum Rückzug aus der begonnenen Arbeit oder aber zu einer kämpferischen »Jetzt-erst-recht«-Haltung, die erfolglos bleiben muss, wenn sie ernst zu nehmende Widerstände im Kollegium überrollt und die »Kämpferin« in die Isolation treibt. Um diese Gefahren weiß ich aus meiner eigenen Tätigkeit als *Ansprechpartnerin für Gleichstellungsfragen*[1] und aus zahlreichen Gesprächen mit Ansprechpartnerinnen an anderen Schulen. Die Tatsache, dass laut Erlass keine männlichen Kollegen diese Funktion wahrnehmen dürfen, hat an einigen Schulen schon im Vorfeld zu Unruhe, in sehr vielen Schulen zumindest zu spitzen Bemerkungen über die neue »Lila-Latzhosen«-Fraktion geführt.

Dass häufig die Impulse für Mädchen- *und Jungenarbeit* von den Ansprechpartnerinnen oder anderen Kolleginnen ausgehen, ist oft ein weiterer Stein des Anstoßes. Insbesondere männliche Kollegen vermuten, Jungenarbeit habe letztlich nur Alibifunktion und sei Deckmäntelchen für verstärkte Mädchenförderung.

Allerdings haben auch Kollegen, die sich um die Verankerung von Jungenarbeit verdient machen, mit mehr oder minder subtilen Formen der Entwertung zu kämpfen. So weiß ich aus Gesprächen mit Lehrern, die als »Pioniere« Jungenarbeit an ihren Schulen installiert haben, um ihren nicht einfachen Kampf gegen Zuschreibungen wie »dieses Weichei« oder »Der muss doch schwul sein«.

2.3 Leugnung von Informations- und Fortbildungsbedarf in der Geschlechterfrage

Die beschriebenen Verhaltensweisen veranschaulichen, wie schnell die Thematisierung der Geschlechterfrage (identitätsnahe) Bereiche berührt, in denen viele Menschen unsachlich und nur emotional reagieren. Paradoxerweise gehören aber gerade die Geschlechterverhältnisse zu den Themen, von denen fast alle Menschen glauben, sie kompetent diskutieren und angemessen beurteilen zu können. So bedarf es auch in der Einschätzung vieler LehrerInnen keiner besonderen Fortbildungs- und Informationsveranstaltungen, um sich sachkundig zu machen. Man definiert sich als sachkundig und diskutiert auf der Grundlage seiner eigenen lebensgeschichtlichen Erfahrungen äußerst normativ, ohne sich dessen bewusst zu sein. Wenn man beispielsweise auf der Basis seiner eigenen (LehrerInnen-)Biografie zu dem Schluss gekommen ist, die Geschlechterfrage sei kein Thema mehr, ist es nicht leicht, eine Einstellungsänderung zu bewirken.

Im Rahmen von Fortbildungsveranstaltungen, in denen ich zu geschlechtsspezifischen »Schieflagen« in unserem Schulsystem referiert habe, ist mir immer wieder

1 Vgl. auch Ausführungen zur *Ansprechpartnerin für Gleichstellungsfragen* in Fußnote 1, S. 170.

aufgefallen, dass stärker als bei anderen Themen Informationen sehr selektiv aufgenommen werden. Untersuchungsergebnisse, die nicht ins eigene Bild passen, werden entweder gar nicht registriert oder schlichtweg als unrichtig abgetan. Dies gilt insbesondere für Untersuchungen, die Benachteiligungen von Mädchen in den Blick rücken, wie beispielsweise Interaktionsstudien (vgl. Enders-Dragässer/Fuchs 1998; Faulstich-Wieland u.a. 2001; Frasch/Wagner 1982; Thies/Röhner 2000), die auch heute noch zeigen, dass Schülerinnen im Schnitt kürzere Redebeiträge leisten, weniger selbstbewusst Arbeitsergebnisse öffentlich präsentieren, weniger häufig von der Lehrperson aufgerufen werden und insgesamt die Aufmerksamkeit der Lehrerin bzw. des Lehrers weniger in Anspruch nehmen. Die Behauptung, all dies treffe auf den eigenen Unterricht nicht zu, ist sowohl bei Lehrern wie bei Lehrerinnen an der Tagesordnung.

2.4 Skepsis bei SchülerInnen

Es soll nicht verschwiegen werden, dass die Thematisierung der Geschlechterverhältnisse und die Frage nach aktuellen Gender-Konstruktionen nicht nur bei vielen LehrerInnen auf wenig Gegenliebe stößt. Auch SchülerInnen verschließen sich oft dem Thema.

Hier zwei Beispiele: Als ich im Rahmen der Auswertung des dreiwöchigen Betriebspraktikums einer 10. Klasse den SchülerInnen die geschlechtsspezifische Verteilung der Praktikumplätze vorlegte (Jungen hatten sich fast ausschließlich für technische Bereiche und den Finanzsektor, Mädchen für soziale Aufgaben und Mode-/Design-Branchen entschieden), ließ man sich auf keine Diskussion ein. Die Verteilung sei rein zufällig und außerdem habe sie nichts mit der späteren Berufswahl zu tun. Ähnlich verlief ein Gespräch, das ich in einem Leistungskurs der Jahrgangsstufe 13 kurz vor dem Abitur führte. Nach Studien- und Berufswahl befragt, wurde schnell deutlich, dass die Schüler mehrheitlich sehr klare Vorstellungen von ihren beruflichen Zielen hatten, während viele Schülerinnen eher zögerlich waren und mit von ihnen favorisierten Studienfächern wie Psychologie und Kunstgeschichte auch deutlich machten, dass sie weniger einen »Brotberuf« als vielmehr persönliche Erfüllung durch die berufliche Tätigkeit anstreben.

Natürlich gibt es gute Gründe für die Zurückhaltung der SchülerInnen im Kontext solcher Gespräche. Jugendliche, die sehr um ihre noch »brüchige« Identität als »Frau« bzw. »Mann« ringen, scheuen reflexive Prozesse, die Verunsicherung bedeuten können. Ein weiterer Faktor bei den genannten Beispielen ist sicherlich, dass gerade die Berufswahl als etwas höchst Individuelles erlebt wird. Der Gedanke, dass hier auch »über-individuelle«, nämlich geschlechtsspezifische Determinanten eine Rolle spielen könnten, kann als kränkend erlebt werden.

Nicht zu unterschätzen ist zudem die Tatsache, dass die Geschlechterfrage heute – im Unterschied zu den 60er- und 70er-Jahren – »von oben« an die SchülerInnen herangetragen wird. Während in früheren Jahren die Thematisierung der Geschlechterverhältnisse von Schülerinnen (und Schülern), insbesondere von Studentinnen (und Studenten) *eingefordert* wurde, wird sie jetzt durch entsprechende Erlasse und Curricula oktroyiert. Vor allem Schülerinnen reagieren nicht selten mit Bemerkungen wie: »Das ist einfach nicht mehr unser Thema. Wir haben kein Problem mehr damit.« Schülerinnen fühlen sich offensichtlich in einen *Objektstatus* verbannt – sie erleben sich als Objekte der Forschung und, noch schlimmer, als Objekte pädagogischer Bemühung.

2.5 Hohe Belastung bei der Verankerung einer geschlechterbewussten Erziehung

Die beschriebenen Formen der Abwehr und Skepsis sowohl bei einer beachtlichen Anzahl von KollegInnen wie bei SchülerInnen lassen ahnen, wie belastend der Versuch oft für die damit befassten KollegInnen ist, verschiedene Formen von Mädchen- und Jungenarbeit zu initiieren. Die häufig massiven Widerstände in Form von Entwertung und Verweigerung von Unterstützung sind nicht immer zu verkraften und führen in vielen Fällen zu persönlicher Kränkung und Rückzug aus der begonnenen Arbeit.

3. Was ist zu tun?

3.1 An Gender kommt keine(r) mehr vorbei! Reflexive Koedukation im Schulprogramm

Die Bedeutung, die die Geschlechtszugehörigkeit für die Zukunftsplanung und Lebensgestaltung auch heutiger SchülerInnen hat, wird also oft nicht gesehen. Im Verlauf der fast zweijährigen Arbeit am Schulprogramm für das Gymnasium, an dem ich unterrichte, waren Eltern, LehrerInnen und SchülerInnen bei dem Bemühen, konsensfähige pädagogische Schwerpunkte zu finden, von dem Leitgedanken getragen, eine Schule zu schaffen, die ihre Schülerinnen und Schüler optimal auf den zukünftigen Beruf und das spätere Leben vorbereitet. Ich habe, allerdings ohne zu insistieren, mehrfach angeboten, an einzelnen Planungssitzungen des Schulprogramm-Ausschusses teilzunehmen, um die Bedeutung von Gender-Aspekten darzulegen. Mein Ansinnen wurde freundlich, aber bestimmt abgelehnt, weil andere Gesichtspunkte für wesentlicher gehalten wurden. Erst in der redaktionellen Endphase, in der es um letzte Formulierungsfragen ging, wurde ich hinzugezogen. Im Zusammenhang mit dem von mir mit begründeten »Konzept zur Persönlichkeitsentwicklung und Identitätsstärkung«, das sich auf fächerübergreifende Projekte stützt, wurde nun immerhin der Zusatz, dass dabei *»geschlechtsspezifische Aspekte besonders berücksichtigt«* werden, aufgenommen. Die relevante Passage aus unserem Schulprogramm lautet:

> *»Ein Konzept zur Persönlichkeitsentwicklung und Identitätsstärkung hilft den Schülerinnen und Schülern, sich selbst im Umgang mit anderen zu erleben und zu reflektieren, Strategien zur Bewältigung von Krisen zu erlernen und Fähigkeiten für ein durch Toleranz geprägtes Zusammenleben zu entwickeln.* ***Dabei werden geschlechtsspezifische Aspekte in unserer Arbeit besonders berücksichtigt.«***

Dass Gender-Aspekte in unserem Schulprogramm überhaupt Erwähnung fanden, hatte einen eher formalen Grund: In Zukunft ist nämlich die Vergabe von Geldern für Mädchen- und Jungenprojekte (wir führen in der Jahrgangsstufe 8 Selbstbehauptungstrainings für SchülerInnen durch) an die Aufnahme einer Aussage ins Schulprogramm gebunden, die sich in irgendeiner Form auf die Belange einer geschlechterbewussten Pädagogik bezieht. Wie man sieht, haben die staatlichen Rahmenvorgaben durchaus steuernde Wirkung – allerdings fördert der ökonomische Anreiz oft eben Lippenbekenntnisse.

Trotz dieser ministeriellen Einflussnahme auf die Schulprogrammarbeit ist es noch oft so, dass die Auseinandersetzung mit der Geschlechterfrage im schulischen Raum als privates »Hobby« einzelner LehrerInnen gesehen wird. Die unausgesprochene Frage lautet: Warum beschäftigt sich Kollegin X oder Kollege Y eigentlich mit diesem Thema? Was könnte ihr/sein *persönliches* Motiv sein? Dabei müsste die Frage anders lauten: Wie können sich angesichts aussagekräftiger Forschungsergebnisse bezüglich der Bedeutung von Geschlechtszugehörigkeit für die gesamte Lebensgestaltung so viele Pädagoginnen und Pädagogen der Auseinandersetzung mit diesem Thema entziehen? *Gender-Kompetenz* darf nicht als persönliches Interesse, sondern muss als Teil der pädagogischen *Professionalität* gewertet werden.

Um dies im Bewusstsein der Lehrerschaft zu verankern, bedarf es deutlicher bildungspolitischer Signale. Erst wenn sich der Legitimationsdruck umzukehren beginnt, wenn sich also nicht mehr die Befürworterinnen und Befürworter einer geschlechterbewussten Pädagogik erklären müssen, sondern jene, die sich diesem Anliegen mit ironischen Bemerkungen entziehen, hat sich tatsächlich etwas in größerem Umfang verändert. Wie dieses *politische* Ziel erreicht werden kann, ist nicht Thema dieses Aufsatzes. Es sei aber darauf hingewiesen, dass das Ministerium für Schule, Wissenschaft und Forschung/NRW bereits erste Schritte unternommen hat. Im November 2000 wurde eine Tagung für die Gleichstellungsbeauftragten in der Schulaufsicht veranstaltet, in deren Rahmen es um die Verankerung des auf EU-Ebene (Amsterdamer Vertrag) initiierten »Gender Mainstreaming« ging. Dieser Begriff impliziert, *Gender* in den *Mainstreaming* zu rücken, das heißt, die Geschlechterperspektive zu einem festen Bestandteil aller politischen Entscheidungsprozesse und folglich auch aller pädagogischen Überlegungen zu machen. Um dies ins Bewusstsein aller Beteiligten zu rücken, ist ein konsequenter *Top-Down*-Prozess wünschenswert, der beispielsweise dafür Sorge trägt, dass die Wahrnehmung der Geschlechterperspektive Teil der *Arbeitsplatzbeschreibung* auch und gerade von Schulaufsichtsbeamtinnen und -beamten in Leitungsfunktion ist.

Im Folgenden werde ich eher *psychologische* Überlegungen zu der Frage anstellen, wie man in ersten kleinen Schritten mehr KollegInnen und SchülerInnen für die Auseinandersetzung mit der Geschlechterfrage gewinnen kann.

3.2 Strategien für die Sensibilisierung von LehrerInnen bezüglich der Geschlechterfrage

In fast allen Veröffentlichungen zu der Frage, wie eine geschlechterbewusste Erziehung zu initiieren sei, wird die Bedeutung der *Sensibilisierung* der LehrerInnen für die ungebrochene Aktualität der Geschlechterfrage betont. Bisher wurde diese Sensibilisierung, wie oben schon angedeutet, oft als ausschließliche Auseinandersetzung mit möglichen Benachteiligungen und Chancenungleichheiten, die das koedukative Schulsystem für *Mädchen* produziert hat, verstanden. In der jüngsten Vergangenheit zeichnet sich ein Perspektivwechsel ab, der verkürzt auf die Formel gebracht werden kann: Keine Mädchenarbeit ohne Jungenarbeit! Meine Erfahrungen im Rahmen von Lehrerfortbildungen zur Reflexiven Koedukation haben gezeigt, dass viele Widerstände gegen das Thema erst gar nicht entstehen, wenn man gezielt mit der Situation von *Jungen* in unserem Schulsystem beginnt (höhere Wiederholerquote, schlechtere Schulabschlüsse, Unterrepräsentanz in Gymnasien, Überrepräsentanz in Sonderschulen; höhere Selbstmordrate im Jugendalter; ausgeprägtere psychosomatische Anfälligkeit). Ausführungen zu dem möglichen Stress, der durch den von Jungen und Männern in unserer Gesellschaft immer noch als gültig wahrgenommenen *Überlegenheitsimperativ* (»*Mann* sein heißt *überlegen* sein«) ausgelöst wird, wirken oft Wunder: Männliche Zuhörer entspannen zusehends, Zuhörerinnen (insbesondere die Mütter von Söhnen!) scheinen erleichtert darüber, dass sie aus der exklusiven Frauensolidarität entlassen werden. Ein solcher Weg macht wieder frei für eine anschließende Betrachtung der in unserem Schulsystem nach wie vor deutlichen »Schieflagen« für Mädchen (geringeres Selbstvertrauen; Unterrepräsentanz in allen unterrichtlichen Interaktionen; mehr Kompetenz als »Performanz«; zu geringe Aneignung schulischer Räume; keine angemessene Korrelation zwischen schulischem und späterem beruflichen Erfolg).

Gerade in der Anfangsphase, in der LehrerInnen weitere Mitglieder des Kollegiums für eine geschlechterbewusste Arbeit *gewinnen* (!) möchten, muss man mit Umsicht zu Werke gehen. Man sollte im Hinterkopf haben, dass ein Teil der KollegInnen bei der Begegnung mit diesem Thema innerlich »aufrüstet«, zumindest aber mit hoher Anspannung reagiert. Vor allem männliche Kollegen rechnen potenziell mit Schuldzuweisungen und kränkender Kritik, was sich atmosphärisch nicht gerade günstig auswirkt.

Was für alle Fortbildungen, Studientage, Einstiege jeder Art in ein neues Thema gilt, trifft für die Initiationsphase einer geschlechterbewussten Erziehung in besonderem Maße zu: Am Anfang muss etwas passieren, was das Eis bricht. Das kann, gut ausgewählt und gut platziert, ein Cartoon zum Geschlechterverhältnis sein. Lachen befreit, entspannt und schafft, was in diesem Fall besonders wichtig ist, Distanz zum Thema. Die Konfrontation mit »aufwühlenden« Daten und Hypothesen zu geschlechtsspezifischen Benachteiligungen im schulischen Raum ist sicherlich erst sinnvoll, nachdem in einem ersten Schritt »ent-emotionalisiert« worden ist. Gute Erfahrungen habe ich in verschiedenen Fortbildungsveranstaltungen auch mit der Präsentation von Fotos (per Overheadprojektor) aus der Werbung mit Kindern und Jugendlichen gemacht. Diese Fotos spiegeln die gängigen Geschlechterkonstruktionen. Sie sind die Folie, auf der Heranwachsende ihr *»doing gender«* praktizieren und einüben. In der Regel gelingt es gut, Geschlechterdifferenzen in der auf den Werbefotos festgehaltenen Körpersprache zu entdecken und auf Chancen, aber auch Grenzen der geschlechtsspezifischen (Selbst-)Inszenierungen zu verweisen. Im Anschluss an eine solche Präsentation ergeben sich oft interessante Gespräche.

Dies ist selbstverständlich nur eine von vielen Möglichkeiten, einen eher »spielerischen« Einstieg in das Thema zu finden, der es allen Beteiligten erlaubt, aufzuatmen und den Zustand innerer Alarmbereitschaft zu verlassen. Es gibt sicherlich keinen Königsweg, der Erfolg unter allen Umständen garantieren könnte. Man muss immer mit Abwehr und Widerstand rechnen.

Allgemein gültige Regeln für den Umgang mit Widerständen gibt es nicht. Es ist aber sicherlich hilfreich, »mit dem Widerstand zu gehen«, ihn also nicht niederzukämpfen, sondern zu versuchen ihn aus der Geschichte und der aktuellen Situation des Gegenübers zu begreifen. Auch wenn man die individuellen, lebensgeschichtlich begründeten Abwehrhaltungen gegenüber dem Thema meist nicht kennt, so kann und sollte man sie doch respektieren.

Das ist nicht immer leicht. Gerade ein Thema, das starke Emotionen und Affekte weckt, stellt hohe Anforderungen an die Initiatoren von Veränderungsprozessen, wenn es darum geht, die Fassung zu wahren und sachlich zu reagieren. Und selbst wenn dies gelingt, könnte beispielsweise die Ansprechpartnerin für Gleichstellungsfragen Gefahr laufen, gerade ihre männlichen Kollegen mit aktuellen Statistiken und Fakten zu »erschlagen«, was insbesondere in der Anfangsphase nur zur Verstärkung des Widerstands führt. Das Motto einer Moderatorin, das mich immer wieder überzeugt hat, lautet: »Man sollte alle streicheln, man darf nicht kämpfen.«

3.3 Sensibilisierung von SchülerInnen für die Geschlechterfrage

Viele Aspekte, die es zu berücksichtigen gilt, wenn man KollegInnen für das Thema gewinnen möchte, treffen natürlich auch für den Umgang mit Schülerinnen und Schülern zu. Auch sie müssen für die Reflexion von Gender-Aspekten ihres Alltags und ihrer Zukunftsplanung erst *gewonnen* werden. Die Gefahren einer curricularen Verankerung dieses Themas als eines obligatorischen und somit auch prüfungsrelevanten »Unterrichtsstoffs« liegen auf der Hand.

Ich habe wiederholt gute Erfahrungen mit einer eher »beiläufigen« Thematisierung gemacht. Statt also eine Unterrichtsreihe beispielsweise im Fach Sozialwissenschaften oder im Literaturunterricht ausschließlich zur Geschlechterfrage zu planen, greife ich hin und wieder Aspekte auf, die sich aus dem Unterrichtsstoff oder einer gerade aktuellen Dynamik innerhalb des Kurses oder der Klasse ergeben.

Hier zwei Beispiele: Im Rahmen eines in der Jahrgangsstufe 13 unserer Schule durchgeführten Planspiels (POL&IS), in dem es darum ging, internationale Konflikte möglichst gewaltfrei zu lösen, war mir aufgefallen, dass die Schüler in der Rolle verschiedener Regierungschefs und Minister oftmals verbindlicher und klarer auftraten als ihre Mitschülerinnen, die manchmal verlegen wirkten, Fehler in der Amtsführung zugaben und sich wiederholt bei Kritik zurücknahmen. Allerdings war es auch nicht meiner Aufmerksamkeit entgangen, dass die Schüler unter erheblicher Anspannung und großem Stress standen, den in unserer Gesellschaft nach wie vor mit »Männlichkeit« verbundenen Attributen wie Souveränität, Sicherheit und Stärke zu entsprechen.

In der darauf folgenden Sozialwissenschaftsstunde habe ich diese Beobachtungen thematisiert und mit weiteren Befunden »angereichert«. Hier boten sich zum einen Untersuchungsergebnisse an, die das oft unsichere und wenig erfolgreiche Verhalten von Frauen bei öffentlichen Auftritten betreffen, zum anderen aber auch Informationen zu den Belastungen, denen sich primär Männer auf Grund des hohen gesellschaftlichen Erwartungsdrucks ausgesetzt fühlen und die zu beachtlichen psychosomatischen Erkrankungen führen können. Eine Zahl, die in diesem Zusammenhang beeindruckt: Im Alter von 10 bis 20 Jahren kommen auf *einen* Mädchen-Selbstmord *drei* Jungen-Selbstmorde.

In der Unterrichtsstunde ergab sich ein kurzes, ruhiges Gespräch, in dessen Verlauf einige SchülerInnen meine Beobachtungen während des Planspiels bestätigten. Es schloss sich keine Diskussion an. Zu einem späteren Zeitpunkt werde ich möglicherweise auf dieses Thema zurückkommen. Ich vertraue allerdings auch darauf, dass wichtige Dinge nicht unbedingt detailliert besprochen werden müssen, sondern »im Verborgenen« weiter wirken.

Ähnliches gilt für eine Situation in einem Englisch-Leistungskurs, den ich unterrichte. Drei Filme, die ich im Verlauf der Jahrgangsstufe 12 bewusst von den SchülerInnen auswählen ließ, um sie gemeinsam anzuschauen und dann zu analysieren, kreisten nur um männliche Helden *(The Big Lebowski; From Dusk till Dawn; O Brother, Where Art Thou?).*

Die allen drei Filmen zu Grunde liegende Männlichkeitsidee basiert darauf, dass Männer Frauen nur für Sex brauchen, dass sie alle Probleme entweder allein, bestenfalls in echten Männerfreundschaften und eventuell mit Gewalt lösen und dass sie viel Alkohol vertragen.

Auf Nachfragen ergab sich, dass die Schüler die Filme ausgewählt hatten; die Schülerinnen hatten sich passiv verhalten und keine Wünsche geäußert, waren aber im Nachhinein von allen drei Filmen enttäuscht, zum Teil auch regelrecht verärgert. Hier habe ich mich bewusst damit begnügt, auf den Verlauf der Filmauswahl zu verweisen. Man hätte sicherlich auch eine interessante Analyse der Filmhelden anstellen und anschließend überlegen können, was männliche Jugendliche im Alter von 18 bis

20 Jahren dazu bewegt, eine solche Auswahl für den schulischen Raum zu treffen. Der Wunsch, Lehrerin wie Schülerinnen zu provozieren, ist sicherlich nicht ganz von der Hand zu weisen. Aber auch die Identifikation mit den Männern, die die absurdesten Situationen unbeschadet überstehen, spielt bestimmt eine Rolle.

Ich habe mich gegen diese Form des detektivischen Aufdeckens von »*doing gender*« entschieden. Sie führt erfahrungsgemäß zur Verweigerung – und zwar nicht nur bei den Schülern, sondern oft auch bei den Schülerinnen. Hier würde ich mir Jungenarbeit in Form von Gesprächsgruppen wünschen, die von männlichen Kollegen geleitet werden, die sich selbst mit ihrer Jungen-/Männlichkeitssozialisation auseinander gesetzt haben. Schüler könnten in einem solchen Rahmen beispielsweise diese Filmauswahl zum Thema machen, ohne befürchten zu müssen, lächerlich gemacht zu werden. Gleichzeitig müsste Raum dafür sein, sich in die Mädchen hineinzuversetzen, die sich durch die Filme berechtigterweise verletzt fühlten.

Diese Beispiele sollen nicht nahe legen, dass Gender-Aspekte im Unterricht immer nur gestreift oder weitestgehend in außerunterrichtliche Zusammenhänge verbannt werden sollen. Insbesondere scheint mir fächerübergreifender Projektunterricht für die Thematisierung geeignet. So findet beispielsweise an meiner Schule in der Jahrgangsstufe 9 ein zweitägiges Projekt zu dem Thema »Liebe, Partnerschaft, Sexualität« statt, in dessen Verlauf wiederholt Vorstellungen von »Männlichkeit« und »Weiblichkeit« thematisiert werden. Besonders interessant sind hier die Gespräche zwischen Jungen und Mädchen, die sich nach längeren Arbeitsphasen in geschlechtshomogenen Gruppen ergeben.

Meine Erfahrungen im Umgang mit Schülerinnen und Schülern zum Thema »Geschlechtsrollen/Geschlechterverhältnisse« zusammenfassend, würde ich sagen, dass man sich leiten lassen sollte von ausgeprägtem pädagogischen Takt und großem Respekt vor der Identitätssuche der Jugendlichen. Beiläufige, eher indirekte Thematisierungen erscheinen mir fruchtbarer als ganze Unterrichtsreihen, und vielleicht muss man auch hin und wieder Abstand nehmen von der Idee, auf alle Impulse, die man als Lehrerin bzw. Lehrer gibt, Feedback von den SchülerInnen – beispielsweise in Form eines Diskussionswunsches – zu erhalten.

3.4 Unterstützung für engagierte LehrerInnen

Die Verankerung der Geschlechterperspektive im schulischen Raum, sei es in Form bestimmter Mädchen- und Jungenprojekte, in fachspezifischen Zusammenhängen oder im Rahmen allgemeinpädagogischer Reflexion, setzt einen langen Atem voraus und belastet aus den oben genannten Gründen oft diejenigen, die erste Prozesse initiieren möchten. Um die Belastungen zu reduzieren, ist der Austausch mit PartnerInnen an anderen Schulen sicherlich hilfreich. Zu empfehlen ist auch Supervision, in deren Rahmen man mögliche Kränkungen aufarbeiten und weitere Handlungsschritte überlegen kann.

LehrerInnen, die eine geschlechterbewusste Erziehung an ihrer Schule etablieren möchten, müssen ihren individuellen Weg finden, der der jeweiligen Persönlichkeitsstruktur entspricht. Was im einen Fall erfolgreich ist, weil es einen authentischen und lebendigen Eindruck macht, kann in einem anderen Fall scheitern, wenn es »persönlichkeitsfremd« wirkt. Wesentlich für den Erfolg eines jeden Weges erscheint mir, dass man sich immer wieder Raum nimmt für die genaue Wahrnehmung von Widerständen, auch für die Überlegung, ob man möglicherweise durch eigenes Verhalten bestimmte Abwehrhaltungen hervorgerufen oder verstärkt hat. In einem zweiten Schritt lassen sich dann erfolgreichere Strategien entwickeln.

Der Weg lohnt sich: Man kann eine Menge bewirken und lernt auf jeden Fall hinzu – nicht zuletzt über sich selbst!

Literaturverzeichnis

Enders-Dragässer, U./Fuchs, C.: Interaktionen der Geschlechter. Sexismusstrukturen in der Schule. Weinheim/München 1998.

Faulstich-Wieland, H.: Koedukation heute – Bilanz und Chance. In: Horstkemper, Marianne/Kraul, Margret (Hrsg.): Koedukation. Erbe und Chancen. Weinheim 1999, S. 128–129.

Faulstich-Wieland, H./Güting, D./Ebsen, S.: Einblicke in »Genderism« im schulischen Verhalten. In: Zeitschrift für Pädagogik 47/2001, Heft 1, S. 67–79.

Frasch, H./Wagner, A.: Auf Jungen achtet man einfach mehr. In: Brehmer, Ilse (Hrsg.): Sexismus in der Schule. Weinheim/München 1982.

Thies, W./Röhner, C.: Erziehungsziel Geschlechterdemokratie. Interaktionsstudie über Reformansätze im Unterricht. Weinheim/München 2000.

Thorne, B.: Gender Play. Boys and Girls in School. New Brunswick/New Jersey 1993.

Angela Drescher / Hannelore Hübner / Karin Truelsen / Sigrid Latta-Büscher / Vera Reineke[1]

Auf dem Weg zum Schulprogramm: Gleichberechtigung für Frau und Mann

Beispiele aus Niedersachsen

Das gemeinsame Unterrichten und Erziehen von Mädchen und Jungen ist Schulalltag, koedukative Schulen gehören zum Selbstverständnis des Bildungssystems.

An vielen Schulen gibt es engagierte Kolleginnen und auch Kollegen, die sich mit dem heimlichen Lehrplan der Geschlechtererziehung und der aktuellen Koedukationskritik auseinander setzen.

Mittlerweile gibt es an zahlreichen Schulen geschlechterdifferenzierende Unterrichtskonzepte, z.B. in den Naturwissenschaften und im Politikunterricht, oder spezielle Angebote für Mädchen in Projektwochen, z.B. Computerkurse. An einigen Schulen gibt es bereits bei schulinternen Fortbildungen Arbeitsgruppen zur Geschlechterthematik sowie entsprechende Supervisionsgruppen. Besondere Beachtung finden darüber hinaus Schulen, an denen auch männliche Lehrkräfte Projekte zur emanzipatorischen Jungenarbeit durchführen.

Bei diesen vielen positiven Beispielen handelt es sich in der Regel um Einzelinitiativen, die (noch) nicht zum festen Bestandteil eines Schulprogramms gehören und die oftmals vom freiwilligen Engagement einzelner weniger LehrerInnen abhängen. Mühevoll, arbeits- und zeitintensiv ist nämlich die Umsetzung solcher Reformprojekte in die Praxis des Schulalltags, erst recht, wenn versucht wird, das Geschlechterverhältnis als Schlüsselproblem im Curriculum einzelner Fachbereiche zu verankern und strukturelle Veränderungen zu bewirken.

Eine erfolgreiche Weiterentwicklung der Koedukation wird zukünftig sicherlich entscheidend davon abhängen, ob es gelingt, im Wettstreit um notwendige Schwerpunktsetzungen in der Schule die Gleichberechtigung der Geschlechter als Qualitätsmerkmal für Schulentwicklung auch strukturell zu verankern. Der vorliegende Beitrag will

- engagierte Frauen und Männer in der Schule bestärken und unterstützen, ihre bereits geleistete Arbeit im Schulprogramm zu verankern;
- dafür werben, dass ein Bemühen um eine gelebte Gleichberechtigung ein notwendiges und bereicherndes Reformvorhaben für alle Beteiligten ist;
- Schritte zur Umsetzung der »Reflexiven Koedukation« im Schulprogramm an schulpraktischen Beispielen konkretisieren.

1 Die Autorinnen dieses Beitrages haben in einer Arbeitsgruppe des Niedersächsischen Kultusministeriums über einen längeren Zeitraum zum Thema »Reflexive Koedukation« gearbeitet.

1. Reflexive Koedukation als Ziel

Mittlerweile setzt sich die Erkenntnis durch, dass die Weiterentwicklung der Koedukation die Erziehung beider Geschlechter aufgreifen muss, damit eine wirkliche Veränderung im Bewusstsein der Geschlechterverhältnisse erreicht wird. Die anhaltende Ungleichbehandlung von Mädchen und Jungen und die rollenspezifischen Zuschreibungen benachteiligen beide Geschlechter. Probleme des Unterrichts lassen sich nicht durch einseitige organisatorische Maßnahmen und formale Trennungen lösen.

Die aktuelle Bildungsdiskussion konzentriert sich deshalb darauf, Lernen und Schulleben insgesamt zu überdenken (vgl. hierzu Bildungskommission NRW 1995 und Behörde für Schule u.a. 1994). Dabei steht das »Wie« der Koedukation im Mittelpunkt. Es geht um die Frage, auf welche Weise den unterschiedlichen Interessen und Bedürfnissen von Mädchen und Jungen im gleichberechtigten Miteinander entsprochen und wirkliche Gleichwertigkeit der Geschlechter gefördert werden kann. Aus diesem Grunde ist die Gestaltung der Gleichberechtigung in das neue Niedersächsische Schulgesetz explizit als Bildungsauftrag aufgenommen worden. Damit ist die bewusste Gestaltung der Koedukation ein Element der allgemeinen Bildung. Die Umsetzung der damit verbundenen emanzipatorischen Ziele beeinflusst umfassend das gesamte Lern- und Sozialfeld der Schule.

Reflexive Koedukation orientiert sich an dem Anspruch, beide Geschlechter von nicht gerechtfertigten Zwängen zu befreien. Sie vermittelt Kenntnisse und ermöglicht Erfahrungen, die Mädchen und Jungen befähigen und ermutigen, ihren gesellschaftlichen Ort zu finden und sich in der Gemeinschaft als selbst bestimmte Individuen einzubringen und zu definieren. Auf diese Weise kann die Schule dazu beitragen, einschränkende vorhandene Rollenstereotype abzubauen bzw. zu überwinden.

Ausgangspunkt bildet ein pädagogisches Selbstverständnis des gleichberechtigten, partnerschaftlichen Miteinanders und der gegenseitigen Akzeptanz und Toleranz der Geschlechter.

- Es geht davon aus, dass vorherrschende Rollenbilder von Weiblichkeit und Männlichkeit nicht angeboren, sondern anerzogen sind. Wenn also von männlichem oder weiblichem Verhalten gesprochen wird, sind gesellschaftlich angeeignete und damit veränderbare Verhaltensweisen, also das soziale Geschlecht, gemeint.
- Ein reflektierter koedukativer Unterricht orientiert sich an den Stärken und Kompetenzen beider Geschlechter.
- Pädagogisches Handeln gewinnt neue und geschlechterdifferenzierte Orientierungen. Inhalte, Leistungsmerkmale und die Unterrichtsorganisation verändern sich.

Voraussetzung hierfür ist, dass alle am Lernprozess Mitwirkenden – auch die LehrerInnen und Eltern – bereit sind, ihr eigenes Verhalten und erlernte Rollen zu überprüfen und veränderte Wahrnehmungs- und Verhaltensmöglichkeiten zu erwerben. Ziele einer reflektierten Koedukation beinhalten

- den Abbau von Geschlechterhierarchien im Schulalltag;
- eine Sensibilisierung für die Relevanz geschlechterdifferenzierender Erkenntnisse sowohl bei allen pädagogischen Entscheidungen als auch bei methodischen und didaktischen Themen;
- die Vermeidung und die Auflösung geschlechtsstereotyper Zuweisungen in allen Unterrichtsfächern und Projektvorhaben;
- die Akzeptanz der Differenzen und der Gleichwertigkeit männlicher und weiblicher Identitäten, d.h., Unterschiedlichkeiten im Geschlechterverhältnis zu respektieren, aber auch Gegenerfahrungen zu ermöglichen;
- das Sichtbarmachen kultureller Leistungen von Frauen und Mädchen und deren gleichwertige Einbeziehung;
- die Thematisierung beruflicher und privater Lebensplanung und -orientierung für beide Geschlechter.

Diese Ziele können erreicht werden, wenn es gelingt, möglichst vielen Männern und Frauen im Kollegium, aber auch in den Eltern- und SchülerInnenvertretungen

- die unterschiedlichen Einstellungen und Verhaltensweisen von Mädchen und Jungen und Lehrerinnen und Lehrern bewusst zu machen;
- die ungleichen Chancen für Mädchen und Jungen für ihre Lebensplanung im beruflichen und im privaten Bereich zu verdeutlichen;
- den Anteil der Schule an der Übernahme und Festschreibung geschlechtsspezifischer Rollenzuweisungen aufzuzeigen;
- Anregungen zu geben, über geeignete Neuerungen in der Schule nachzudenken, die eine Verwirklichung von größerer Chancengleichheit fördern;
- Empfehlungen zu geben, die eigenen Einstellungen als Lehrkraft und Unterrichtsstile zu reflektieren und gegebenenfalls zu ändern;
- Möglichkeiten für die praktische Umsetzung der gewonnenen Erkenntnisse in der eigenen Schule zu erschließen.

»Schulprogrammentwicklung« und »Reflexive Koedukation« haben u.a. das gemeinsame Ziel, strukturelle Veränderungen in der Schule zu bewirken und die kommunikativen Prozesse zu verbessern. Dies trägt zum allgemeinen Wohlbefinden aller Beteiligten bei und führt langfristig zu einer größeren Arbeitszufriedenheit.

Eine geschlechterbewusste Schulprogrammentwicklung ermöglicht den Abbau von Hierarchien und verstärkt demokratische Kommunikationsformen in dem Streben nach mehr Selbstständigkeit der Einzelschule (Liebsch/Malz-Teske 1999).

2. Wege und Möglichkeiten der Umsetzung: Empfehlungen für einen erfolgreichen Einstieg

Ein wesentliches Anliegen der Reflexiven Koedukation ist, zu einer Versachlichung und Professionalisierung im Umgang mit der Geschlechterproblematik beizutragen. Die Erfahrungen zeigen nämlich, dass die Bedeutung der Geschlechterverhältnisse für die Schule häufig heruntergespielt oder auch überbetont werden. Die Koedukationsdiskussion wird dabei vorschnell und unreflektiert auf Pro- und Kontrapositionen für den getrenntgeschlechtlichen bzw. gemeinsamen Unterricht reduziert. Subjektiv bestimmte Meinungsäußerungen und emotional gelenkte Provokationen und Reaktionen verstärken Polarisierungen und verhindern den Konsens. Produktive Veränderungen und eine emanzipatorische Weiterentwicklung in der Schule werden vielmehr dadurch erreicht, dass bestehende Probleme nicht verdeckt, sondern in einem Verständigungsprozess mögliche Lösungen gesucht werden. Dies beinhaltet u.a., sich mit Fragen von Hierarchie und Dominanz ebenso auseinander zu setzen wie mit Fragen von Gemeinsamkeit und Verschiedenheit.

Um das Thema in die Schule hineinzutragen, bedarf es Fantasie, Gespür, Beharrlichkeit und Strategien, die überzeugen. Mögliche Ansatzpunkte und Wege, um das Interesse für ein Schulprogramm zu wecken, das die Gleichberechtigung der Geschlechter in das Zentrum setzt, werden von Schule zu Schule unterschiedlich sein. Wie bei allen Reformprojekten ist es wichtig, einen für die einzelne Schule geeigneten Einstieg zu finden, der möglichst viele Lehrkräfte erreicht, damit Reflexive Koedukation als wichtiger Bestandteil im Schulprogramm angenommen wird.

2.1 Der Anfang

Die im Folgenden beschriebenen Erfahrungen zeigen erste Schritte im Prozess einer geschlechterbewussten Schulentwicklung auf, die in diesen Beispielschulen schon zum Teil Mitte der 80er-Jahre begonnen hat.

Die Beispiele zeigen, dass diese Entwicklung schon begonnen hatte, bevor gesetzliche Regelungen sie dazu verpflichteten. Sie knüpft an den alltäglichen Erfahrungen der LehrerInnen an, d.h. an ihrer Unzufriedenheit mit dem Bestehenden und dem Bedürfnis nach mehr Geschlechterdemokratie.

Für Schulen, die sich bisher nicht mit Fragen der Koedukation beschäftigt haben, können folgende Beispiele aus den Erfahrungsberichten anderer Schulen eine Orientierung geben, wie ein verstärktes Interesse für die Geschlechterthematik erreicht werden kann. Wir schildern im Folgenden einige dieser Schulen ausführlich.

Beispielschule 1

Innerhalb des Kollegiums organisiert eine Kleingruppe Arbeitstreffen mit konkreten Vorhaben. Ein Ziel ist es, die Erkenntnisse der geschlechterdifferenzierenden Pädagogik auch für den koedukativen Fachunterricht zu nutzen und dafür zu sorgen, dass die inhaltlichen und methodischen Anregungen für eine reflektierte Koedukation auch wirklich umgesetzt werden.

Die Arbeitsgruppe bezieht sich auf den Bildungsauftrag der Schule, die neuen Rahmenrichtlinien, die Grundsätze für den Sportunterricht und auf aktuelle Literatur, die eine wichtige Argumentationshilfe bieten. Sie initiiert unterschiedliche Projekte für ihr Vorhaben, um die Aufnahme der Geschlechterthematik in das Schulprogramm zu erreichen. Hierzu einige Ansatzmöglichkeiten für derartige Projekte:

- Die Arbeitsgruppe versucht, für einzelne Fächer Anstöße für curriculare Veränderungen zu geben, z.B. durch einen Kriterienkatalog zur Schulbuchauswahl. Geeignete Unterrichtseinheiten werden an die Fachbereiche und Interessierte weitergereicht. Dafür werden im LehrerInnenzimmer für jede Jahrgangsstufe Ordner zusammengestellt.
- Für die Bücherei werden aktuelle praxisorientierte Materialien zur Mädchen- und Jungenarbeit zusammengestellt.
- Es werden Fotodokumentationen einer Projektwoche zum Thema »Rollenbilder im Wandel« am Tag der offenen Tür ausgestellt. Auf diese Weise ist es möglich, z.B. mit Eltern über Fragen der geschlechtsrollenspezifischen Erziehung auch bezogen auf Inhalte des Fachunterrichts ins Gespräch zu kommen.
- In der Schule werden regelmäßig Informationen über das »schwarze Brett« oder ein Mitteilungsbuch verbreitet, z.B. Zeitungsausschnitte, Filmempfehlungen, Veranstaltungsplakate.
- Fachbereiche werden gezielt ausgesucht, um bestehende Ungleichbehandlungen abzubauen. So wird z.B. in Sport ein Modell der Wahl- und Neigungsdifferenzierung mit veränderten Inhalten und einem erweiterten Sport- und Bewegungsverständnis entwickelt. Auf diese Weise wird versucht, den unterschiedlichen Interessen und Fähigkeiten der Schülerinnen und Schüler gerechter zu werden. Dieses Konzept ermöglicht in begründeten Fällen auch eine zeitweise Aufhebung der Koedukation. Geschlechtshomogene Gruppenbildungen ergeben sich aber – wenn überhaupt – aus den Anwahlen, sie sind in der Regel keine organisatorische Vorgabe.

Eine weitere Möglichkeit ist das Wahlpflichtangebot in Mathematik. Durch eine Neukonzeption mit fächerübergreifenden und handlungsorientierten Inhalten wird in dieser Schule eine große Resonanz erreicht: 60 Prozent der Teilnehmenden sind Mädchen. Von den curricularen Veränderungen profitieren alle Beteiligten und sie haben auch Auswirkungen auf den Regelunterricht.

Beispielschule 2

An einer anderen Schule zeigen überwiegend oder ausschließlich Frauen Interesse und Engagement für die Weiterentwicklung der Koedukation. Sie gründen eine Arbeitsgruppe mit interessierten Frauen (Lehrerinnen, Müttern, Sozialarbeiterinnen und/oder Schülerinnen). Die Arbeitstreffen dieser Frauengruppe orientieren sich ebenfalls an konkreten Vorhaben (Drescher 1998).

Ziel ist es, die vielen Einzelinitiativen zu einem Gesamtprojekt zu bündeln und positive Ansatzpunkte zu entwickeln, die durch eine Solidarisierung mit und unter interessierten Frauen entstehen, das Einzelkämpferinnentum zu überwinden und sich durch die Gemeinschaft zu stärken. Der hohe Arbeitsaufwand der Einzelinitiativen soll durch Teamarbeit und Aufteilung der Aufgaben langfristig abgebaut und effektiver genutzt werden.

- Diese Arbeitsgruppe ermöglicht einen Informationsaustausch über die vielen Einzelinitiativen anderer Frauen der eigenen Schule, aber auch über Initiativen von anderen Schulen, die ähnlich versuchen, Ansätze einer reflektierten Koedukation und der parteilichen Mädchenarbeit in ihrem Unterricht zu verwirklichen.
- Um die Kontakte zu anderen Kolleginnen zu erweitern, wird an einem zentralen Platz in der Schule eine »Informationssäule« eingerichtet, über die z.B. spezielle Fortbildungsangebote zum Thema »Mädchen und Frauen in der Schule« veröffentlicht werden und auf frauenpolitische Veranstaltungen und Aktionen hingewiesen wird.
- Ein positiver Nebeneffekt dieser Arbeit ist es, dass z.B. die gemeinsamen Vorhaben in der Frauengruppe zu einer Auseinandersetzung mit der eigenen beruflichen Situation an der Schule führen. Es werden Aktionen zum Internationalen Frauentag durchgeführt und in Zusammenarbeit mit dem Personalrat und/oder der Frauenbeauftragten der Schule Frauenteilversammlungen, z.B. zum Landesgleichberechtigungsgesetz und zur Teilzeitarbeit, organisiert. Frauen werden gezielt angesprochen und unterstützt, wenn sie sich auf Funktionsstellen in der Schule bewerben wollen. Auch bei der Schulleitung und im Personalrat wird um Ansprechpartnerinnen und Unterstützerinnen für die gemeinsame Arbeit geworben.
- Es wird für die Vervielfältigung der Informationen und für die Zusammenstellung geeigneter Materialien ein eigener Etat beantragt.
- Die Arbeitstreffen werden in den Terminkalender der Schule aufgenommen.
- Es werden Anrechnungsstunden zur Koordinierung der Aufgaben beantragt.
- Die Arbeitsgruppe richtet eine Beratungsstelle im sozialpädagogischen Bereich ein, an die sich Schülerinnen vertraulich wenden und bei der sie sicher sein können, dass sie mit ihren Beschwerden und Wünschen ernst genommen und ihre Interessen vertreten werden. (Eine andere Möglichkeit ist eine Mädchenberatung im Beratungsbereich).

- Schülerinnen werden über Aktionen außerschulischer Institutionen informiert, z.B. Mädchenfilmtage oder spezielle Angebote z.B. für türkische Mädchen. Es werden Ausstellungen an die Schule geholt, z.B. das Projekt des niedersächsischen Frauenministeriums zur Berufsorientierung »Mädchen können alles, wenn man(n) sie nur lässt«.
- Mädchenprojektwochen oder -tage werden gemeinsam geplant und durchgeführt. Ein Arbeitsschwerpunkt ist z.B. das Thema »Gewalt gegen Mädchen«. Es werden Formen alltäglicher Gewalt und des Sexismus benannt, an die sich die meisten schon – auch in der Schule – gewöhnt haben.
- Verschiedene Fortbildungen, z.B. zum Thema des sexuellen Missbrauchs an Mädchen, werden gemeinsam besucht. Durch außerschulische Kontakte wird eine professionelle Begleitung z.B. mit Violetta e.V. – Verein gegen Sexuellen Missbrauch, Seelhorststr. 11, 30175 Hannover – aufgebaut. Die Frauen lernen ihre Möglichkeiten, aber auch ihre Grenzen kennen, Mädchen in ihren Anliegen und mit ihren individuellen Problemen wirksam zu helfen.
- Es werden Wendo-Kurse zur Selbstbehauptung und zum Selbstsicherheitstraining für Lehrerinnen und Schülerinnen organisiert und durchgeführt.
- Es werden Mädchenprojekte – wenn auch nur in unregelmäßigen Abständen – in fast allen Jahrgängen angeboten.

Grenzen setzen und behaupten – Wendo Selbstbehauptung und Verteidigung für Mädchen und Frauen

Mädchengruppen und geschlechtshomogene Freiräume ermöglichen eine Stärkung des Selbstwertgefühls und schärfen das Bewusstsein für die Fähigkeiten und Leistungen von Frauen und Mädchen. Sie ermöglichen den Austausch gemeinsamer Probleme, aber auch möglicher gemeinsamer Interessen und Bedürfnisse von Frauen und Mädchen unabhängig von ihrer kulturellen Zugehörigkeit.

Dies schließt die Achtung und die Wertschätzung von anderen Frauen und Mädchen mit ein: als Wissen um den Wert von sozialen Beziehungen unter Frauen, um die eigenständige Bedeutung von Mädchen- und Frauenfreundschaften. Dazu gehört auch, sich mit Widersprüchen, Konkurrenz- und Spannungssituationen untereinander auseinander zu setzen.

Dieser Austausch eröffnet die Chance, die Vielfalt weiblicher Lebensentwürfe wahrzunehmen und Alternativen zur vorherrschenden Weiblichkeitskonstruktion zu entwickeln.

3. Mädchen- und Jungenarbeit – Ein Baustein im Gesamtkonzept

Die emanzipatorische Mädchenarbeit wird als ein Teil in dem Gesamtkonzept für die Weiterentwicklung der Koedukation im Schulprogramm gesehen. Die Erwartung dieses geschlechtsbezogenen Ansatzes ist es, dass er seine Entsprechung in vergleichbaren Angeboten für Jungen findet. An den meisten Schulen sind solche Angebote für Jungen nach wie vor die Ausnahme. Deshalb werden neben der emanzipatorischen Mädchenarbeit Initiativen der männlichen Lehrkräfte unterstützt, durch die auch sie Verantwortung übernehmen und den Jungen Angebote machen, in denen sie ihre erlernten Verhaltensmuster gezielt auf- und bearbeiten können. Besondere Beachtung finden Teams, die in ihren Stammgruppen Ansätze zur geschlechterdiffenzierenden Pädagogik verwirklichen.

Die Erfahrungen zeigen, dass in den Lerngruppen, in denen emanzipatorische Mädchen- und Jungenarbeit stattfindet, auch der Fachunterricht wesentlich produktiver und sachorientierter ist.

Projekte für Mädchen und Jungen getrennt finden in der Regel nur auf freiwilliger Basis statt und sind zeitlich begrenzt. Der innovative Gehalt und die motivierende Relevanz zeigen sich bezogen auf die Schule insbesondere in der Präventionsarbeit. Tatsache ist es auch, dass durch geschlechtshomogene Gruppenbildungen nur ein Teil der SchülerInnen erreicht wird.

Nicht zuletzt haben jedoch die überwiegend positiven Rückmeldungen von den Schülerinnen aus den Mädchengruppen selbst, ihre Hinweise und Wünsche an eine mädchengerechte Schule, dazu beigetragen, dass ihre Belange im Unterrichtsalltag stärker berücksichtigt werden.

Über die Ansätze der emanzipatorischen Mädchen- und Jungenarbeit finden sich ideale Anknüpfungspunkte, in anderen Bereichen die Schulpraxis stärker als bisher mitzugestalten und zu verändern.

4. Der Einstieg in das Schulprogramm – Eine Arbeitsgruppe bilden

Es empfiehlt sich, eine qualifizierte Arbeitsgruppe in der Schule zu bilden, die das Projekt »Reflexive Koedukation als Schwerpunkt im Schulprogramm« vorbereitet und koordiniert. Die Hauptaufgabe dieser »Entwicklungsgruppe« besteht in der Steuerung der Prozesse durch die Mitglieder der Schule selbst. Sie initiiert u.a. den Anlass zum Aufbruch, begleitet konkrete Vorhaben und koordiniert die Planung und Durchführung der einzelnen Projektvorhaben (vgl. hierzu Philipp/Rolff 1998).

Für diese Aufgaben lassen sich insbesondere diejenigen KollegInnen gewinnen, die bereits zu diesem Thema gearbeitet oder ein besonderes Interesse gezeigt haben. Wie überall trägt eine freiwillige Mitarbeit zum guten Gelingen des Projektes und zur Motivation entscheidend bei (s. Beispielschulen).

Es könnte aber auch an einigen Schulen ein Vorteil sein, gerade auch mögliche »Gegner« oder »Blockierer« solcher Reformvorhaben bewusst von Anfang an einzubeziehen. Ideal ist sicherlich die aktive Beteiligung und Unterstützung möglichst vieler FunktionsstelleninhaberInnen.

In jedem Fall ist es für ein gutes Gelingen notwendig, von Beginn an für einen regelmäßigen Informationsaustausch mit der Schulleitung zu sorgen. Ziel sollte es sein, dass in dieser Gruppe Männer und Frauen in gleicher Anzahl vertreten sind. Eine gute kollegiale Zusammenarbeit ist eine zentrale Voraussetzung, damit ein Schulprogramm im Schulalltag auch umgesetzt wird.

4.1 Vorhandenes sichtbar machen – Bestandsaufnahme

Viele Schulen haben bereits Projektwochen für Mädchen- und Jungengruppen durchgeführt, Unterrichtseinheiten entwickelt, die geschlechterdifferenzierende Aspekte einbeziehen, und in einzelnen Fächern curriculare Veränderungen vorgenommen.

Eine Bestandsaufnahme verschafft eine Übersicht, lässt die bereits geleistete Arbeit sichtbar werden, bietet Anregungen für andere KollegInnen und ermuntert zum Weitermachen.

Die Arbeitsgruppe könnte also damit beginnen, für eine Bestandsaufnahme zum Thema in der eigenen Schule zu sorgen und längerfristig eine Weiterentwicklung der Koedukation initiieren, indem sie z.B.

- Material zusammenträgt, das von SchülerInnen während des Unterrichts oder zu diesem Thema erarbeitet wurde (Collagen, Fragebögen, Fotodokumentationen);
- Statistiken und Tabellen zum Wahlverhalten von Mädchen und Jungen im Wahlpflichtbereich in der Kursstufe erstellen lässt;
- Berufswünsche und Vorstellungen der Abgangsklassen abfragt;
- geeignete Projekttage dokumentiert und publik macht;

- an einzelne Fachbereiche oder Jahrgänge Anregungen für eine Selbstbefragung gibt, die zur Einschätzung und Beobachtung des Verhaltens von Lehrerinnen, Lehrern, Schülerinnen und Schülern geeignet sind;
- Daten zusammenstellt, z.B. über die Frauen- und Männerverteilung im Kollegium hinsichtlich der Fächerbesetzung, der Stundenerteilung, der Sonderaufgaben und der Funktionsstellen.

Grundlage für eine Bestandsaufnahme könnte auch die tabellarische Auflistung durchgeführter Unterrichtseinheiten zur Erziehung der Gleichberechtigung der Geschlechter sein.

Bestandsaufnahmen der Schule geben einen Überblick über bereits durchgeführte geschlechterdifferenzierende Unterrichtseinheiten einzelner Lehrkräfte in den Fachbereichen oder fächerübergreifende Schwerpunkte der Jahrgänge. Damit wird eine gründliche Analyse des Ist-Zustandes an der Schule ermöglicht. Eine genauere Auswertung ermöglicht gezielte Anknüpfungspunkte zur Weiterarbeit und zur Entwicklung eines Gesamtkonzeptes.

4.2 Der Einstieg über die Schulöffentlichkeit: Konferenzen zum Thema Koedukation

Einen anderen, weniger zeitaufwändigen Einstieg bietet ein Vortrag in einer Gesamtkonferenz, z.B. über den »Heimlichen Lehrplan der Geschlechtererziehung«. Eine Referentin könnte z.B. aktuelle Erkenntnisse der Koedukationsforschung komprimiert vorstellen.

Dieser direkte fächerübergreifende Einstieg bietet sich in Kollegien an, die konkrete Veränderungen der eigenen Schulordnung und der allgemeinen Grundsätze der Schule bewirken wollen.

Auch Teil- und Fachkonferenzen können genutzt werden, um ein vertieftes Bewusstsein für die Geschlechterthematik zu erlangen, indem die Arbeitsgruppe

- neue und interessante wissenschaftliche Erkenntnisse durch eine Referentin/einen Referenten vortragen lässt, z.B. zum Thema Einstellung von Mädchen und Jungen zu den Fächern Geschichte/Politik, Sprachen und Naturwissenschaften;
- Anregungen für geeignete Projektthemen gibt;
- auf die Bedeutung geschlechterdifferenzierender Erkenntnisse in anderen Bereichen hinweist, z.B. Gewalt in der Schule, Kommunikationsformen in der Klasse oder im Kollegium;
- das Thema »Geschlechtsrollenklischees« in verwendeten Schulbüchern aufgreift und hierzu einen Kriterienkatalog zur zukünftigen Einführung von Schulbüchern und Unterrichtsmaterialien zur Beschlussfassung vorlegt;
- neue Unterrichtseinheiten für die Sexualpädagogik entwickelt;

- die Notwendigkeit für die Einhaltung alltäglicher Selbstverständlichkeiten im Umgang der Geschlechter miteinander verdeutlicht und Regeln für eine kollegiale Zusammenarbeit entwickelt. Die Regeln thematisieren z.B. die Anwendung eines durchgängig geschlechtsdifferenzierenden Sprachgebrauchs, eine gerechtere Verteilung der Redezeit in Konferenzen oder auch die Forderung einer wechselnden Leitung bei Konferenzen.

4.3 Neugier wecken – Schulinterne Fortbildungen

Schulentwicklung braucht Raum zur Qualifizierung und Professionalisierung durch Fort- und Weiterbildung. Fortbildungsangebote, z.B. zur Reflexion der eigenen Rolle als LehrerIn unter geschlechterdifferenzierenden Gesichtspunkten, könnten auf diese Weise für interessierte Teams, einen Jahrgang oder die ganze Schule initiiert werden (Koch-Priewe/Latta-Büscher 1997). Selbstreflexion ist gebunden an Inhalte und Themen.

Ein Beispiel für eine Schulinterne Fortbildung (SCHILF)

Aus dem Bericht zur schulinternen Fortbildung an der IGS Hannover-Linden (zit. n. Jahrbuch der IGS Hannover-Linden 1997, S. 49ff.):

> *»Mit dem Einstiegsreferat zum Thema Mädchen- und Jungenbildung für die zweitägige SCHILF wurden von Prof. Dr. Doris Lemmermöhle wesentliche Problembereiche und zentrale Fragestellungen der schulischen Erziehung unter geschlechterdifferenzierenden Aspekten verdeutlicht ... Dabei wurden die notwendigen Ziele und mögliche Ansatzpunkte für eine veränderte Mädchen- und Jungenarbeit dargestellt.*
> *.... Das Fortbildungsangebot in den Arbeitsgruppen ermöglichte sowohl eine Vertiefung zu ausgewählten fachspezifischen als auch allgemeinpädagogischen und schulorganisatorischen Schwerpunkten. Auf diese Weise sollten u.a. interessante Neuansätze für die konkrete Praxis und Impulse zur Gestaltung von Unterricht vermittelt werden, aber auch Möglichkeiten und notwendige Veränderungen im Bereich der Interaktionen und Beziehungen der Geschlechter aufgezeigt werden.*
> *Es standen 25 Themen zur Auswahl, die für einen geschlechterdifferenzierenden koedukativen Unterricht förderlich sind. Die Angebote der emanzipatorischen Mädchen- und Jungenarbeit wurden teilweise für geschlechtergetrennte Arbeitsgruppen konzipiert.*
> *Dabei war es der Planungsgruppe wichtig, über eine theoretische Auseinandersetzung hinaus vor allem auch handlungsorientierte Angebote zu geben, die zur Umsetzung für die konkrete Unterrichtspraxis geeignet sind. Das umfangreiche Programmheft informierte über die Vorhaben und Zielsetzungen der einzelnen Arbeitsgruppen:*

- *Angebote zur emanzipatorischen Mädchenarbeit und zur Professionalisierung der Berufsrolle: ›Selbsterfahrung für Frauen‹, ›Selbstverteidigung als Projekt zur Stärkung des Selbstvertrauens bei Schülerinnen‹, ›Frauen in Führungspositionen‹,*
- *Angebote für eine emanzipatorische Jungenarbeit und Themen, die den Lehrer als Mann in seiner Vorbildfunktion problematisierten: ›Supervision für Lehrer (Männer)‹, ›JungX – ein Annäherungsversuch‹, ›Erleben, Erproben und Erdenken‹, ›Männliche Identität und Schule‹ und ›Paschas an den Herd‹,*
- *fachspezifische Fortbildungsangebote zu ausgewählten Themenbereichen einzelner Fächer, wie z.B. ›Mädchen und Jungen in den Naturwissenschaften‹, ›Feministische Ansätze zur Sportspielevermittlung‹, ›Historische Perspektiven zur gesellschaftlichen Rolle von Männern und Frauen‹ und ›Jungen und Mädchen im Jugendbuch‹,*
- *Bewegungsangebote für die koedukative Praxis: z.B. Sport, Musik, Stammunterricht zum sozialen Lernen, zu unterschiedlichen südamerikanischen Tanzrichtungen, wie ›Capoeira‹ (brasilianisches Tanzspiel) und ›Merengue, Salsa, Tango‹;*
- *allgemeinpädagogische Themenstellungen und schulrelevante Fragestellungen: ›Veränderte Jungen- und Mädchenarbeit‹, ›Nonverbale Kommunikation unter dem Aspekt geschlechterdifferenter Interaktion‹, ›Organisationsentwicklung und Demokratisierung von Schule‹, ›Präventionsansätze mit jugendlichen Mädchen zum Thema sexuelle Gewalt‹ und ›Erziehungsweise andersrum – Homosexualität und Schule.‹«*

5. Bestehendes ergänzen – Das Schulprogramm weiterführen

Eine weitere Einstiegsmöglichkeit besteht darin, geschlechterdifferenzierende Ansätze in bereits vorhandene inhaltliche Schwerpunkte der Schule einfließen zu lassen. Als Beispiel bietet sich das Thema »Gewalt in der Schule« an.

Die pädagogischen Überlegungen und die Umsetzung präventiver Konzepte zum Thema Gewalt beziehen bis heute eine notwendige geschlechterdiffenzierende Analyse und Herangehensweise allenfalls am Rande mit ein. Noch immer sprechen ExpertInnen auch angesichts der Bilder sich prügelnder Jungen auf den Schulhöfen von der Gewalt *Jugendlicher*, anstatt die spezifische Gewaltbereitschaft von *Jungen* direkt zu benennen. Eine erfolgreiche Gewaltprävention muss notwendigerweise auch eine emanzipatorische Jungenarbeit beinhalten.

Deshalb werden alle Maßnahmen und Überlegungen zur Vermeidung und Überwindung von Gewalt so lange wirkungslos bleiben, wie die Geschlechterdifferenz und die Bedingungsfaktoren patriarchalischer Verhältnisse in ihrer Bedeutung heruntergespielt und ignoriert werden.

Die Einbeziehung geschlechterdifferenzierender Untersuchungen und der Einsatz geeigneter Unterrichtseinheiten ist ein entscheidender und wirkungsvoller Ansatz zur Prävention und Verminderung von Gewalt in der Schule.

Dieser Einstieg ermöglicht an einem konkreten allgemeinpädagogischen Thema eine Weiterentwicklung der Koedukation.

In diesem Zusammenhang könnten Projekte zur Persönlichkeitsstärkung der Jungen und Mädchen entwickelt werden: Wendo-Kurse zur Selbstbehauptung und Selbstverteidigung für Mädchen, Angebote in der emanzipatorischen Jungenarbeit, ein Konfliktlösungstraining für alle SchülerInnen eines Jahrgangs, Projektwochen zum Thema Gewalt gegen Frauen und Mädchen, Mediation und/oder Elternabende zum Thema des sexuellen Missbrauchs (s. Beispielschulen, s. Erlass vom 4.5.1999 des Niedersächsischen Ministeriums für Kultur).

Ziele der primären Präventionsarbeit, die die herrschende Geschlechterordnung als Ursache von Gewalt in der Schule einbezieht, sind u.a.

- der Abbau des Überlegenheitszwangs bei Jungen,
- die Stärkung der Selbstbehauptungsfähigkeit bei Mädchen,
- Schaffung von Identifikationsmustern für Mannsein – jenseits herrschender Gewaltmuster,
- Stärkung des Selbstwertes von Mädchen – unabhängig von Jungen (Palzkill 1999).

Jede Schule hat eigene Schwerpunkte, ein mehr oder weniger ausgeprägtes eigenes Schulprofil. Ansatzpunkte, die Gleichberechtigung der Geschlechter als Schwerpunkt im Schulprogramm zu verankern, gibt es nicht nur im inhaltlichen Bereich, sondern auch im methodischen und unterrichtsorganisatorischen Bereich (z.B. handlungsorientiertes Lernen, fächerübergreifender Unterricht).

6. Unser Schulprogramm – Anspruch und Wirklichkeit

Die Anregungen verdeutlichen die Notwendigkeit, »Reflexive Koedukation« in den verbindlichen Katalog zur Erstellung eines Schulprogramms zu übernehmen.

Ist das Thema bisher kaum oder gar nicht in der Schuldiskussion beachtet worden, so kann die Aufnahme dieses Schwerpunktthemas Bewegung in den Schulalltag bringen und zu produktiven Veränderungen beitragen. Umgekehrt wird in der Regel die Chance dann am größten sein, die Reflexive Koedukation als Aufgabe für die ganze Schule im Schulprogramm zu verankern, wenn sie zumindest in Ansätzen im bisherigen Schulprofil bereits vorhanden ist. Für die Praxis heißt dies konkret, dass es AkteurInnen gibt, die sich in ihrem Unterricht, ihrem Jahrgang, in Projekten usw. für dieses Thema engagiert haben. Durch die Aufnahme in das Schulprogramm erhält diese bereits geleistete Arbeit einen völlig anderen Stellenwert. Die Schule bekennt sich öffentlich dazu, sich für eine gelebte Gleichberechtigung auf allen Ebenen einzusetzen.

In jedem Falle wird durch diesen Schwerpunkt die pädagogische Gesamtstruktur verändert. Eine Evaluation nach einem vereinbarten Zeitraum ist eng verknüpft mit den vorher beschriebenen Zielen, die sich die Schule gesetzt hat. Viele verschiedene Kräfte und Kompetenzen sind dabei gefragt. Mögliche Fragen zur Evaluation könnten dabei zum Beispiel sein:

- Sind Maßnahmen zur Stärkung der sozialen Kompetenz eingeleitet worden, die Mädchen in ihrem Selbstbewusstsein stärken und Jungen zu kooperativem Verhalten erziehen?
- Welche konkreten Beschlüsse der Fach-/Gesamtkonferenzen haben der Umsetzung der »Reflexiven Koedukation« genutzt? Welche Bedingungsrahmen sollten geändert werden?
- Welche Möglichkeiten und Ideen aus der geschlechterbewussten Pädagogik und Didaktik haben wir bereits umgesetzt, welche Vorhaben wollen wir langfristig im Schulalltag umsetzen?
- In welchen Bereichen/Fächern ist eine geschlechterdiffenzierende Sichtweise besonders wichtig?
- Welche geschlechterdifferenzierenden Angebote für SchülerInnen z.B. im Kursangebot der Sekundarstufe II oder im Wahlpflichtbereich haben wir angeboten/bieten sich zukünftig an?
- Welche Methoden, Themen, Projekte aus der emanzipatorischen Mädchen- und Jungenarbeit und reflektierten Koedukation halten wir für wichtig, um sie im Jahresplan der einzelnen Fächer oder in Projektwochen verbindlich zu übernehmen?
- Welche Qualifikationen werden von den Führungskräften und von den LehrerInnen gefordert?
- Wie können wir im Fachunterricht den Interessen und Bedürfnissen von Mädchen und Jungen gerechter werden?
- Durch welche Inhalte oder Projekte können wir die berufliche und private Lebensplanung der SchülerInnen bewusster unterstützen?
- In welchen Bereichen haben wir dazu beigetragen, den Bildungsauftrag der Schule, die Gleichberechtigung von Mädchen und Jungen zu fördern, in der Wirklichkeit des Schulalltags umzusetzen (Schulorganisation, Revision der Inhalte, Fortbildungsangebote für LehrerInnen ...)?
- Wie erfolgreich ist die Zusammenarbeit mit den eingebundenen KooperationspartnerInnen für unser Vorhaben (sozialpädagogischer Bereich, Beratungslehrkräfte, außerschulische Kontakte)?

Schulprogrammentwicklung braucht Raum und Zeit zur Reflexion. Dies schafft die Voraussetzung für gegenseitige Wertschätzung, Toleranz und Vertrauen als Grundlage für eine Veränderungsbereitschaft. Ein überzeugendes Schulprogramm wird sich an den inhaltlichen Fortschritten und der Arbeitszufriedenheit messen lassen. Notwendige unterstützende Schritte werden u.a. sein, dass

- die Ziele im Hinblick auf die Gleichberechtigung der Geschlechter u.a. in den Lehrplänen, Unterrichtsmaterialien und in der Fortbildung formuliert und umgesetzt werden;
- in der Personalentwicklung und Qualifikation von Leitungskräften Kompetenzen im Bereich der geschlechterbewussten Pädagogik gefordert werden;
- Ergebnisse der Geschlechterforschung bei der Curriculumentwicklung von Anfang an eingebracht und berücksichtigt werden;
- Arbeitsgruppen und Lehrplankommissionen entsprechend zielorientiert besetzt werden;
- Schulen durch Initiativprogramme und Fortbildungsangebote bei der Umsetzung der »Reflexiven Koedukation« unterstützt werden.

Die Umsetzung dieser Ziele wird zeigen, dass auch auf der administrativen Ebene erheblicher Handlungsbedarf besteht.[1]

Vor allem aber werden auch weiterhin und immer mehr starke Frauen und Mädchen gebraucht, die Schule machen, und mit ihnen auch Männer und Jungen, die stark genug geworden sind, zusammen mit diesen engagierten Frauen und Mädchen die Schule gleichberechtigt und rollenoffen zu gestalten.

Literaturverzeichnis

Behörde für Schule, Jugend und Berufsbildung: Mädchen und Jungen in der Schule – Pädagogische Konferenz »Koedukation heute«. Hamburg 1994, S. 4.

Berger-von der Heide, H. u.a. (Hrsg.): Rollenbilder im Wandel. Menschen Zeiten Räume, Arbeitsbuch für Gesellschaftslehre, Band 2, Nds. Cornelsen, Berlin 1995.

Berger-von der Heide, H. u.a. (Hrsg.): Menschen Zeiten Räume, Arbeitsbuch für Gesellschaftslehre, Band 2, Hessen, Cornelsen, Berlin 1999.

Berger-von der Heide, H. u.a. (Hrsg.): Bloßgestellt – Gewalt gegen Frauen. Menschen Zeiten Räume, Arbeitsbuch für Gesellschaftslehre, Band 4, Cornelsen, Berlin 1996.

Berger-von der Heide, H. u.a. (Hrsg.): Projekt: Beziehungen gestalten. Ebenfalls: Menschen Zeiten Räume, Arbeitsbuch für Gesellschaftslehre, Band 4, Cornelsen, Berlin 1996.
Weitere Materialien zum Thema Gleichberechtigung werden vom Bundesministerium für Frauen u.a., BMFSFJ (Hrsg.) kostenlos zur Verfügung gestellt: Bestelladresse: Universum Verlagsanstalt, Taunusstr. 54, 65183 Wiesbaden, Tel.: 0611/9030-259, Fax: 0611/9030-277, online: http:/www.universum.de oder http:/www.universum.com

Bildungskommission NRW: Zukunft der Bildung – Schule der Zukunft. Neuwied/Kriftel/Berlin 1995, S. 130–134.

1 Dass eine Unterstützung »von oben« wichtig ist, wurde z.B. deutlich durch Initiativprogramme des damaligen Frauenministeriums zur Berufsorientierung »Mädchen können alles, wenn man sie nur lässt« und das Pilotprogramm für »Wendo-Selbstbehauptung an Schulen«. Allein die Wertschätzung von Mädchenarbeit, die sich auch – aber nicht nur – z.B. durch die materielle Unterstützung ausgedrückt hat, hat viele engagierte Kolleginnen ermuntert, initiativ zu werden bzw. weiterzumachen.

Drescher, A.: Starke Mädchen machen Schule – Erfahrungen und Perspektiven der emanzipatorischen Mädchenarbeit. In: Jahrbuch der IGS Hannover-Linden, Bd. 6. Hannover 1998, S. 65ff.

Jahrbuch der IGS Hannover-Linden, Bd. 5. Hannover 1997, S. 49ff.

Koch-Priewe, B./Latta-Büscher, S.: Methoden, Mut, Modelle – Herausforderungen und Qualitätsmerkmale einer Fortbildung für Lehrerinnen und Lehrer. NLI-Berichte 60, 1997.

Liebsch, K./Malz-Teske, R.: Schulentwicklung konkret: Beispiel Reflexive Koedukation. Hamburg 1999.

Palzkill, B.: Prävention sexualisierter Gewalt in der Schule. In: Kreienbaum, M.A. (Hrsg.): Schule lebendig gestalten. Reflexive Koedukation in Theorie und Praxis, Bd. 113. Bielefeld 1999, S. 83.

Philipp, E./Rolff, H.-G.: Schulprogramme und Leitbilder entwickeln – Ein Arbeitsbuch. Weinheim/Basel 1998, S. 31.

Über die AutorInnen

Anner, Annette, Jg. 1967. 1990 Erste Staatsprüfung Grund- und Hauptschulpädagogik an der Erziehungswissenschaftlichen Hochschule in Landau/Pfalz. 1992 Zweite Staatsprüfung am Studienseminar Saarbrücken. Seit 1993 im Schuldienst des Landes NRW. Zurzeit Schulleiterin einer Grundschule in Düsseldorf.

Biermann, Christine, Jg. 1954, war von 1979 bis 1996 Lehrerin an der Laborschule, einer Versuchsschule des Landes Nordrhein-Westfalen. In dieser Zeit war sie vor allem an Forschungs- und Entwicklungsprojekten zur geschlechterbewussten Pädagogik und Sexualerziehung beteiligt. Sie hat als ausgebildete Moderatorin einige Jahre lang LehrerInnen-Fortbildungen im Bereich »Prävention von sexuellem Missbrauch/ sexueller Gewalt« geleitet. Von 1996 bis 2000 war sie als Lehrerin im Hochschuldienst an der Fakultät für Pädagogik der Universität Bielefeld in der Ausbildung von Lehramtsstudierenden für die Sekundarstufen I und II tätig. Seit August 2000 ist sie wissenschaftliche Mitarbeiterin an der Wissenschaftlichen Einrichtung der Laborschule für den Arbeitsschwerpunkt »Fachliches und überfachliches Lernen«.
Kontaktadresse: Christine.Biermann@uni-bielefeld.de.

Bondick, Regine, Jg. 1949. Studium in Bremen, Lehrerin seit 1973, 10 Jahre an der Grund-, Haupt- und Realschule Möllner Landstraße, danach an der Max-Brauer-Schule (Gesamtschule) in Hamburg als Klassenlehrerin und als Fachlehrerin für Deutsch, Chemie, Naturwissenschaft und Darstellendes Spiel. Seit 1989 zuständig für Koordination und Beratung in der Berufsorientierung der Sekundarstufe I der Max-Brauer-Schule. Von Sommer 1999–2001 Mitarbeit im Projekt »Berufsorientierung an allgemein bildenden Schulen« der Schulbehörde und des Instituts für Lehrerfortbildung in Hamburg. Seit 2001 Abteilungsleiterin für die Jahrgänge 5–7 der Max-Brauer-Schule.

Drescher, Angela, Jg. 1956. Lehrerin an der Integrierten Gesamtschule Hannover-Linden (IGS), Wendo-Trainerin, Schulbuchautorin, Fortbildnerin mit den Schwerpunkten »Frauen und Schule«, »Gewaltprävention«, »Mädchenarbeit und Schulprogrammentwicklung«. Aktive Mitarbeit im Referat »Frauenpolitik« der GEW Niedersachsen sowie in der Arbeitsgruppe »Weiterentwicklung der Koedukation« im Niedersächsischen Kultusministerium und in der Steuerungsgruppe zur Schulprogrammentwicklung an der IGS Linden.
Anschrift der Schule: IGS Hannover-Linden. Am Lindener Berge 11, 30449 Hannover.

Gembus, Christian, ist 49 Jahre alt, verheiratet und Vater von zwei Kindern. Er arbeitet als Lehrer in der Gesamtschule Stieghorst-Bielefeld mit den Fächern Musik, Gesellschaftslehre und Technik. Zurzeit ist er Klassenlehrer einer Integrationsklasse, in der behinderte und nicht behinderte Kinder gemeinsam unterrichtet werden. Seit 1992 koordiniert er die Mädchen-Jungen-Projekte, ist Teamer in diesen Projekten und macht Jungenarbeit. Außerdem führt er im Bezirk Detmold im Auftrag der Bezirksregierung LehrerInnen-Fortbildungen zum Thema »Geschlechterbewusste Bildung und Schulentwicklung« durch.
Kontaktadresse: c.gembus@t-online.de.

Gemein, Elisabeth, geb. 1946 in Essen. Studium an der Pädagogischen Hochschule in Essen, Erstes und Zweites Examen als Volksschul/-Hauptschullehrerin. Unterrichtliche Tätigkeit an verschiedenen Hauptschulen, Studium Germanistik in Bochum. Seit 1975 am Mädchengymnasium Essen-Borbeck mit den Fächern Deutsch und Pädagogik, seit 1989 stellvertretende Schulleiterin am Mädchengymnasium Essen-Borbeck, mit Beginn des Schuljahres 2001/2002 kommissarische Schulleiterin.
Kontaktadresse: e-mail: mail@mgb.essen.de, Fax: 0201/6850231.

Hoppen, Ute, Jg. 1962. Lehrerin für Deutsch, Deutsch als Zweitsprache, Ausländerpädagogik und Geschichte in der Sekundarstufe I. Schwerpunkt »Berufswahlorientierung für Mädchen/Reflexive Koedukation«. Ausbildungskoordinatorin für Sekundarstufe I. Zudem tätig als Klassenlehrerin einer Seiteneinsteigerklasse und zuständig für die Pressearbeit, z.B. zur Thematik »Öffnung von Schule«. Seit dem Schuljahr 2001/2002 als Konrektorin an einer Realschule in Dinslaken tätig.
Anschrift der Schule: Anne-Frank Realschule/Städtische Realschule, Ackerstr. 174, 40233 Düsseldorf, Tel.: 0211/681083.

Hübner, Hannelore, Jg. 1947. Studium der Anglistik und Geschichte in Hannover, Abschluss 1972. Mitarbeit am Ganztagsgymnasium in Barsinghausen in der Entstehungsphase sowie in der Planungsgruppe der ersten Orientierungsstufen in Niedersachsen. Heute an der Haupt- und Realschule in Barsinghausen. Arbeitsschwerpunkte sind die Erziehung zur Gleichberechtigung der Geschlechter und Theaterarbeit.

Klein-Uerlings, Birgit, Lehrerin am Gymnasium Rodenkirchen/Köln mit den Fächern Sozialwissenschaften und Englisch. Supervisorin im Rahmen der Lehrerfortbildung, Mitglied der Arbeitsgruppe »Reflexive Koedukation« am Landesinstitut für Schule und Weiterbildung NRW, Moderatorin für den Bereich »Reflexive Koedukation« in der Lehrerfortbildung/Bezirksregierung Köln.
Privatadresse: Siebengebirgsallee 78, 50939 Köln, Tel.: 0221/328304.

Klostermann, Brigitte, geb. 1947 in Wuppertal. Fachlehrerin für die Fächer Kunsterziehung und Technisches Werken, unterrichtet seit 1980 an einer Realschule in Leverkusen-Opladen. Zunächst Staatsexamen als Kindergärtnerin und Hortnerin; von 1968–1971 Ausbildung am Werkseminar Düsseldorf zur Fachlehrerin. 1971/72 Ausbildung an einer Realschule in Düsseldorf. 1982–1985 Leitung verschiedener Fortbildungsveranstaltungen für den Fachbereich Textilgestaltung für die Bezirksregierung Köln. Seit 1985 Teilnahme an verschiedenen Fortbildungsveranstaltungen wie »Suchtprophylaxe« und »Sexueller Missbrauch«. Ab 1996 Arbeit mit Mädchenprojekten, aus diesen wurde 1999 ein zusätzliches Jungenprojekt. Seit 2000 Ausbildung zur Moderatorin im Landesinstitut für Schule und Weiterbildung in Soest.

Koch-Priewe, Barbara, Dr. phil. habil., Dipl.-Psych., Professorin für Allgemeine Didaktik und Schulpädagogik an der Universität zu Köln; ehemalige Mitarbeiterin im Marburger Grundschulprojekt und am Oberstufen-Kolleg der Universität Bielefeld; langjährig tätig in der Ausbildung von SchulentwicklungsmoderatorInnen; Arbeitsschwerpunkte: Schulentwicklung, Geschlechterforschung, wissenspsychologische Forschungen zur Professionalisierung von LehrerInnen.

Latta-Büscher, Sigrid, geb. 1953 in Lindau/Katlenburg. Studium des Höheren Lehramts mit den Fächern Englisch, Sport und Pädagogik an der Universität Marburg, als Lehrerin an einer Berufsbildenden Schule tätig von 1979–1985 und seit 1986 als Fortbildnerin am Niedersächsischen Landesinstitut für Fortbildung und Weiterbildung im Schulwesen und Medienpädagogik (NLI). In dieser Tätigkeit Aufbau des Fortbildungsbereiches »Chancengleichheit der Geschlechter« in Niedersachsen.

Liebsch, Katharina, PD Dr., Jg. 1962. Studium der Germanistik, Geografie und Erziehungswissenschaft in Hamburg. 1993 Promotion an der Universität Osnabrück. 2000 Habilitation an der Universität Hamburg. Zurzeit Vertretungsprofessorin für Soziologie an der PH Weingarten. Arbeitsgebiete: Sozialisationsforschung, Sozialpsychologie, Wissenssoziologie, Geschlechterforschung. Letzte Veröffentlichung: Panik und Puritanismus. Zur Herstellung traditionalen und religiösen Sinns, Opladen: Leske und Budrich 2001.
Kontakt: k.liebsch@mcadesign.de.

Lüders, Wolf, Jg. 1949. Studium der Germanistik und Romanistik in Hamburg, sieben Jahre Tätigkeit an einem Gymnasium in Hamburg, seit 1985 an der Max-Brauer-Schule (Gesamtschule), Lehrer für Deutsch, Französisch und Darstellendes Spiel, seit 1987 Abteilungsleiter für die Jahrgangsstufen 8–10.

Malz-Teske, Regina, Lehrerin an der Gesamtschule Bergedorf und Dozentin am Institut für Lehrerfortbildung in Hamburg im Beratungsbereich Koedukation.
E-Mail: Malz-Teske@t-online.de.

Michel, Karin, Jg. 1947. Studium der Fächer Sport und Geografie an der Universität Kiel. Nach der Referendarzeit in Lübeck: Unterricht an verschiedenen Realschulen in Schleswig-Holstein und Nordrhein-Westfalen. Seit 1986: Lehrerin an der Lise-Meitner-Gesamtschule in Köln-Porz. Zusätzliche Lehrbefähigung für das Wahlpflichtfach Informatik durch die Teilnahme an einer einjährigen Fortbildung. Seit zwei Jahren Ansprechpartnerin für Gleichstellungsfragen an der Gesamtschule Köln-Porz. Arbeitsschwerpunkt: Mädchenförderung.
Schuladresse: Lise-Meitner-Gesamtschule, Stresemannstr. 36, 51149 Köln.
E-Mail: Ka.Michel@t-online.de.

Neumann, Hans-Peter, Jg. 1943. Lehre als Exportkaufmann, Lehramtsstudium in Wuppertal. Lehrer und Konrektor an einer Hauptschule in Wuppertal, Gesamtschulrektor als Abteilungsleiter 7/8 an der Gesamtschule im Ennepe-Ruhr-Kreis. Unterrichtsfächer: evangelische Religion, Deutsch, Wirtschaft; Arbeitsschwerpunkt: Jungenarbeit – Theaterpädagogik
Privatadresse: Dorfstr. 5, 45527 Hattingen, Tel.: 02324/30040 (privat), 02339/9119323 (dienstl.).

Reineke, Vera, geb. 1946 in Hannover. Nach dem Abitur 1965 auf einer reinen Mädchenschule Studium des Höheren Lehramts mit den Fächern Mathematik und Physik. Seit 1970 im Schuldienst. Mitarbeit an Modellversuchen zu Neuen Technologien und Informatik. Seit 1993 abgeordnet ans Niedersächsische Kultusministerium, Referat Gymnasien.

Schrittesser, Ilse, Dr., Studium der Anglistik und Romanistik. Lehrerin am Gymnasium Rahlgasse. Mädchenbetreuungslehrerin und Projektleiterin eines Comeniusprojekts »Equal Opportunities in Schools«. Arbeitet an einer Habilitationsschrift im Zusammenhang mit Organisationsentwicklung und Schulentwicklung. Lehrbeauftragte der Universität Wien. Publikationen zu Schulentwicklungsfragen, Frau und Schule und geschlechtssensible Koedukation.
E-Mail: i.schrittesser@magnet.at.

Schrodt, Heidi, Mag., Studium der Germanistik und Anglistik. 18 Jahre Unterrichtstätigkeit an einem Wiener Gymnasium. Schülerberaterin. Tätigkeit in der Lehrerinnenaus- und -fortbildung, besonders im Fach Deutsch. Seit 1992 Schulleiterin am Gymnasium Rahlgasse in Wien. Derzeitiger pädagogischer Schwerpunkt: Schulentwicklung, mädchengerechte Schul- und Unterrichtsformen sowie neue Wege in der Koedukation.
E-Mail: dion1.grg6rahl@906036.ssr-wien.gv.at, Privatadresse: Klederinger Straße 69/9, A-1100 Wien, Tel.: 00431/6887228 (privat), 0043/15878346 (Schule).

Truelsen, Karin, geb. 1948 in Süderlügum/Nordfriesland. Ausbildung als Chemielaborantin und Chemotechnikerin, seit 1974 als Lehrerin für Fachpraxis an der Berufsbildenden Schule 22 in Hannover tätig. Seit ca. 20 Jahren ehrenamtlich in der Gewerkschaft Erziehung und Wissenschaft aktiv mit dem Schwerpunkt Frauenpolitik, Mitglied des Leitungsteams des Referates Frauenpolitik im Geschäftsführenden Landesvorstand der GEW Niedersachsen.

Tschenett, Roswitha, Mag., geb. 1963, Lehramtsstudium Pädagogik-Geschichte, Unterrichtserfahrungen in Wien. Mitarbeiterin in der Abteilung für geschlechtsspezifische Bildungsfragen im österreichischen Bildungsministerium; Lehrbeauftragte an der Universität Klagenfurt. Begleiterin und Dokumentaristin von Schulprojekten zur »bewussten Koedukation«. Diverse Publikationen.
E-Mail: roswitha.tschenett@bmbwk.gv.at.

Wolf-Bauwens, Gisela, geb. 1950 in Regensburg. 1973 Erste Staatsprüfung für das Lehramt an der Grund- und Hauptschule. 1974 Zweite Staatsprüfung für das Lehramt an Grund- und Hauptschulen. 1974–1987 Lehrerin an einer Hauptschule in Düsseldorf für die Fächer Englisch, Mathematik, Erdkunde und Kunst. Seit 1988 Grundschullehrerin in Düsseldorf für alle Fächer außer Religion.

Das Klippert-Konzept

Methoden-Training
Übungsbausteine für den Unterricht.
12. Auflage 2002.
277 Seiten. Broschiert.
ISBN 3-407-62409-3
Schüler/innen müssen Methoden haben – natürlich! Denn davon hängt sowohl ihr Lernerfolg als auch die Belastung bzw. Entlastung des Lehrers ab. Deshalb ist ein verstärktes Methoden-Training dringend geboten!
»Die klar dokumentierten, ansprechenden Materialien sind eine Fundgrube für alle, die ihre Unterrichtsweise verändern wollen ... Dem Buch wäre, im Interesse der Schülerinnen und Schüler zu wünschen, dass es in den Seminar- und Lehrerbibliotheken möglichst oft einge-sehen und seine Anregungen erprobt würden.« *VBE magazin*

Kommunikations-Training
Übungsbausteine für den Unterricht.
8. Auflage 2001.
288 Seiten. Broschiert.
ISBN 3-407-62426-3
Kommunizieren muss gelernt werden – keine Frage! Auch und verstärkt in der Schule. Das beginnt beim verständnisvollen Zuhören und Miteinander-Reden und reicht über das freie Erzählen und Diskutieren bis hin zum überzeugenden Argumentieren und Vortragen.
»Das Buch greift ein für die schulischen Lernprozesse zentrales Thema auf und bietet neben prägnanter, kurz gefasst theoretischer Information eine Vielzahl konkreter, praktikabler bausteinartiger Materialien, Anregungen und Hilfen zum unmittelbaren Umsetzen im Unterricht. Es ist ein ermutigendes Buch, das zur Auseinandersetzung und Erprobung eines Kommunikationstrainings motiviert. Für schulinterne Lehrerbildung, Seminargruppen oder auch kollegiumsinterne Innovationsgruppen stellen die Materialien eine Fundgrube für Umsetzungsvorhaben dar. Dem Buch wäre im Interesse der Schülerinnen und Schüler zu wünsche, dass es in Lehrerkollegien und Fortbildungen einen breiten Leser/innen und Erprobendenkreis bekäme.« *VBE magazin*

Teamentwicklung im Klassenraum
Übungsbausteine für den Unterricht.
5. Auflage 2001.
286 Seiten. Broschiert.
ISBN 3-407-62427-1
Teamfähigkeit gilt als »Schlüsselqualifikation« und als Grundvoraussetzung des Offenen Unterrichts. Der Band zeigt, wie eine systematische Teamentwicklung im Klassenraum erfolgen kann. Dokumentiert werden rund 70 bewährte Trainingsbausteine mit allen zugehörigen Materialien.

Infos und Ladenpreise: www.beltz.de

BELTZ

F0080a

Beltz Verlag · Postfach 100154 · Weinheim und Basel

Das Klippert-Konzept

Planspiele
Spielvorlagen zum sozialen, politischen und methodischen Lernen in Gruppen.
4. Auflage 2002.
200 Seiten. Broschiert.
ISBN 3-407-62391-7
Planspiele fördern selbstständiges, kreatives, kommunikatives und soziales Lernen und sind damit ausgesprochen zeitgemäße Lehr-/Lernarrangements. Es werden 10 komplette Planspiele mit allen Spielunterlagen dokumentiert, die sich in Schule und Erwachsenenbildung bestens bewährt haben.
»... ist dieses Buch natürlich eine erstklassige Materialsammlung für LehrerInnen zum direkten Einsatz im Unterricht (der Autor empfiehlt einen Einsatz ab der 8. Klasse).« *systhema*

Pädagogische Schulentwicklung
Planungs- und Arbeitshilfen zur Förderung einer neuen Lernkultur.
2. Auflage 2000.
320 Seiten. Broschiert.
ISBN 3-407-62405-0
Unterrichtsentwicklung ist der Kern der Schulentwicklung. Vielfältige Beispiele, Abbildungen und Erfahrungsberichte konkretisieren, wie die Unterrichtsarbeit zeitgemäß weiterentwickelt und zum Vorteil von Schülern und Lehrern verändert werden kann.
»... pädagogische Schulentwicklung wird im Buch praktisch, realistisch und ermutigend dargestellt ... (Es wird) klar, wie dadurch Erweiterung der Lernkompetenzen und damit umfassendere Befähigung der Schülerinnen und Schüler möglich wird. Da dies wohl eine Grundabsicht allen Unterrichts darstellt, ist dem Buch große Verbreitung zu wünschen.«
Basler Schulblatt

Eigenverantwortliches Arbeiten und Lernen
Bausteine für den Fachunterricht
2., unveränderte Auflage 2001.
307 Seiten. Gebunden.
ISBN 3-407-62491-3
»Die Auswahl konzentriert sich auf den sozialwissenschaftlichen, den muttersprachlichen und fremdsprachlichen sowie den mathematisch-naturwissenschaftlichen Bereich. Damit wird exemplarisch ein großer Sektor der Bildungsplaninhalte abgedeckt. ... Diese Vorschläge reichen von so genannten ›Schnupperseminaren mit EVA-Schwerpunkt‹ über pädagogische Tage, Teamarbeit und Teamentwicklung bis hin zur Gestaltung des Klassenraums als ›Lernwerkstatt‹. Schließlich erfolgt noch eine Ausblick auf die Elternarbeit in Sachen EVA sowie ein Vorschlag: ›EVA als Kern des Schulprogramms‹.«
Kultus und Unterricht

Infos und Ladenpreise: www.beltz.de

BELTZ

F0080b

Beltz Verlag · Postfach 100154 · Weinheim und Basel